뉴 머니,
지역화폐가 온다

뉴 머니, 지역화폐가 온다

2020년 4월 25일 초판 1쇄 인쇄
2020년 4월 30일 초판 1쇄 발행

지은이	김병조·양준호·유영성·이기송·이상훈·김호균·김재영
펴낸이	김영애
편 집	김배경
디자인	이문정
마케팅	윤수미
펴낸곳	SniFactory (에스앤아이팩토리)

등록일	2013년 6월 3일
등록	제 2013-00163호
주소	서울시 강남구 삼성로 96길 6 엘지트윈텔 1차 1402호
전화	02. 517. 9385
팩스	02. 517. 9386
이메일	dahal@dahal.co.kr
홈페이지	http://www.snifactory.com

ISBN 979-11-89706-94-4 03320

가격 18,000원

뉴 머니
지역화폐가 온다

이한주 기획
김병조·양준호·유영성·이기송·이상훈·김호균·김재영 지음

다힐미디어

지속가능한 삶,
연대와 상생의 지역화폐로

　지구촌은 세계화·신자유주의·국제분업이라는 냉혹한 세계 자본주의 질서 속에서 경쟁하고 갈등하고 협력하고 있습니다. 그동안 인류는 양적·질적 측면에서 비약적인 발전을 거듭했습니다. 이러한 발전은 한편으로는 사람이 사람을 배제하는 착취와 소외이자 그에 대한 대안과 연대를 이루어가는 역사이기도 했습니다. 역사는 일하는 사람들에 의해 한 걸음씩 전진해 왔고, 미래는 상상하는 사람들에 의해 현재가 될 것입니다. 지역화폐를 통해 우리가 상상하는 미래를 '지금 여기'에서 실현할 것이라고 조심스레 기대해 봅니다.

　지역화폐는 자본주의 내 대안으로서 세계 여러 곳에서 시도됐습니다. 로버트 오웬Robert Owen은 평균 노동시간을 노동증서로 교환하고자 했고, 실비오 게젤Silvio Gesell은 화폐를 '수단으로서의 교환과정'으로 한정할 것을 제안했습니다. 독일의 바라Wara는 감가상각을 적용하여 유통 속도를 증가시킬 것을 주장했습니다. 프랑스의 솔 비오렛Sol-violette은 자본주의적 축장과 이자를 부인하고, 화폐의 유통기한을 설정하여 거래 기능만으로 한정하자고 주장했습니다. 캐나다의 코목스 밸리Comox Valley에서는 마이클 린턴Michael Lynton이 그린달러Green Dollar를 고안했습니다.

한국에서도 지역화폐는 새로운 시도로 전개되었습니다. 1997년 경제위기를 즈음하여 한밭레츠와 괴산사랑상품권이 출발했습니다. 한국에서의 지역화폐는 "성공하지도 못했고, 그렇다고 망하지도 않"았지만 다소 지지부진했습니다. 그러나 지난 2017년 국정기획자문위원회에서 소상공인·자영업자, 전통시장·골목상권을 진흥시키기 위한 정책을 많이 고민하면서, 지역 단위의 참여·균등·자치 역량을 제고하는 정책에 관심을 가지게 되었습니다. 이러한 과정에서 상품권을 '지역화폐'로 부르게 된 연유는, 지역화폐를 통해 지자체 단위에서 자치적으로 재정·금융 관련 정책을 수행할 수 있기 때문입니다.

특히 경기도의 지역화폐 정책은 다른 지자체로부터 선구적인 모델로 평가받고 있으며, 세계적으로도 주목받고 있습니다. 특히 성남사랑상품권은 지역 내 경제적 격차를 상호 소통하고 화합으로 전환시키는 중요한 성과를 이루어냈다고 평가할 수 있습니다. 성남시의 이러한 사례를 경기도로 가져온 것이 경기지역화폐입니다.

2019년 4월은 한국의 '지역화폐·기본소득'의 역사에 있어 실로 신기원을 이룬 역사적인 이정표였습니다. 경기도에서 청년기본소득을 지역화폐로 지급함으로써 복지정책과 경제정책이 하나의 사회·경제·복지·문화·행정·자치 정책으로 새롭게 거듭나게 되었습니다. 이러한 과정에서 지역에서 분투해 온 '공동체형 지역화폐(또는 노동교환형 지역화폐)'와 지역경제 활성화를 추구하는 상품권형 지역화폐는 언젠가 만나야 합니다. 이제 지역화폐는 주민 스스로의 힘으로 지역을 일어서게 하고, 지역의 부를 공유하고 순환시키며, 연대와 상생을 통해 우리의 삶을 건강하고 지속가능하게 할 것입니다. 이를 통해 지역은 단순히 중앙에 대비되는 지방이 아닌, 지역민의 삶이 오롯이 체현되는 생생한 현장이 될 것입니다.

이제 지구촌은 동조화가 일어나는 하나의 지역체계입니다. '코로나 19'는 세계가 '하나의 지역'임을 다시 깨닫게 해주었습니다. 더군다나, 코로나 19가 전 지구촌으로 확산되면서 세계경제는 사회적 축적 구조의 위기를 불러왔습니다. 국내외 정치권, 경제학계, 시민운동 진영을 막론하고, '재난극복 기본소득'이 운위되고 있습니다. 여기서 주목할 점은, 지역화폐로의 지급방식이 매우 당연시되고 있다는 점입니다. 지역화폐는 이제 '융복합화된 정책 시스템'으로 파악해야 할 것입니다. 앞으로 정치 · 사회 · 경제 · 복지문제가 복잡다단해지고 논란이 심화될수록 지역화폐는 사회적 거버넌스로 커다란 역할을 할 것입니다.

이 책은 국내에서 아마도 처음으로 지역화폐를 주제로 기획된 집단 저작물로 현재까지의 성과를 종합 · 집대성한 연구의 결과라고 감히 자부해 봅니다. 이 책이 나오기까지 많은 분들의 노고가 있었습니다. 수차례의 세미나 및 발표를 통해 귀중한 옥고를 집필해주신 양준호 교수님, 이기송 이사님, 김호균 교수님, 김재영 작가님께 사의를 표합니다. 연구설계 및 진행에 노고를 아끼지 않은 유영성 기본소득연구단장을 비롯하여, 연구를 심화시켜준 경제사회연구실의 이상훈 선임연구위원, 연구를 총괄해준 김군수 선임연구위원, 바쁜 일정을 쪼개어 힘을 보태어 준 신기동 연구위원,

지역화폐의 재정립과 정책의 현실화를 위해 노력하는 김병조 선임연구위원, 빈틈없는 행정력을 보여준 이다겸 연구원의 노고에 감사드립니다.

어려운 출판 환경에서도 지역화폐의 사회적 가치를 존중하고 큰 뜻을 내어주신 출판사 다할미디어의 김영애 대표님, 깔끔한 디자인과 신속한 편집으로 엮어준 김배경 편집자님에게도 감사를 전합니다.

이 분들의 열정과 노력을 모아, 한국에서 지역화폐가 '한 사람의 열 걸음보다 열 사람의 한 걸음'을 내딛을 수 있는 새로운 출발점이 되기를 고대합니다.

2020년 4월

경기연구원장 이 효 주

지역화폐,
풍요롭고 인간다운 삶의 도구가 되다

어느 소설가의 단상 : 지역화폐가 청년을 만나면

어릴 적 내 고향마을 어귀에는 신작로가 있었다. 비 내린 뒤면 여기 저기 물웅덩이가 생겨나 하늘과 구름, 날아가는 새를 비추고 햇살 좋은 날이면 소창을 깐 듯 하얗게 빛나는 흙길이었다. 마을에서 농사지은 쌀과 고구마, 목화와 누에고치를 실은 트럭이 희뿌연 먼지를 남기고 달려가는 그 길 끝에는 어마어마하게 큰 도시, 서울이 있었다.

이웃들끼리 두레나 울력, 품앗이로 촘촘히 엮여 살아가는 작은 마을이 시시하게 여겨질 때면, 산모퉁이를 돌아 아스라이 사라지는 신작로를 바라보며 아스팔트 도로와 자동차, 아파트와 빌딩이 늘어선 서울을 동경했다. 그러나 열세 살 무렵에 경험한 서울이란 대도시는 그리 행복한 곳도, 아름다운 곳도 아니었다. 매연으로 숨이 가빴고, 수돗물에선 소독약 냄새가 진동했으며, 풀 한 포기 보기 힘든 골목에는 쓰레기와 부패한 음식물

냄새가 진동했다. 높이 둘러쳐진 시멘트 담벼락 속에 차갑게 돌아앉은 집들과 늘 바쁘고 냉정해 보이는 이웃들도 마음을 무겁게 했다.

당시 학교에서는 '과학의 날'을 정해 노래를 가르쳤다. "과학하는 마음으로 능률 있게 일하고…" 과학과 발전만이 살길이라고 했다. 우주로 날아간 아폴로 11호를 보여주며 우주시대와 미래사회를 예찬하는 상상의 도시를 그리라고 했다. 행복은 언제나 미래에 있고, 현재의 냄새 나고, 비좁고, 외롭고, 우울한 일상은 감춰져 있었다.

성인이 되어 취업을 하고, 혼인을 해서 아이들을 기르는 내내, 그리고 이제는 내가 낳은 아이들마저 청년이 된 현재까지도 '미래의 행복'은 감지되지 않는다. 무지개처럼 다가가면 다가갈수록 저 멀리 달아나 있다. 어쩌면 그것이 행복의 속성일지 모른다. 하지만 꼭 심리적 이유 탓일까?

땅은 사막처럼 푸석푸석해져 농약과 비료가 아니면 농사를 짓기 힘들어졌다. 도시로 간 질소, 인산, 칼륨과 같은 땅의 필수영양 물질은 하수구에 버려져 강과 바다를 오염시켰다. 도시와 농촌, 인간과 자연 사이의 순환적인 '물질대사' 균열은 공동체 해체와 생태계 파괴, 온난화 현상과 기후변화를 야기했다. 가난하지만 인정 넘치는 마을공동체는 점차 사라지고, 오랜 수도권 위주 정책으로 인해 지역경제는 심하게 위축돼 있다.

오늘날 거대도시 속에서 파편화된 개인들은 소외감과 불안, 무기력증과 공황장애를 지병처럼 달고 다닌다. 이제 젊은이들은 더 이상 낭만적 연애를 꿈꾸지 않으며, 취업과 결혼과 출산을 포기하는 'N포세대'가 되었다. 운 좋게 취업을 하고 생활비를 벌어봤자 치솟는 집값을 감당할 수가 없고, 겨우 용기를 내어 임신을 한 여성들도 안전하고 행복하게 출산과 육아에 전념할 수가 없다. 황금시대는 언제나 지나간 시대일 뿐이라 했던가. 이쯤

되면 내가 진저리치며 통과해 온 지난날이 오히려 지금보다 행복한 시대였을지 모른다는 생각마저 든다.

요즘 각종 소셜미디어는 4차 산업만이 미래 먹거리라고 하거나 인공지능Artificial Intelligence, AI이 인간 사회를 행복하게 할 대체 동력이라면서 새롭고 찬란한 미래를 제시한다. 언뜻 기분 좋은 일인 것 같다. 그런데 달리 생각해 보면, 옛날 어른들도 당대의 불행을 감추려고 우주과학 시대라는 찬란한 꿈을 아이들에게 심어준 게 아닐까? 그렇다면 지금의 AI 열풍역시 오늘날의 불안정한 일상이 불러온 신기루인지도 모르겠다.

얼마 전, 군대에 갔던 아들이 드디어 제대를 했다. 기쁘고 축하할 일이지만 얼마 지나지 않아 현실적 어려움이 은근히 부담감으로 다가왔다. 아이가 대학에 복학하면 당장 학비와 생활비를 감당해야 한다. 허리띠를 졸라매는 나날이 이어졌다. 한데 비단 나만 겪는 어려움은 아닌 것 같았다.

어느 토요일, 아들이 동네 재래시장에서 저녁을 사겠다고 했다. ○○시로부터 청년기본소득을 받았다면서. 그리 많은 돈은 아니지만 시로부터 뭔가를 받았다니, '살다보니 별 일 다 있다'고 속으로 좋아했다.

따끈한 된장국을 끓여 내온, 삼십 년간 밥집을 해온 주인 아주머니에게 요즘 장사가 어떠시냐고 물었더니 허허 웃었다.

"장사가 하도 안 돼서 문 닫을라 캤는데, 갑자기 청년들이 많이 찾아와서 쪼매 살맛 납니더."

그날 저녁을 먹으며 '기본소득'의 첫 단추인 '청년기본소득'과 '지역화폐' 소식을 설핏 들었다. 외식을 마치고 집으로 돌아가는 길에, "당분간 청년기본소득으로 용돈을 대신해도 되겠지?"라고 했더니 아들이 펄쩍 뛰었다.

"어머니는 뭘 알지도 못하면서…"라며 하는 말이 그게 현금이 아니라 지역에서만 통하는 화폐란다. 동네 소상공인에게만 쓸 수 있도록 사용 제한이 있는 거라나. 그러면 도대체 왜 이런 불편한 지역화폐를 줘서 곤란하게 하는 것인지. 나중에 공무원에게 물었더니 답변은 이랬다.

"지역화폐는 지역 경제를 살리기 위해 고안된 화폐입니다. 지방자치단체 예산으로 편성하기 때문에 지역경제의 순환, 지역경기 활성화를 목적으로 하지요."

무슨 뜻인지는 알 것 같았다. 그래도 불편하고 실용성이 없는 건 개선해야 하지 않을까 싶어 이렇게 물었다.

"우리 아이가 서울시를 밥 먹듯 출입하는데, 다른 동네에서도 쓰게 해주면 안 되나요?"

"지역화폐는 지역 내부에서만 유통하면서 지역을 지키고 자립시키려는 민주주의적 화폐라서 그렇습니다."

"화폐에도 민주주의, 비민주주의가 있나요?"

"그럼요. NGO와 사회적 경제 조직의 활동을 지원할 뿐 아니라 이자가 붙지 않기 때문에 자본의 과잉축적과 투기적 요소가 없습니다."

설명을 들어보니 지역화폐는 지역경제 자립과 민주적 지역사회를 구축하기 위해 주민 또는 지자체가 자주적으로 설계, 운영하고 특정 지역 및 커뮤니티 안에서만 유통되는 경제 수단이었다.

기존의 '법정화폐'가 수도권에 집중하면서 과잉축적에 의한 빈부격차를 야기했다면, 지역화폐는 지역과 서민을 위하는 '대안화폐'라는 것도 알게 됐다. 전통 시장과 골목 상권을 살리고 지역 내부 재순환에 활력을 불어넣으며, 화폐의 기술적 발전과도 연관돼 있다고 한다. 지역화폐를 매개로 지역 주민들 간의 관계를 재구축함으로써 지역공동체가 회복되었다고 한다.

'과연 이 시대의 문제를 푸는 중요한 열쇠가 될 수 있겠구나' 하는 희망이 생겼다. 마침 한국 역시 지역화폐 예산이 지자체마다 증가하고 있다고 하니, 반가운 소식이다.

태어나는 순간 맑은 공기와 깨끗한 물, 천혜의 자연환경을 무상으로 제공받은 기성세대는 이 시대가 안고 있는 고용 불안, 불평등, 환경오염 문제 등에 대해 세대적 책임의식을 가져야 한다고 본다. 절망과 피로감 속에서 방황하는 젊은이들이 다시 용기를 내어 희망의 싹을 길러내도록 지역화폐나 기본소득 등 대안적 방식에도 더 관심을 가져야겠다. 새로운 물적 토대 위에서 지역공동체가 회복되고 더불어 지구 환경도 되살린다면 얼마나 멋진 일이겠는가.

아이들과 젊은이는 미래의 강물 위에 우리의 소망을 담아 띄우는 배와 같다고 한다. 그 배가 부디 자연과 인간이 공존하는 세상, 공동체 정신이 살아 숨 쉬는 평등하고 평화로운 고장에 가 닿을 수 있기를 소망한다.

21세기 민주 화폐, 지역화폐를 생각하다

지역화폐란 지역경제 활성화를 위해 사용하는 대안화폐를 말한다. 법정화폐와 달리 지역 시민이 자율적으로 기획하고 참여할 수 있는 민주주의적인 화폐라 할 수 있다. 다시 말해 '시민의, 시민에 의한, 시민을 위한' 화폐가 바로 지역화폐다.

경기도에서도 31개 시·군에서 사용되고 있으며 발행 규모도 계속 증가하는 추세다. 지역화폐가 이렇게 부상하고 있는 것은 '지역 위기론'에서 그 이유를 찾을 수 있다. 서울을 중심으로 수도권에 경제적 역량이 집중돼 비수도권 지역은 성장 동력을 잃고 있으며, 이에 따라 지역공동체 역시 심각한 붕괴 위험에 놓여 있기 때문이다. 지역화폐는 이러한 불평등과 소외를 야기하는 자본주의의 한계를 넘어서 시민들이 다양한 가치와 목적을 창조적으로 실현해낼 수 있도록 자율적이고 협동적인 사회를 구축하는 데 중요한 자원이자 도구가 된다.

이 책은 경기연구원이 지역화폐가 주어진 역할을 다 할 수 있도록 이론과 실제를 연구하고 적합한 경기도 모형을 찾으려는 목적으로 수행한 연구 성과를 담아냈다. 'Part 1 지역화폐 시대가 열린다'에서는 기본적인 정의와 유형, 지역화폐를 둘러싼 쟁점들을 다뤘으며, 'Part 2 경제공동체를 살리는 지역화폐'에서는 위축된 지역 경기와 공동체성을 회복시키는 지역화폐의 기능을 심층적으로 들여다보고, 성공적인 경제 실험 사례를 소개한다. 특히 4차 산업혁명 시대를 맞아 기술혁신을 바탕으로 한 지역화폐 발전 방향도 주목한다. 'Part 3 한국의 지역화폐를 생각하다'에서는 세계의 지역화폐 운용 사례를 살펴보고, 한국의 현황과 경기도를 위한 지역화폐 정책을 재고해본다.

화폐가 인간을 소외시키는 것이 아니라, 더 풍요롭고 인간다운 삶을 살 수 있게 해주는 도구이자 동반자로 자리매김하도록 지역화폐의 미래를 가꿔나가야 할 때다.

Part 3 한국의 지역화폐를 생각하다

> 지금 '지역'이 위기다. 서울을 중심으로 한
> 수도권에 경제가 집중돼 비수도권 지역경제는
> 성장 통력을 잃고, 지역공동체 역시 붕괴되고
> 있는 것. 지역화폐는 이러한 위기에 맞서 지역
> 시민이 자율적으로 기획하고 참여하는 중요한
> 경제실험이 될 것으로 보인다.

Part 1

지역화폐 시대가 열린다

1. '지역'에 닥친 위기

2. 지역화폐 자세히 보기

①

'지역'에 닥친 위기

양준호

지금, 한국의 '지역'은 급속하게 피폐화되고 있다. 지역경제의 침체는 말할 것도 없고 지역공동체 역시 붕괴되고 있다. 이와 같은 지역 또는 지역사회의 위기는 신자유주의 또는 시장주의의 득세에 따른 전 세계 각국에서 나타나는 공통적인 현상이기도 하지만, 우리나라의 상황은 상대적으로 더 심각하다.

서울을 중심으로 하는 수도권에 경제가 집중되어 있는 정도가 남다르며, 이로 인해 비수도권 지역의 경제는 성장의 동력을 상실한 채 활력이 좀처럼 살아나지 않고 있다. 지역의 소득과 자금은 수도권으로 유출되고 있고, 지역을 살릴 인재들 역시 수도권으로 모여들고 있다. 상황이 이러하니, 지역의 경제는 위기에 직면할 수밖에 없다.

지역공동체 역시 해체된 지 오래다. 거세게 불어 닥친 신자유주의의 여파로 지역사회에도 시장주의와 성과주의, 그리고 이를 위한 경쟁과 효율을 중시하는 패러다임이 만연하기 시작했다. 이처럼 각박해진 지역사회에서는 그간 연대와 협동을 중시하던 공동체가 하나둘씩 사라지기 시작했다. 지역사회의 근간을 지탱해오던 지역 주민들 간의 신뢰, 커뮤니케이션, 그리고 호혜의 관계는 급격히 약해지고 있다. 경쟁과 효율을 강조하는 지역으로의 대전환으로 인해, 지역 주민들은 연대와 협동은커녕 오히려 서로 불신하고 무관심하며 치열하게 경쟁하면서 하나의 끈으로 묶여 있던 '전체'가 개별화되고 파편화되기 시작했다. 이로 인해 지역사회에는 다양한 사회병리 현상이 나타나면서 지속가능성의 위기에 직면하고 있다.

지역경제가 죽어간다

기업 유출이 지역을 죽인다

지역경제는 사상 최대의 위기에 빠져 있다. 특정 지역에서 자기 완결적인 경제시스템이 작동하는 것을 찾아보기 어려운 것은 말할 필요도 없고, 지역경제를 움직이는 동력인 사람, 소득, 자금, 기업은 더 나은 보수, 더 큰 효용, 그리고 더 싼 값의 인건비를 찾아 다른 지역으로 빠져나가고 있다.

국적을 불문하고 전 세계적으로 전개되고 있는 신자유주의는 맹목적인 시장주의, 경쟁체제의 절대화, 자본 논리 중심의 패러다임, 그리고 개인주의와 효율을 지상과제로 앞세우면서, 국민국가는 물론이거니와 작은 단위 공간으로서의 지역 또는 도시의 생명력을 빼앗아버리고 있다.[1]

이와 같이, 신자유주의는 세계적 차원에서 국민국가적 차원으로 그리고 지역사회 차원으로 전개되고 있는데, 이는 세계, 국민국가, 그리고 지역이

---

1. 양준호(2018), "지역회복, 협동과 연대의 경제에서 찾다－사회적경제, 사회적금융, 지역화폐의 정치경제학", 인천대학교 출판부.

신자유주의가 옹호하는 국제적인 금융자본의 투기처로 편성되고 있음을 의미한다. 특히 지역 또는 지역사회는 이와 같은 신자유주의 체제에 일방적으로 편입되면서 지역의 경제적 동력을 상실해버리고 있다. 지역의 생산을 담당하며 경제구조를 지탱해오던 기업들은 더 값싼 임금과 지대를 추구하며 신자유주의가 구축해놓은 경제의 국제화 물결을 타면서 타 지역 또는 타 국가로 생산 거점을 옮겨버리고 있다.

신자유주의 체제 하에서의 대경쟁의 소용돌이에 휩쓸린 기업들은 지역에 대한 의무감을 상실한 채 살아남아야 된다는 명분으로 보다 수월하게 자본가치 증식을 실현할 수 있는 새로운 곳으로 빠져나오고 있다. 지역 주민들의 일자리와 소득을 창출해오던 기업들이 더 높은 수준의 이윤을 챙길 수 있도록 하는 생산 조건들을 찾아 지역 밖으로 또 국경을 넘어 글로벌 경제로 마구 편입되고 있으니, 지역의 일자리와 소득을 보장해줄 생산의 주체가 지역에 남아 있을 리 만무하다. 상황이 이렇다 보니, 지역의 자기 완결적인 경제구조는 어림도 없거니와 지역경제의 지속가능성은 급격히 약화될 수밖에 없는 상황에 빠지고 있다. 지역 주민들이 일자리를 확보해서 소득을 손에 넣어야 소비도 증가시킬 수 있다. 소비 증가를 통해 지역 내 기업들의 투자도 가능한 것인데, 지역경제를 지탱해오던 기업들이 지역 밖으로 유출되고 있으니 경제를 살리는 동력 자체가 사라질 수밖에 없는 상황이다.

지역경제 위기론

지역경제의 위기를 더욱 심각하게 만든 요인은 다음과 같다.

첫째, 지방자치단체들의 '외부기업 유치 만능론'이다. 위에서 언급한, 기업의 지역 밖으로의 유출이라는 위기적 상황에 대해 그간의 지자체 대응역시 속수무책이었다. 이제는 신자유주의적 지역정책에 너무나도 익숙해진 지자체들은 이 같은 지역의 위기적 상황을 외국자본 및 외국기업 유치로 타개할 수 있다고 간주하면서 글로벌 자본 및 국내 대기업의 이윤을 극대화할 수 있는 지역개발 정책 등에 지역시민의 혈세를 소모하고 있다. 자본과 기업을 유치해서 이들을 지역 안에 잡아두기 위해 거액의 보조금을지급하거나 대규모 토건 개발을 강행하는 것이다(양준호, 2018).

지역 안으로 들어온 외부 기업 또는 외부 자본이 기존의 기업들처럼 지역의 일자리와 소득을 창출해줄 것이라는 낙관적인 전망을 품은 지방자치단체들은 지역경제의 성장 동력을 밖에서부터 찾는 정책 기조를 경쟁적으로 강화하고 있다. 이는 신자유주의로 인해 피폐화되기 시작한 지역을 신자유주의로 살려보겠다는 정책 의지를 고스란히 보여주는 대목이다.

그러나 이와 같은 지자체들의 신자유주의적 지역정책은 실로 파행적이다. 예를 들어 대규모 경제자유구역 개발정책을 통해 지역경제를 활성화하고 또 지역 산업구조를 고도화해보겠다는 정책 의지를 천명하고 있는인천시의 경우, 송도, 청라, 영종과 같은 경제자유구역 개발의 동력을 확보하기 위해 외국기업 및 외국자본을 유치하는데 시민의 혈세를 퍼붓고있다. 그러나 이러한 정책들의 지역경제에 대한 파급효과는 거의 없다 해도 과언이 아니다. 지자체의 외부 자본 및 기업의 유치가 쉽게 이루어지지도 않을 뿐만 아니라, 설사 외국기업 또는 국내 대기업 관련 회사를 유치했다 하더라도 이들 기업이 본사 또는 모회사가 아니라 자회사 또는 백오피스였던 이유로 경제자유구역에서 축적한 자금을 재량껏 그 지역에 투자할수가 없는 상황이니 지역경제에 대한 기여가 거의 없다고 할 수 있다.

사실, 지자체가 지역에 유치한 기업이 본사 또는 모회사가 아닌 이상 지역경제에 대한 효과는 거의 없거나 꽤 한정적이다. 실제로 지자체들의 적극적인 '구애'를 등에 없고 그 지역에 들어가 이른바 '상전 대접'을 받아가며 사업 활동을 벌이는 기업들은 지역 지자체로부터 받는 행·재정지원 등을 통해 쉽게 수익을 낼 수 있게 되는데, 이들은 그 지역에서 벌어들인 수익을 지적재산권 또는 특허권 사용료 등의 명분으로 기업이 속한 본사 또는 모회사로 고스란히 유출하고 있다. 이는 비단 경제자유구역뿐만 아니라 거의 모든 지역에서 나타나고 있는 파행적 현상이다. 국내 각 지역이 서로 경쟁적으로 지역 밖의 기업들과 자본을 유치하려 들지만, 그렇게 유치한 기업들 역시 보다 높은 수준의 이윤을 찾아 그 지역으로 들어갔기 때문에 이윤을 통째로 챙기는 것이 목적이지 지역을 위해 재투자하는 것에 관심을 갖지 않는다. 이것이 바로 신자유주의 체제 하에서의 기업의 본질이다.

특히, 한국의 지자체는 해당 지역의 피폐화된 경제를 회복시키기 위해 외부 기업을 유치하기만 하면 된다는 단선적인 문제의식에 몰입한 나머지, 유치 대상 기업을 모회사가 아닌 자회사 또는 백오피스로까지 확장하기에 이르렀다.

이와 같은 맹목적인 '기업 유치만능론'은 결국 지역에서 벌어들인 기업 수익이 지역에 재투자되지 않고 지역 밖으로 빠져나가버리는, 즉 정책과 정반대의 결과를 초래하는 패착을 범하게 되었다. 특정 지역에서 번 수익을 자기 모회사로 고스란히 이전시키는 자회사 기업이 주로 유치되고 있는데, 외국 기업 및 외부 대기업 유치가 어떻게 지역경제를 살려내겠는가. 결국 이러한 지역의 지방자치단체는 지역경제 활성화는커녕 오히려 엄청난 규모의 지자체 채무를 안게 되는 상황으로 빠져들고 있고, 또 지역 시민들의 혈세는 글로벌 기업들의 자본가치 증식 수단으로만 활용되면서 지역 시민들의 일자리나 소득을 증가시키는 것과는 전혀 관계가 없는 용도에 소진되고 있다.

나아가 지자체가 외국 또는 외부에서 모회사 기업을 유치했다 하더라도 이들이 해당 지역의 기업들로부터 원재료나 부품을 조달하는 비율은 턱없이 낮다. 이는 글로벌 자동차 메이커 GM이 생산 거점을 연 여러 지역들의 사례를 보더라도 쉽게 알 수 있다. 이러한 맥락에서 볼 때, 신자유주의에 포섭된 지역개발 정책 또는 지역경제 정책으로는 지역경제를 살릴 내부 동력을 쉽게 확보할 수 없음을 알 수 있다.

그럼에도 불구하고, 지금 한국의 지자체들은 이와 같은 지역정책 기조를 버리지 않고 있다. 지역경제를 살리겠다는 명분으로 대규모 토목개발을 선호하며 자본의 이윤을 중시하는 데 초점이 맞춰진 신자유주의적 지역정책은 지역경제의 활성화를 절대로 책임질 수 없다. 이로 인해, 지역의 기업들과 시민들의 경제적 기반이 더욱 약화되면서, 한국의 지역들은 지금 심각한 경제 위기에 처하게 된 것이다. 결국, 지역경제를 다시 살려내기 위해서는 그 동력을 지역 내부에서 찾는 정책적 노력이 절실하다.

둘째, 지역에서 창출된 시민들의 소득이 지역에서 소비되지 않고 밖으로 빠져나가고 있다는 점이다. 지역 시민들의 소득이 지역 내 수요를 구성하는 요인 중 하나인 지역 내부 소비로 연결되지 않고 지역 외부 소비로 유출되면서 지역경제의 동력이 상실된 것은 한국 지역경제를 더 피폐화시키는 요인으로 작용하고 있다.

예를 들어 서울과 가까운 인천의 경우, 이른바 '역류현상Wash-back Effect'[2]이 나타나고 있다. 인천 시민들의 소득 중 상당 부분이 인천 안에서

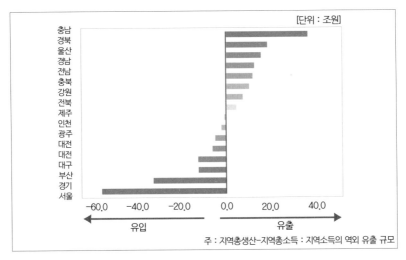

<figure>

[단위 : 조원]

충남
경북
울산
경남
전남
충북
강원
전북
제주
인천
광주
대전
대전
대구
부산
경기
서울

-60.0 -40.0 -20.0   0.0   20.0   40.0

← 유입   유출 →

주 : 지역총생산-지역총소득 : 지역소득의 역외 유출 규모

</figure>

<그림 1-1> 지역소득의 역외 유출 규모(2015년 말 기준)

자료 : ECOS 한국은행 경제통계시스템

소비되지 않고 서울 등 외부 지역에서의 소비로 유출되고 있다. 2015년도 기준으로 인천 시민이 지출한 신용카드 액수 10조 7,000억 원 중에 서울을 비롯한 타 지역에서의 소비액이 무려 5조 6,000억 원 가량으로 무려 전체의 52.8%에 달하는 것으로 나타나고 있다. 인천의 역외 소비유출률은 전국 1등으로, 수도권에 위치하고 있으니 서울로부터 좋은 영향을 받을 것이라는 예상과는 전혀 다른 현상이다. 인천 시민의 소득이 지역 내 소비로 지출되어야 지역 상권과 생산 역시 활성화되고 이를 통해 지역경제 전반이 살아날 수 있다.

그러나 인천의 시민 소득은 지역 안에서 순환되지 않고 있다. 서울과 가까운 수도권 도시 인천이 이러하다면, 타 지역은 오죽하겠는가. 실제로 서

---

2. 서울과 가까운 곳에 위치하고 있는 도시는 서울이 갖는 중심성으로 인한 파급효과로 인해 지역에 유익한 영향을 받을 것이라는 예상과는 달리, 도시의 인재, 소득, 자금 등이 서울로 유출되면서 도리어 경제적인 동력을 상실해버리는 현상을 말한다.

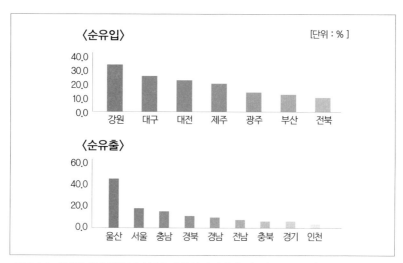

〈그림 1-2〉 GRDP 대비 재화 및 서비스 순유입 및 순유출 비중(2015년 비중)

자료 : ECOS 한국은행 경제통계시스템

울을 제외한 지역의 경우, 해당 지역의 소득을 지역 내 소비로 흡인하는 유인을 가지지 못하는 것이 사실이다.

〈그림 1-1〉과 〈그림 1-2〉는 지역소득의 역외 유출 규모를 지역별로 나타낸 것인데, 이는 특정 지역의 소득이 역외로 유출되는 규모는 지역총생산GRDP에서 지역총소득GRI을 뺀 수치로 측정 가능하다는 이론적 관점을 토대로 한다. 〈그림 1-1〉과 〈그림 1-2〉를 조합해서 검토해보면, 충남, 경북 지역 등은 지역 내 GRDP 중 일부가 GRI에 귀속되지 않고 타 지역으로 유출되고 있음을 알 수 있다. 또 강원, 대구, 대전 지역 등은 GRDP 대비 재화 및 서비스의 순유입이 매우 커서 지역 내 소득 및 고용 증대에 있어서 긍정적인 영향을 미치지 못하고 있음을 유추할 수 있다. 결국 2015년 말 기준으로 충남, 경북, 울산, 경남 등을 중심으로 지역에서 창출된 소득이 역외로 유출되고 있는 현상이 매우 심각한 수준에 달했는데, 강원, 대구, 대전, 제주 등을 중심으로 재화 및 서비스의 역내 유입이 크게 나타나

고 있음을 확인할 수 있다.

이렇듯, 서울을 제외한 우리나라 지역의 소득은 해당 지역에서의 소비로 지출되지 않고 상당 부분이 지역 외부로 유출되면서 지역경제 활성화의 동력으로 활용되지 못하고 있다. 지역경제를 지탱하고 자극하는 가장 중요한 지역 내 수요 동력 중 하나가 소비이다. 그러나 이 통계를 고려하면, 서울을 제외한 우리나라 대다수의 지역에서는 역내 소비를 통해 지역경제가 살아나는 경로가 작동하지 않는다고 해도 과언이 아니다. 지역에서 창출된 시민들의 소득이 그 지역에서 소비되지 않고 밖으로 빠져나가는 현상은 우리나라 지역경제를 보다 피폐화시키는 중요한 요인으로 작용하고 있음을 간과해서는 안 된다.

이러한 맥락에서, 우리나라 지역 또는 지역사회는 강한 '지역 착근성'을 가진 소비를 시급히 확보할 필요가 있다. 지자체와 시민사회는 양자 간의 협치를 통해 '지역을 위하는' 소비를 유도해내지 않으면 피폐화되는 지역경제의 악순환을 끊어낼 수 없다. 지역 시민들에게 지역을 의식하게 하여 지역에서 창출된 소득이 그 지역의 소비로 이어질 수 있게 하는 정책적, 실천적 대안을 찾아야 한다(양준호, 2018). 그럼에도 불구하고, 지금 우리나라 지역은 이와 같은 대안을 제대로 모색해내지 못했다.

나아가, 뒤에 언급할 지역공동체의 붕괴 현상은 이와 같이 지역을 위하는 소비를 구축하기 위한 지역 시민들 간의 상호신뢰, 커뮤니케이션, 호혜Reciprocity와 같은 이른바 사회적 자본Social capital을 약화시키고 있다. 지역을 위하는 소비를 확보하는 정책적, 실천적 대안 없이 지역경제를 살리는 것은 요원한 것일 수밖에 없다.

셋째, 지역의 금융기관에 축적된 은행 자금이 해당 지역에 재투자되지 않고 있다는 점이다. 이는 앞에서도 언급한 바와 같이 지역경제를 견인하는 지역 내 수요를 구성하는 소비와 투자를 모두 위축시켜 지역경제를 더욱 피폐화시키고 있다.

사실, 예금 등의 경로로 은행에 쌓이게 된 자금은 지역의 소비자 및 생산자와 같은 자금수요자들에게 투·융자되어야 한다(양준호, 2018). 지역에서 영업 활동을 하고 있는 금융기관들의 사업 자금은 고소득층, 고신용등급자, 재무제표 사정이 좋은 우량기업 또는 대기업으로부터만 확보하는 것이 아니다. 저소득층, 저신용등급자, 영세 자영업자 및 중소기업, 그리고 지역 사회문제를 해결하는 것을 목적으로 하는 사회적경제기업으로부터도 그들의 예금 또는 투자를 통해 사업 자금을 확보한다. 그렇기 때문에 은행의 자금은 본질적으로 '사회적' 또는 '공공적'으로 투·융자되어야 한다.

그럼에도 불구하고, 우리나라 각 지역의 금융기관은 예금은행, 비예금은행 할 것 없이 그들이 영업 활동을 하고 있는 해당 지역에 대한 재투자를 의무적인 것으로 인식하지 않고 보다 높은 수익과 보다 낮은 리스크를 찾아 서울을 중심으로 하는 우량 투자처에 자금을 우선 배분한다. 바로 이와 같은 우리나라 금융기관들의 수익성을 중시하는 경영 태도가 지역의 자금수요에 정합적인 형태의 자금공급을 가로막아 지역경제는 더욱 위축될 수밖에 없게 되었다. 지역 소비자, 지역 생산자 및 지역 서비스 공급자의 자금수요에 매칭되지 않고 은행 자금이 서울을 비롯한 수도권으로 빠져나가버리는 것은 우리나라 지역들의 숨통을 끊는 파행적인 행위라 해도 무리가 아닐 것이다.

〈그림 1-3〉을 보면, 2015년 말 기준으로 우리나라 예금은행의 총수

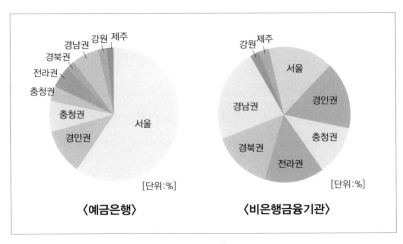

〈그림 1-3〉 국내 예금은행 및 비은행금융기관의 지역별 수신 비중

자료 : ECOS 한국은행 경제통계시스템

신 대비 수도권 수신 비중은 80.2%에 달하고 있다. 이 점을 볼 때, 우리나라 예금은행 수신은 수도권에 집중해있음을 지적하지 않을 수 없다. 또 2015년 말 기준으로 우리나라 예금은행 수신의 증가율 수치를 수도권과 비수도권 지역으로 비교해서 보면, 수도권에서 예금은행이 7.1%인 반면에 비은행금융기관은 8.2%를 기록하고 있고 또 비수도권에서는 예금은행 6.1%인 반면에 비은행금융기관은 7.6%를 기록하고 있음을 주목해야 한다. 이는 우리나라 비수도권 수신 증가율에 비해 수도권 수신 증가율이 더욱 높게 나타나고 있음을 의미한다. 이를 고려해 볼 때, 결국 국내 예금은행의 수신은 수도권 지역으로 집중되고 있음을 유추할 수 있다.

또 〈그림 1-4〉를 보면, 2015년 말 기준으로 국내 예금은행의 총여신 대비 수도권 여신의 비중은 75.4%로 나타나 국내 비은행금융기관의 그것을 크게 상회하고 있음을 쉽게 확인할 수 있다. 결국, 국내 예금은행의 여신 역시 수도권에 집중하고 있음을 알 수 있다.

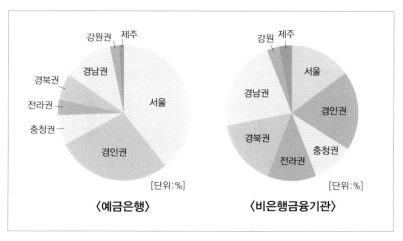

〈그림 1-4〉 국내 예금은행 및 비은행금융기관의 지역별 여신 비중

자료 : ECOS 한국은행 경제통계시스템

　나아가 〈그림 1-5〉와 〈그림 1-6〉은 국내 지역을 수도권과 비수도권 지역으로 구분해서, 지역에서의 자금 유출 정도를 지역의 대출증가율과 해당 지역의 GRDP 증가율 간의 격차로 나타내어 수도권과 비수도권 지역의 자금 유출 및 자금 유입의 양상을 비교해서 살펴본 것이다. 일반적으로 수도권과 비수도권의 대출증가율과 GRDP 증가율 간의 차는 지역 내 자금 초과 공급의 여부를 확인할 수 있는 지표로 활용된다. 이는 대출 증가율이 GRDP 증가율을 상회하는 경우, 지역 내 자금은 초과 공급되어 자금 유출을 예상할 수 있고, 반대로 대출 증가율을 GRDP 증가율이 상회하는 경우, 지역 내 자금은 과소 공급되어 자금 유입을 예상할 수 있기 때문이다.

　이와 같은 이론적 관점에 의거하여 〈그림1-5〉와 〈그림 1-6〉을 조합해서 검토하면, 국내 예금은행과 비은행금융기관 양측 모두 수도권으로 자금을 유입하고 있고, 또 비수도권에서의 자금은 크게 유출되고 있는 것으로 유추할 수 있다. 예금은행이 비은행금융기관에 비해 훨씬 높은 수준으로 비

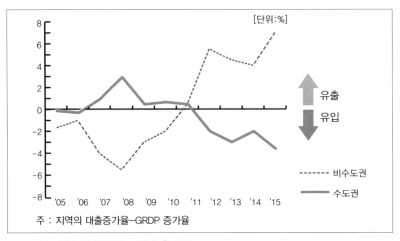

[단위:%]

유출
유입

······· 비수도권
——— 수도권

주 : 지역의 대출증가율-GRDP 증가율

〈그림 1-5〉 국내 예금은행의 자금 유출 추이

자료 : ECOS 한국은행 경제통계시스템

수도권에서 수도권으로 자금을 유출하고 있음을 확인할 수 있다.

결국, 우리나라 지역의 은행들은 해당 지역의 자금수요에 적극 대응하지 않고 있어, 해당 지역의 중소 영세기업, 소상공인, 저소득층, 저신용 등급자 등과 같은 지역의 이른바 '금융 약자'들에 대한 은행들의 '배제 Exclusion' 조치는 점차 심화되고 있다. 은행의 사업 자금인 예금은 지역의 이른바 '없는 사람'들로부터 챙겨놓고 이들에 대한 대출은 꺼리고 그저 돈 되는 곳에만 투 · 융자한다는 것은 어불성설이다.

서울을 제외한 모든 지역이 이와 같은 은행 자금의 역외 유출로 인해 지역 내 소비 또는 지역 내 투자와 같은 지역경제를 살려낼 동력을 상실하고 있다. 특정 지역에서 영업 활동을 하는 은행의 해당 지역 내 재투자를 담보할 수 있는 정책적, 실천적 대응이 절실한 이유가 바로 여기에 있다. '돈'이 지역에서 돌고 또 돌지 못하는 것, 이것이 바로 우리나라 지역경제의 피폐화 현상을 더 심각하게 하는 중요한 요인 중 하나임을 인식할 필요

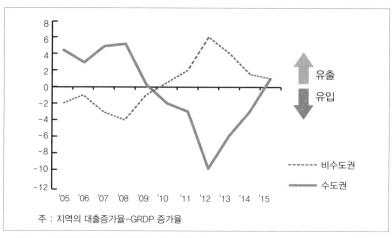

주 : 지역의 대출증가율-GRDP 증가율

<그림 1-6> 국내 비은행금융기관의 자금 유출 추이

자료 : ECOS 한국은행 경제통계시스템

가 있다.

넷째, 지역 기업들의 투자가 그 지역 내에서의 조달 형태로 이루어지지 않고 있다는 점이다. 일반적으로, 지역경제가 활성화되어 있는 도시 또는 농촌의 사례를 보면, 지역의 기업 및 생산자들의 투자가 지역 내의 원재료, 중간재 생산자들로부터의 조달로 이어지면서 지역 내 산업 연관이 상대적으로 강화되어 있음을 알 수 있다.

그러나 우리나라 지역의 상황을 보면, 지역 기업들 간의 산업 연관이 탄탄하지 않은 상황이다. 부산, 인천, 경기 등의 광역 자자체들의 경우, 해당 지역의 기업들이 역내 기업으로부터 원재료 및 중간재를 조달하지 않고 지역 외부의 기업들로부터 이를 조달하는 비중이 매우 크게 나타나고 있다. 즉 역외로부터의 이입률이 높게 나타나고 있다. 이는 특정 지역의 원재료 및 중간재 생산 기업들은 역내 기업들이 아니라 되레 역외 기업들에 대해 생산물을 납품하는 비중이 커서, 역외로부의 이출률이 높게 나타난다. 우리나라 지역에서는 앞에서 언급한 지역 내 생산과 지역 내 소비 간의 미스매칭뿐만 아니라 지역 내 생산과 지역 내 생산의 관계로 볼 수 있는 이른바 B2B 거래가 지역 내에서 완결되지 않고 있음을 보여준다.

이와 같이, 우리나라 지역의 역내 산업 연관이 강화되어 있지 못한 것은 지역 내 산업 간 부가가치 파급효과가 낮은 수준임을 알 수 있게 해주는 것이며, 지역경제 또는 지역산업의 순환적 안정성을 훼손하는 양상임에 다름없다. 지역 기업들이 지역 내에서 조달하고 또 지역 내부에서 생산적인 투자를 시행하는, 이른바 지역 기업들의 '재투자'가 지속가능한 형태로 나타나지 않고 있는 것은 우리나라 지역경제 또는 지역산업 기반의 취약성을 보여주는 것이라 해도 무리가 아닐 것이다.[3]

최근 유럽에서는 EU 차원에서 지역경제의 침체 국면에서 벗어나기 위해 지역 기업들의 투자가 그 지역 내의 타 기업 또는 산업과 연결될 수 있도록 하는 지역 산업정책을 적극 취하고 있다. 그러나 우리나라 주요 도시들의 경우, 식민지 때부터 그 지역의 기업들이 원재료나 부품 등을 주로 서울 등 외부 지역으로부터 조달하는 '외부 의존형 산업구조'가 형성되기 시작하여 지금까지 그 메커니즘이 경로의존적으로 작동되고 있다(양준호, 2018).

즉 우리나라의 경우, 지금까지 각 지역 내부의 기업들 간의 산업 연관이 매우 약하게 나타나고 있다는 의미다. 예를 들어, GM 코리아의 경우 원재료 및 부품을 군산, 인천이 아닌 외국 또는 국내 여타 지역으로부터 조달

---

3. 오카다 토모히로 저, 양준호, 김우영 역(2016), "지역만들기의 정치경제학—주민이 직접 만드는 순환형 지역경제", 한울아카데미.

하고 있어 해당 지역 기업들과의 산업 연관은 매우 약했다는 것이 최근 밝혀지고 있다. 그리고 앞에서도 언급했던 국내 경제자유구역 사례를 보자. 지역경제 활성화를 명분으로 상전 대접을 받으며 경제자유구역에 유치된 외투기업들의 경우, 그 지역 기업으로부터의 조달율은 매우 낮은 수준에 불과하다.[4]

지역 내 재투자가 시급하다

이와 같이 지역 기업들이 지역 밖에서 원재료 등을 조달함으로써 지역 산업연관이 약화되고 있는 현상은 경제자유구역에서만 나타나는 것이 아니다. 거의 모든 지역이 마찬가지다. 지역 내부에서 투자가 자기 완결적으로 이뤄질 수 있게 하는 시스템을 구축하는 것과 또 이를 위한 지원은 지방자치단체와 지역 시민사회가 가장 중시해야 하는 정책적, 실천적 과제이다.

지역경제 활성화를 위해서는 바로 이 문제를 해결해야 하며, 또 이와 관련된 해법의 열쇠를 쥐고 있는 주체는 지방자치단체인데, 우리나라 지자체는 이른바 지역의 '지역 내 재투자' 능력을 구축하는 데 정책의 초점을 맞추지 못했다. 지역경제의 지속적인 발전이라는 것은 지역 내 재생산 시스템을 유지하고 또 이를 확대해나가는 것을 의미하는데, 여기서의 지역 재생산 시스템의 질과 양을 규정하는 것은 바로 그 지역 전체가 가지고 있는 '재투자력再投資力'이다(오카다 토모히로 저·양준호, 김우영 역, 2016). 즉 어느 지역에서 여러 형태로 축적된 자금 스톡Stock이 늘 일정한 수준으로

---

4. 인천경제자유구역 중 송도국제도시에 유치된 외투기업의 경우 인천 지역기업으로부터의 조달률은 9%에 불과한 것으로 나타나, 시민혈세를 대거 투입하여 외투기업을 유치하였지만 이의 지역경제에 대한 파급효과는 매우 낮게 나타나고 있음을 알 수 있다.

지역 내부에 투자됨으로써, 지역 내부에서 고용, 원재료, 부품, 서비스 조달이 반복적으로 이루어지고 또 지역 내부의 노동자와 농가, 그리고 상공업자의 생산과 생활을 유지할 수 있도록 하는 지역력地域力이 갖춰지게 되면, 지역 주민 한 사람 한 사람의 경제생활이 안정되면서 결국 지역경제의 지속적 발전이 가능해진다.

다시 말해, '지역 내 재투자력'은 가능한 한 지역 내부에서 자급하는 능력, 즉 지역 내 자급률을 높이는 능력으로 해석될 수 있으며, 또 여기서의 '재투자력'에는 상품을 새롭게 업그레이드 해낼 수 있는 기술 및 기능의 양적인 역량과 상품을 판매하는 마케팅 능력이 포함되어 있다. 지역 내 자급률을 높여나간다는 것은 지역 외부 생산에서 지역 내부 생산으로의 대체를 의미하는 것으로, 이와 같은 '대체'가 장기간에 걸쳐 지속되기 위해서는 지역 내 경제 주체의 기술력 및 판매력의 향상이 필수 조건으로 작용하게 되는 것이다.

따라서 지역 내 재투자력을 어떻게 구축해내는지가 지역정책에 있어 결정적으로 중요하다. 그러나 우리나라 지역에서는 이와 같은 개념을 의식한 지역정책이 전개되질 못했다. 이는 곧 작금의 지역경제 피폐화의 중요한 요인으로 작용하고 있다. 이런 맥락에서, 지역경제가 자기 완결적으로 발전하기 위해서는 지역 내부의 산업 연관 효과가 강하게 나타날 수 있도록 하는 투자가 끊임없이 이루어져야 한다는 대원칙으로 돌아가야 한다.

아울러 투자의 지역 내 순환구조를 구축하기 위해서는, 위에서 언급한 지역 내부의 산업 연관 효과를 담보할 수 있도록 하는 투자를 지속적으로 담보하는 능력, 즉 지역 내 재투자력을 어떻게 구축하고 또 어떻게 강화시켜낼 것인지를 보다 적극적으로 인식해야 한다. 지역 내부에서 축적된 자금이 지역 고용, 원재료, 부품, 서비스를 지속적으로 조달하는데 투자되어 지역의 모든 경제 주체의 생산과 생활을 유지하고 또 확대할 수 있는 지역의 역량이 강화되면, 지역 주민의 생활이 풍요로워지고 또 지역의 생산을 감당할 수 있는 지역의 소비 능력이 강화되어, 결국 지역경제의 '자기완결성'을 높여 지역의 지속적인 발전이 가능해짐을 주목해야 한다는 것이다 (오카다 토모히로 저 · 양준호, 김우영 역, 2016).

붕괴되고 있는 지역 공동체

이와 같은, 우리나라 지역들이 마주하고 있는 지역경제의 파행적 구조 하에서 지역의 공동체는 급속히 해체되고 있다. 거세지고 있는 신자유주의의 지역에 대한 압력과 지역경제의 계속적인 후퇴 및 피폐화라는 경제적, 물질적, 객관적 상황들은 그간의 우리나라 지역사회를 지탱해온 여러 형태의 공동체를 붕괴시키고 있다.

'트레이드오프'와 지역 해체

서울을 중심으로 하는 수도권 이외의 지역은 경제적으로 크게 침체되어 있다. 지역경제의 상황이 이러한 만큼, 지역의 청년들을 비롯한 이른바 생산가능 인구는 서울로 빠져나가기 시작했다. 그들은 지역에서 그들의 자기실현을 담보해줄 좋은 일자리나 좋은 정보를 확보할 수 없었기에 더 이상 해당 지역에서의 경제활동은 의미가 없었던 것이다. 청년 등의 생산가능 인구가 지역 밖으로 빠져나가면서 지역의 공동체는 크게 동요하고 있는 상황이다.

일본에서 생겨난 '지방소멸'이라는 신조어 역시 지방 또는 지역의 생산가능 인구가 급감하면서 일상용어로 사용되기 시작했는데, 우리나라의 지역 역시 지역경제의 침체로 인해 인구 급감의 위기에 직면하게 되면서 지역을 떠받치고 있던 여러 형태의 공동체가 더 이상 양적인 차원에서도 지속 불가능한 위기에 빠지게 되었다.

지역경제의 위기는 지역 주민들이 일자리와 소득을 확보하지 못하는 생계 차원의 불안감을 조장했다. 그와 같은 우려 속에서 이전에는 협동과 연대를 지향하던 지역 주민들은 생계를 위해 각자도생하기 시작하면서 이전까지 준수하고 적극 인식해오던 해당 공동체의 규범과 윤리보다는 자기 전문성의 강화, 이기적인 경제선택, 효율적이고 합리적인 판단의 선호 등 이른바 시장 적응성을 강화하는 개별화되고 파편화된 개인으로 모습을 바꾸기 시작했다.

이와 같은 개인 간의 관계를 시장화 또는 자본주의화하는 경향이 강화되면서, 지역사회의 여러 문제를 함께 고민하고 또 그 해결을 통해 호혜하고자 구축했던 공동체는 약화되고 해체되기 시작하며 나아가 붕괴되기에 이르고 있다. 지역의 미래를 책임져야 할 청년들은 지역경제의 피폐화의 직접적인 피해자가 되면서 세대를 넘나드는 넉넉하고 인간적인 주민 간 소통을 꺼리기 시작했다. 또 이들은 지역의 여러 사회문제에 대한 관심에서 벗어나 기업의 선호에 맞는 숙련을 습득하기 위해 공동체를 벗어나 직업전문학교나 기업 인턴으로 그 관심을 돌리기 시작했다.

나아가 이들은 경제적으로 급격하게 피폐화되고 있는 지역사회를 넘어 일자리나 성장 기반을 찾아 서울로 떠나고 있다. 개별화되고 원자화된 개인이 아니라 지역사회와 그 공동체에 기반을 둔 개인은 노동시장에서의 경쟁력을 갖출 수 없다는 인식이 만연하기 시작했다. 이와 같은 변화는 국가 차원에서 적극 수용하고 있는 신자유주의 패러다임의 일반화 경향과 맞물리게 되면서 더욱 급격하게 전개되기 시작했다.

지역의 경제를 지탱해오고 있던 기존의 지역 기업들은 경제 침체로 인해 지역의 수요가 받쳐주질 않아 새로운 시장을 찾아 지금껏 착근해왔던 지역을 등 뒤로 하기 시작했다. 이로 인해 많은 지역 주민들은 일자리와 소득을 잃게 되면서 생계를 위협받기 시작하면서 오랫동안 지역을 지탱해왔던 공동체의 인적 기반은 약해질 대로 약해지고 있다(양준호, 2018).

나아가, 앞에서도 지적했듯이, 지역 활성화를 명분으로 추진하는 지방자치단체의 지역정책 기조는 주로 지역개발 또는 도시개발에 초점을 맞춘 가시적인 도시 변조 쪽으로 쏠리게 되면서, 이러한 공간의 물리적 변화 과정에서 토건자본 또는 개발자본의 이해관계와 그것을 담보하는 일련의 논리에 의해 결국 원주민들이 생계적 기반을 상실하며 원래 거주하던 곳으로부터 축출되어버리는 것이 일상다반사가 되었다. 이와 같은 현대판 '본원적 축적primitive accumulation'은 지역 내 원도심 쇠퇴를 초래하였고 이러한 현상은 오랫동안 원도심 공간을 구성해오던 다양한 공동체를 해체, 붕괴시키는 요인으로 작용했다.

나아가 물리적 도시 변조에 초점을 맞춘 도시개발 또는 지역개발은 원주민의 축출뿐만 아니라 개발된 공간의 지가 상승을 유도하여 해당 지역에서 소규모 영세 사업을 영위하던 소상인마저 외부로 축출하는 젠트리피케이션을 초래함으로써 해당 지역을 지탱해오던 상인들 간의 연합과 같은 다양한 형태의 지역 착근형 공동체는 이촌향도 현상과 맞물리면서 해체, 붕괴되기에 이르렀다.

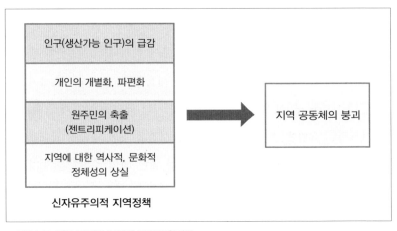

<그림 1-7> 지역 공동체 붕괴의 직접적 원인들

　이와 같은 공동체 해체 및 붕괴 현상은 그간의 공동체 개념을 '생활 전반에 걸쳐 긴밀하게 상호 작용을 하면서 공동의 목표와 가치를 공유하는 집단'이 아니라 '행정구역으로 정해진 같은 공간에 존재하는 집단'으로 변모시켰다.[5]

　이러한 변화로 인해, 지역 시민 또는 주민들은 '지역을 위한' 선택을 지향하기 위해 같이 고민하고 같이 행동하는 것을 선호하지 않게 되었다. 지역경제를 같이 생각한다든지, 지역의 문화적, 역사적 정체성을 같이 재확립한다든지, 지역사회의 여러 문제들을 같이 고민하고 해결한다든지 하는 그런 공동체적인 선택을 회피하기에 이르렀다. 즉 지역경제의 침체 및 신자유주의의 만연화로 인해 지역민들은 '공동의 목표와 가치를 공유하는' 공동체로 결합되는 주체가 아니라 원자화된 개인으로 파편화되어 각자의 삶을 경쟁적으로 영위하고 개인의 효용과 효율을 지향하는 개별화된 주체

---

5. 홍의동(2016) 공동체 회복과 도시재생, 청주시 도시재생지원센터.

로 변하기 시작했다.

결국 지역경제 피폐화로 인해 지역사회를 떠받쳐온 경제적인 토대가 무너지면서 또 자본의 이해관계를 중시하는 도시개발 또는 지역개발로 인해 지역 공동체를 구성하는 주민은 먹고 살 길을 찾아 지역과 공동체를 떠나 각자도생할 수밖에 없게 되었다. 그 결과, 주민들 간의 상호신뢰, 커뮤니케이션, 호혜를 중시해오면서 구축되었던 지역 공동체 안의 '사회적 자본 Social Capital'의 기반은 급속히 붕괴되고 있다. 지역 차원의 공동체를 매개로 지역 주민들의 상호 신뢰관계는 생계를 각자 찾기 위한 상호 경쟁관계로 변질했다.

공동체를 통한 지역 주민들 간의 커뮤니케이션과 그것을 기반으로 하는 직접 민주주의의 기조는 사라지고 오로지 정치선택을 통해 지역이 직면한 문제들을 해결할 수 있다는 대의제 민주주의가 필요 이상 절대화되고 또 그 실질적 민주주의 차원의 병폐와 병리가 확대, 증대하기 시작했다. 동일한 지역성을 기반으로 하는 지역 주민들 간의 호혜의 상호작용은 사라지고 개별화된 지역 주민들 각자의 수익과 이해관계만을 지향하며 자신의 생계를 유지하고자 하는 이기주의적 개인들 간의 '트레이드오프trade-off' 관계로 변질되기 시작한 것이다.

나아가 지역경제의 위기로 인해 가족 공동체 자체가 해체, 붕괴되기 시작하면서, 앞에서 언급한 지역 전체 차원의 공동체 위기를 해소할 사회체계가 작동 부전 상태에 빠진 상황에서 치열한 경쟁사회가 개인 상호 간의 무관심과 무지를 조장하여, 결국 가족 내, 가족 간 범죄와 같은 심각한 사회병리적 상황이 잇따르고 있다.

지역경제의 침체와 그로 인한 지역 차원의 사회양극화에 따른 개인의 불만과 단절된 인간관계에서 비롯된 다양한 사회병리 현상을 줄이기 위해 필요한 사회통합을 위한 노력과 안전망 구축은 지역경제의 심각한 피폐화로 인해 좀처럼 이뤄지지 않게 되면서, 지금 우리의 지역사회는 그 지속가능성을 찾아보기 어려울 정도로 공동체 붕괴의 위기 상황에 직면하게 되었다.

협동과 연대, 언어를 복원하라

과거에는 지역 공동체를 매개로 해서 주변에서 소외 계층을 정서적으로 돌봤지만 지역경제가 피폐화되기 시작한 이후 지역에는 개인주의와 경쟁이 현저하게 심화되고 있으며, 가족이 해체되고 사회안전망은 취약해지며, 또 경쟁이 치열해지면서 받게 되는 스트레스 등이 사회병리현상적 범죄를 야기하는 원인으로 작용하고 있다.

특히 지역 공동체 붕괴로 인한 청소년 범죄의 양상은 매우 심각한 수준에 달하고 있다. 예를 들면 초등학교 저학년조차도 학교를 끝내고 집에 오면 이웃집 친구들과 함께 뛰어놀 수 있는 시간을 갖지 못하고 대부분 곧바로 학원으로 직행해 여러 학원을 돌아서 밤늦게야 집에 돌아오는 경우가 너무나 많다. 이는, 앞에서 언급했듯이, 지역경제의 장기 침체로 인해 지역 공동체가 붕괴되면서 지역 주민들 간의 상호 신뢰, 소통, 호혜의 규범이 사라지고 극도로 치열한 경쟁체제가 지역에서부터 구축되기 시작한 것에 기인하는 것으로 볼 수 있다.[6]

이와 같은 공동체 붕괴의 위기적 지역사회 내에서는 시장에서 교환되지 않는 각 개인들의 '재능talent'이 주민들 간의 자율적인 소통과 협의 하에서 거래되는 것이 불가능하다. 상황이 이러하니, 지역 안에서 타인의 '필요'를 서로 인식할 필요도 없어졌고, 또 이로 인해 자연스럽게 자신의 재능을 지역에 있는 타인과 공유하고자 하는 의지도 발휘하지 못하게 된다. 결국, 지역경제 피폐화로 인한 지역 공동체의 붕괴는 지역을 활성화하고 지역의 모든 개인들을 공생과 공존의 체제로 편승시켜낼 수 있게 하는 사회적자본을 위축시킴으로써, 지역경제를 더 악화시킴과 동시에 이로 인해 지역사회를 더욱 어둡게 한다. 이와 같은 상황 하에서는 소득능력이 없거나 자산능력이 없는 사람들은 지역으로부터 배제되기 십상이다.

결국, 지역 안에 존재하는 다양한 사회문제들을 '협동과 연대' 그리고 '소통과 호혜'의 정신을 토대로 지역 주민들이 함께 대응해오던 지역사회의 공동체 인프라는 신자유주의의 귀결로서 초래되고 있는 지역경제의 피폐화로 인해 복원하기 어려울 정도로 해체되고 있다(양준호, 2018).

신자유주의와 그 귀결로서의 지역경제 피폐화, 그리고 그 수습책으로 또 다시 제기되는 신자유주의. 이와 같은 지역사회 차원에서 전개되고 있는 악순환의 소용돌이 하에서 지역 주민들 간 '언어'의 실종은 지역 공동체를 붕괴시키고 지역의 발전을 저해하며 개인의 자아실현과 행복마저 가로막는다. 지역을 넘어 개인을 해방시키기 위해서라도 지역을 기반으로 하는 공동체의 복원이 매우 절실하다.

따라서 지역 공동체를 매개로하여 지역 주민들 간의 사회서비스 교환 등을 골자로 하는 새로운 형태의 경제시스템 등을 통해 지역경제의 활성화를 꾀하지 않으면 안 된다. 이미 진행되고 있는 지역경제의 피폐화 국면 하에서, 시장에서 교환, 거래되지 않는 지역 주민들 간의 재능을 교환, 거

---

6. 곽도(2018) '붕괴된 공동체의 복원' 시급하다. 아파트관리신문.

래하는 것을 골자로 하는 대안적 시스템과 그 매개 수단에 관해 본격적으로 고민하지 않으면 안 된다. 캐나다 퀘벡, 이탈리아의 에밀리아 로마냐, 스페인 몬드라곤 등과 같은, 경제 및 사회 측면에서 지속가능성의 수준이 매우 높게 나타나는 지역에서는 공통적으로 '협동과 연대'의 정신을 강조한다. 또 이와 같은 정신은 협동조합을 매개로 하는 공동체에 의해 생성되고 유지되며 강화되어 왔다.

따라서 지역사회 차원의 협동과 연대의 정신은 사회적인 측면뿐만 아니라 경제적인 측면에서도 지역을 풍요롭게 한다. 그러나 지금 우리나라 각 지역에서는, 신자유주의의 여파로 기업 간, 개인 간 협력보다는 기업 간, 개인 간의 치열한 경쟁이 지역을 합리적으로 발전시켜 지역사회가 최적해에 달할 수 있게 해주는 미덕(?)으로 자리 잡기 시작했다. 아담 스미스의 자유주의적, 시장주의적, 방임주의적 사회관의 지역판이라 할 수 있겠다.

이와 같은 패러다임이 만연되고 있는 이 시대에 지역 내 구성원들 간의 '협동과 연대'를 기반으로 하는 지역 공동체는 먼 옛적의 것으로 치부되고 있는 것이 우리 지역사회가 처한 작금의 위기적 상황이다. 유감스러운 것은 이와 같은 신자유주의적 패러다임은 다시 지역경제를 피폐화하고 또 이는 지역 공동체의 기반을 더욱 취약하게 한다는 점이다.

문제는, 지금 전개되고 있는 지역의 위기가 지금까지 지적해온 지역 공동체 차원의 사회적자본의 위기로만 발현되지 않는다는 점이다. 지역 주민들에게 강한 공동체 의식을 가질 수 있도록 해주었던 지역의 여러 역사적, 문화적 유산들은 위에서 언급한 대규모 토목공사형 도시개발을 명분으로 역사의 뒤안길로 사라지고 있다(양준호, 2018). 압축적 성장을 위한 급격한 도시화 또는 도시개발은, 부동산 소유자들의 경제적 이해관계에만 매몰되어 '커먼즈commons'로서의 도시 공간에 대한 문제의식을 소홀히 하고, 재개발, 재건축 등과 같은 물리적 환경의 변조 중심의 개발사업에 경도되어 있으며, 지방자치가 성숙되어 가고 있음에도 불구하고 도시개발에 대한 주민의 이해와 참여를 전제로 하지 않는 것을 본질로 한다.

결국 이러한 도시화 또는 도시개발은 자본의 이윤만을 중시하는 지역정책으로 간주할 수 있겠는데, 이와 같은 신자유주의적인 지역개발 정책은 지역 공동체의 구심점으로 작용해온 그 지역 고유의 역사적, 문화적 정체성을 파괴하여 부동산 자본의 가치 증식을 위한 표준적인 공간으로 전락시킴으로써, 해당 지역의 공동체를 구성하는 주민들 간의 정서적, 심리적, 문화적 동질성 또는 일체감을 서서히 사라지게 하고 있는 것이 사실이다.

이는 지역 공동체를 붕괴시키고 또 지역 공동체의 복원을 가로막는 요인으로 작용하고 있다. 지역에 대한 역사적, 문화적 정체성의 상실은 경제적 이해관계만으로 지역을 이해하고 접근하는 탐욕적 개인주의의 팽배, 지역에 관한 공통적 문제의식을 기반으로 하는 주민들 간의 연대성 상실로 인한 주민 간, 이웃 간의 갈등 및 대립의 증대, 또 이로 인해 초래되는 주민들 간의 불신과 그에 따른 사회적 매몰비용의 증가 등 다양한 차원의 부작용들을 야기했다.[7] 결국 지역 공동체의 붕괴는 매우 전방위적이고도 심각한 사회병리 현상들의 요인으로 작용했다.

지역이 '언어'를 매개로 하는 공동체의 성격을 지니기보다는 개별화된 개인들이 그저 모여 사는 공간으로서의 성격을 가지게 되면서 지역 주민들의 삶의 질이 저하되고 또 이로 인해 지역경제 역시 악영향을 받게 되는

---

7. 임성빈(2019) 지역과 교회 그리고 이 시대의 문화목회(1), 문화선교연구원.

결과를 초래했다는 의미다.

나아가, 이와 같은 파행적 양상들은 지금까지 그 지역사회와 지역경제를 뒷받침해오고 있던 지역 주민들 간의 신뢰, 커뮤니케이션, 호혜를 되레 사치스럽고 거래비용transaction cost이 많이 드는 것으로 간주하면서 이를 무시하고 자신이 소유하는 땅이나 아파트의 가격만 올라가면 현실에 만족해버리고 마는 이기주의적 개인을 양산하는(양준호, 2018), 지역사회의 파편화를 더욱 가속화한다. 어느 지역이건, 개발이 한창인 신도심과 개발이 정체되고 있는 구도심 사이의 위화감은 급격히 고조되고 있는 것이 사실이다.

이와 같은 상황 하에서 지역경제를 활성화하고 또 지역사회의 지속가능성을 높이는 지역 공동체의 복원은 쉽게 기대할 수 없다. 따라서, 지역사회를 풍요롭게 하는 지역 공동체를 다시 활성화시키기 위해서는 지역 주민들 간의 '언어'를 복원시키는 것이 중요하다. 이를 통해 지역 주민들이 자주 마주치고 또 머리를 맞대고 같이 고민해야만 지역은 발전할 수 있다.

지역 주민들끼리 신뢰, 소통, 호혜를 견지하며 서로의 필요를 확인하고 또 그 과정에서 자신의 재능에 대해 생각하고 또 해당 지역의 역사적, 문화적 정체성을 공동으로 도출하여 지역에 대한 공통의 문제의식을 갖춤으로써, 또 이를 토대로 지역 주민들과 함께 지역의 여러 문제들을 해결하는 공동의 노력을 다함으로써, 지역 공동체는 복원될 수 있다.

여기서 중요한 것은 지역 공동체는 사회적자본을 극대화하는 매개로, 지역 주민들 간의 신뢰, 소통, 호혜를 기반으로 하는 협력과 연대와 같은 사회적자본은 결국 피폐화된 지역경제를 되살려놓을 수 있는 결정적인 요인으로 작용한다는 점이다. 이탈리아의 북부 지방은 지역 차원의 사회적자본을 높은 수준으로 축적하여 시민사회와 지방자치단

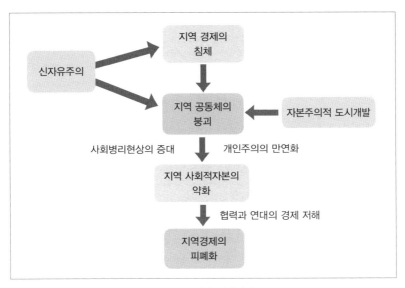

<그림 1-8> 지역 공동체 붕괴와 지역경제 간의 상관관계

체 간의 탄탄한 협력과 연대를 실현해냄으로써 지역경제를 활성화시
켰다. 이에 반해 이탈리아 남부 지방은 지역 차원의 사회적자본을 축
적하지 못해 시민사회와 지방자치단체 간의 협력과 연대는커녕 대립
과 분열을 조장하면서 지역경제의 침체를 초래했다는 사실은 다시 강
조해도 지나치지 않을 것이다.

요약 정리

지역경제는 침체 상황을 넘어 피폐화되고 있다. 지역의 소득은 지역 밖
으로 빠져나오면서 지역에서 생산된 것이 지역에서 소비되지 않고 있고,
지역에 축적된 은행 자금은 지역의 자금수요에 매칭되지 않고 수익을 찾
아 지역 밖으로 유출되고 있으며, 나아가 지역의 투자는 지역 내 여타 기

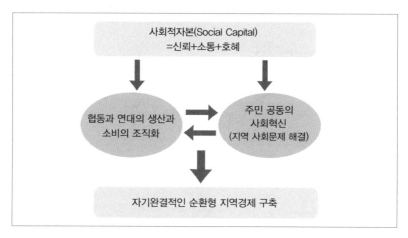

<그림 1-9> 사회적자본의 지역경제적 의의

업들의 생산과 매칭되지 않아 지역 내 산업연관이 약화되고 있다. 특히 우리나라의 소득, 자금, 투자는 지역 내에서 완결적으로 흐르지 않고 서울을 중심으로 하는 수도권으로 집중되고 있다. 이와 같은 경제의 수도권 집중 양상은 지역의 경제를 보다 침체시키고 있다.

지역의 공동체 역시 붕괴하고 있다. 지역경제 피폐화에 대한 대안으로 지자체는 신자유주의적 지역정책을 취하기 시작했는데, 이는 역설적이게도 지역의 여러 공동체를 해체, 붕괴시켜 지역 내 주민들 간의 상호신뢰, 커뮤니케이션, 호혜로 구축되는 사회적자본을 약화시켜 결국 지역경제를 살리는 시민적 동력 그 자체를 축적시키지 못하고 있다.

지금껏 우리나라 지자체는 지역경제 활성화 및 지역 공동체 복원을 위한 여러 가지 정책들을 취해 왔지만, 이러한 정책들의 효과는 쉽게 찾아볼 수 없는 상황이며, 이를 대체하고 또 지역 활성화에 직접적으로 기여하는 유효성 있는 정책과 실천이 모색되어야 한다.

2

지역화폐 자세히 보기

양준호

　앞에서 언급한, 지역의 경제적, 공동체적 위기를 극복하기 위한 대안으로 지역화폐가 전 세계적으로 주목을 받고 있다. 지금까지는 주로 선진국의 도시들이 지역경제의 침체 국면과 이른바 지방소멸의 위기에 직면하면서 이를 타개하기 위해 시민 참여를 동력으로 하는 지역화폐를 도입하여 지역의 생산이 지역의 소비와 맞물리게 하고 또 지역 시민들의 사회기여 또는 재능들을 타 시민의 그것과 교환할 수 있도록 하는 실험들을 벌이고 있다.

　가까운 일본에서는 300개 이상의 지역화폐가 주로 지역 시민사회의 주도 아래 도입되었고, 미국과 유럽에서도 지역화폐와 관련한 여러 형태의 실천과 정책들이 시도되어 왔다. 일본 소도시 타카다바바쵸의 지역화폐 '아톰', 영국 브리스톨시의 지역화폐 '브리스톨 파운드', 그리고 독일의 킴가우어의 지역화폐 '킴가우어' 등은 지역경제를 살리고 또 지역공동체를 복원하는데 크게 기여한, 세계적인 '모범 지역화폐'로 손꼽히고 있다. 이와 같은 세계적 동향에 발맞춰, 최근 우리나라에서도 지방자치단체가 주도하여 지역경제 피폐화와 지역공동체 복원을 위해 정책으로서의 지역화폐를 적극 도입하고 있다.

여기서는 이와 같은 지역화폐가 무엇인지를 개념적으로 살펴볼 것인데, 이를 위해서 지역화폐가 한 나라의 중앙은행이 발행하는 원화, 달러, 엔화 등과 같은 법정화폐와 어떻게 다른지에 초점을 맞춰 논의하고자 한다. 그리고 지역화폐의 형태를 분류하는 기준은 어떤 것인지, 또 그 기준에 따라 지역화폐의 유형은 어떻게 구분되는지를 살펴보고자 한다. 나아가 지역화폐가 선을 보이게 된 역사적 배경 역시 짚어보고자 한다.

지역화폐란 무엇인가

지역화폐의 정의

'지역화폐Local Currency'란 말 그대로 지역의 화폐다. 그러니까 특정 지역 안에서만 쓸 수 있는, 법정화폐 이외의 돈이라는 의미다. 예를 들어 부산에서 발행된 지역화폐는 서울에서 쓸 수 없고, 부산 해운대에서 통용되는 지역화폐라면 태종대에서는 쓸 수 없다. 즉 지역화폐는 통용되는 공간이 한정적이다. 결국 특정 지역을 명확하게 설정하고 있다는 점에서, 지역화폐는 법정화폐와 분명히 차별화된다. 또, 이와 같은 지역화폐는 법정화폐와 함께 쓸 수 있다는 의미와 법정화폐를 보완한다는 의미에서 '병용화폐 또는 보완화폐Complementary Currency'로도 불린다. 지역화폐를 쓰는 지역이라고 해서 법정화폐가 유통되지 않는 곳이라는 의미가 아니다.

이러한 지역화폐는 발행목적, 유통범위, 통용 강제성의 여부 등에 있어 법정화폐와는 전혀 다른 특징을 가지며, 또 지역화폐는 여러 종류가 있는데 그 종류별로 서로 다른 특징을 갖는다.

첫째, 지역화폐는 발행목적이 다양하다. 지역경제를 활성화하는 것에서부터 지역 내 생태 및 환경을 지키는 것, 지역 공동체를 복원하는 것 등 지역화폐의 목적은 꽤 다양하다. 그러나 발행목적이 다양하다 하더라도 공통점은 하나 있다. 그것은 바로 '지역' 문제를 해결하는 것을 목적으로 하고 있다는 점이다. 지역의 소득이나 자금이 지역 밖으로 빠져나가지 않게 하기 위해 지역화폐를 도입한다든지, 지역의 일자리를 창출하기 위해 지역화폐를 도입한다든지, 지역의 영세 상인들의 상권을 활성화하기 위해 지역화폐를 도입한다든지, 아니면 지역의 쓰레기 문제 등 환경 생태를 지켜내기 위해 지역화폐를 도입하는 등 지역화폐의 목적은 여러 가지가 있으나 결국 '지역'을 혁신하는 것에 두고 있다. 그런 의미에서, 지역화폐는 '지역을 위하는' 또는 '지역의 문제를 해결하는' 돈이라 할 수 있다.

둘째, 지역화폐의 유통범위는 위에서 언급한 대로 특정 지역으로만 한정된다. 해당 지역 밖에서는 유통이 불가능하거나 제한된다. 인천의 지역화폐 '인천e음'은 바로 옆 도시인 경기도 부천에서는 쓸 수가 없다. 이런 점을 고려해서 볼 때, 지역화폐는 해당 지역이 아닌 곳에서는 유통에 있어 강제성을 가지지 못한다. 그런 의미에서, 지역화폐는 법정화폐처럼 강제 통용력을 발휘하지 않고 어디까지나 법정화폐를 보완하는 '부차적 secondary인' 화폐로 볼 수 있다.

지역화폐에 대해 내리는 정의는 나라마다 또 학자마다 조금씩 다르다. 그러나 보편적으로 볼 때, 위에서 강조한 대로, 지역화폐는 특정 지역 안에서만 통용될 수 있는 화폐를 말하며, 법정화폐를 완전히 대체하는 화폐는 아니지만, 법정화폐와 병행해서 사용할 수 있는 또 하나의 지불결제 수단으로 정의할 수 있다. 또, 발행목적을 고려하면, 지역 주민들의 돈을 지역 안으로 순환시켜 지역의 소득이 지역의 소비로 이어질 수 있게 함으로써 지역경제를 활성화하는 수단으로, 나아가 지역 주민들이 각기 보유하고 있는 재능이나 서비스 역량을 이를 필요로 하는 주민들에게 공급할 수 있도록 해줌으로써 지역 공동체를 복원해내는 수단으로도 정의할 수 있다.[8] 물론 지금의 우리나라 지역화폐는 주로 지역경제 활성화에 그 목적이 맞춰져 있지만, 세계의 많은 도시나 지역에서 지역 공동체를 살리는 수단으로 활용되고 있다는 점도 참고할 필요가 있다.

지역화폐의 역사

위에서 언급했듯이, 지역화폐는 법정화폐와는 달리 특정 지역이나 지역 공동체 내에서 쓰이는 화폐를 말한다. 특히, 1929년 세계 대공황 직후 각국의 국민경제는 말할 필요도 없고 각국의 지역경제 역시 급속도로 침체되기 시작했는데, 이와 같은 지역경제의 심각한 위기 국면 하에서 오스트리아 뵈글Worgl이라는 소도시에서는 그곳 사람들이 경제적으로 힘든 이유는 돈이 없어서임을 알아차리고 사람들이 필요한 돈을 이 도시민들이 스스로 '노동증명서'라는 대안화폐를 만들어 사용하는 실험을 시도했다. 시민이 투입한 노동시간을 증명하는 형태의 화폐를 지역 차원에서 만들어 이를 법정화폐처럼 생활을 위한 소비에 쓸 수 있도록 한 것인데, 특히 이 대안화폐는 시간이 지나면 그 화폐가치가 줄어드는 감가상각이 발생하는

---

8. 이수연(2014), "세계 지역화폐의 이해와 유형 분석", 「새사연 이슈진단」.

용어	의미
지역화폐 Local Currency	특정 지역에 기반하여 그 지역 내에서만 통용되는 화폐로서의 의미를 강조하는 개념
공동체 화폐 Community Currency	물리적 차원의 지역뿐 아니라 특정 공통요소를 지니고 있는 어떤 공동체 내에서 통용되는 화폐로서의 의미를 강조하는 개념
보완화폐 Complementary Currency	지역 내 자원순환을 활성화하는데 기여하는 등의 측면에서 법정화폐를 보완하는 화폐로서의 의미를 강조하는 개념
전환/이행화폐 Transition Currency	기존의 에너지 의존적이고 환경파괴적인 사회에서 더 생태적인 사회로의 전환/이행을 추구하며, 이러한 과정을 지원하는 화폐로서의 의미를 강조하는 개념
가치절감화폐 Depreciative Currency	이자를 붙이지 않고, 스탬프나 인지 등의 방식을 통해 시간이 지날수록 화폐의 가치를 떨어뜨림으로써 감가상각되는(노화되는) 화폐로서의 의미를 강조하는 개념. 게젤의 자유화폐이론에 기반한 '노화하는 돈Aging Money'과 같은 개념

〈표 2-1〉 지역화폐의 여러 이름들

자료 : 이수연(2014), 최준규 외(2016), 최준규(2018)의 지역화폐 유형법 및 관련 논의를 토대로 함

화폐로 만들었기 때문에 유통속도가 일반 법정화폐의 10배나 빨랐다. 이로 인해 지역 내 소비가 급증하게 되자 뵈글의 지역경제는 기적적으로 살아나게 되면서 자연스럽게 실업률은 줄고 대공황의 여파로부터 완전히 자유로울 수 있었다.

이와 같은 유럽에서의 대안화폐 실험은 법정화폐의 권위를 상실하게 하여 지역뿐만 아니라 나라 전체의 통화질서를 교란시키는 악의적인 시도라는 당시 반대에 부딪혀 오스트리아 당국이 이를 금지시켰다. 이 시기 독일에서도 세계 대공황의 위기적 국면을 소도시 차원에서 극복하고자 작은

탄광마을인 슈바넨키르헨Schwanenkirchen에서도 뵈글과 동일한 형태의 대안화폐 '바라Wara'를 사용하면서 지역경제를 기적적으로 살려냈으나 뵈글 사례와 마찬가지로 2년 후 독일 재무부가 이를 금지하면서 이 성공적인 대안화폐 시스템이 더 이상 유지되지 못했다.

이렇듯, 독일, 오스트리아 등 대륙 유럽에서 처음으로 선을 보인 지역화폐는 그 후 역사의 뒤안길로 사라진 것 같이 보였으나, 그 역사적 실험이 보여준 파격적인 시도와 지역경제에 대한 분명한 효과에 대한 세계 시민사회의 기억은 불씨로 남아 1970년대 이후 미국과 캐나다를 중심으로 하는 북미대륙으로 다시 번지기 시작했다. 일반 시장에서는 잘 거래되지 않는, 지역 주민 개인이 제공할 수 있는 개인 차원의 재능을 활용한 서비스 또는 생산물을 지역 내에서 교환할 수 있게 하는 새로운 대안화폐가 1972년 미국 햄프셔에서 '콘스탄트Constant'라는 이름의 지역화폐로, 또 캐나다에서는 1980년 한 시골마을에서 'LETS(Local Exchange Trading System)'라는 이름의 지역화폐로 다시 등장하기 시작했다.

이와 같이 역사적으로 보면, 지역화폐가 맨 처음 도입된 배경은 세계 대공황으로 인한 지역경제의 심각한 침체 양상이 자리 잡고 있었으며, 이러한 경제위기적 상황에서 국민국가의 정책 대응이 효과를 내지 못하자 지역 시민 스스로가 자구적인 해결책을 제시하고자 했던 것이 지역화폐 도입의 동력으로 작용했다. 그 후, 1970년대 이후부터는 지역경제 활성화뿐만 아니라 지역 주민 개인이 각자의 재능 또는 서비스 공급 능력을 그것을 필요로 하는 다른 지역 주민에게 공급하는 과정을 지역화폐가 매개하여, 이 과정 전체를 통해 지역 주민들 간의 관계를 재구축함으로써 지역공동체의 회복을 꾀하는 지역화폐가 도입되기 시작했다. 결국, 대안화폐로서

구분	법정화폐	지역화폐
범위	외부통화	내부통화
발행처	중앙은행 발행 통화	자유 발행 통화
시장성	시장경제 통화	비시장경제 통화
이자유무[9]	이자 동반 통화	이자 없는 통화
촉진 성격	경쟁 및 투기 촉진 통화	협동 및 공생 촉진 통화
양극화	빈부확대 통화	평등지향 통화
인간관계	불신 경쟁관계(제로섬 통화)	신뢰 협력관계 (윈–윈, 플러스섬 통화)
관계성	개인 간 연을 끊는 통화	개인 간 연을 잇는 통화
성격	신용통화	신뢰통화
익명성	익명통화	비익명통화 (거래자 간 얼굴이 보이는 통화)
자아	자기상실 통화	자기발견 통화
음양구분	양의 통화	음의 통화
거래결과	공동체 해체로 인한 개인의 정서적 고립	공동체 결속유지로 개인 간의 정서적 유대 강화

〈표 2-2〉 지역화폐와 법정화폐의 차이점

자료 : 양준호교수팀(2012), '지역화폐와 지역경제 활성화에 관한 조사연구',
인천 연수구 연구용역 최종보고서를 수정·보완하였음

---

9. 일반적으로 법정화폐로 돈을 빌리게 되면 이자와 함께 원금을 상환해야 하나, 지역화폐는
   이자 부담이 따르지 않는다. 법정화폐는 이를 가진 자와 가지지 못한 자 간의 현금 보유의
   양극화와 결국 그로 인한 빈부격차를 심화시키는 방향으로 작용하지만, 지역화폐 시스템

의 지역화폐는 지역경제에 대한 지역 시민의 자율적 기획과 참여를 담보하는 실험의 형태로 역사에 선을 보이게 된 것이다.

지역화폐의 유형

지역화폐의 분류 기준

다음은 지역화폐의 유형이 어떻게 분류되는지 살펴보자. 첫째, 화폐 가치의 유형에 따라 지역화폐를 분류할 수 있다. 이는 어떤 것을 기준으로 설정해서 지역화폐의 가치를 측정하며 또 발행하는지에 따라 지역화폐의 유형이 달라짐을 의미한다. 이와 관련해서는, 크게 '시간'을 기준으로 가치를 측정하는 경우와 '법정화폐'를 기준으로 가치를 측정하는 경우로 구분할 수 있다(〈표 2-2〉 참고).

전자의 유형에 해당하는 지역화폐로는 레츠LETS, 아워즈HOURS, 타임뱅크Time Bank가 있으며, 법정화폐를 지역화폐로 교환해서 사용하는 방식인 후자의 유형과 관련해서는 독일의 킴가우어, 영국의 브리스톨파운드가 대표적이며 우리나라 지역화폐 역시 이 유형에 해당되는 것으로 간주할 수 있다. 단, 스위스의 비어Wir와 프랑스 낭트 지역의 소낭트SoNante의 경우, 법정화폐와 동일한 가치를 지니지만 법정화폐를 지역화폐로 교환하는 방

하에서는 이와 같은 현상이 발생하지 않으므로 지역사회의 안정성을 확보함과 동시에 지역의 영세 소상공인 등의 사업자들에게 큰 도움을 주며 이는 지역경제 활성화로 이어질 수 있다. 왜냐하면 이자가 없는 지역화폐는 투기와 축적의 대상으로 소유하기보다 소비해야 그 효용성이 극대화되기 때문이다. 이는 지역화폐가 법정화폐와 달리 지역에 구매력을 부여하게 돼 결국 지역경제를 활성화시킬 수 있는 수단이라는 점을 보여주는 중요한 논거라 할 수 있다. 양준호(2012).

식이 아니라 제공된 신용한도 내에서 사용자끼리 자유롭게 거래하는 방식이라는 점에서 후자의 유형에 속하지만 다소 예외적인 사례로 간주할 수 있다.[10]

둘째, 화폐의 가시적인 형태 모델에 따라 지역화폐를 분류할 수 있다. 이는 지역화폐라고 해서 모두 실제의 돈이 유통되는 것은 아니며 화폐 형태 역시 종이돈(지류), 수표, 신용카드, 전자화폐 등 매우 다양함을 의미한다. 위에서 언급한 레츠의 경우, 교환 단위로는 화폐를 사용하지만, 실제 동전이나 지폐의 형태로 발행하지 않고 단지 회원들의 계좌에 더해지거나 빼는 방식을 취한다. 미국 뉴욕주의 이타카시 지역화폐 이타카아워즈 Ithaca Hours와 영국의 브리스톨파운드 등은 지폐로 지역화폐를 발행하고 있으며, 브리스톨파운드의 경우, 인터넷을 이용한 전자결제도 가능하다. 또 스위스의 비어Wir는 지폐 형태로 발행하지 않고 신용카드 형태로 전자결제만 가능하다. 또 프랑스의 소낭트 역시 지폐는 발행하지 않으며 신용카드와 인터넷을 통한 전자결제만 가능하다.

셋째, 발행 목적에 따라 지역화폐를 분류할 수도 있다. 이러한 분류 기준에 따라, 수평적 호혜 관계의 구축을 목적으로 하는 지역화폐와 지역경제의 자립과 활성화를 목적으로 하는 지역화폐로 구분할 수 있다.

전자의 경우, 특정 지역의 시민들이 자신의 재능을 활용하여 시장에서는 잘 교환, 거래되지 않는 여러 서비스를 필요로 하는 여타 시민들에게 제공하면서, 지역사회 내 시민들 간의 호혜적인 관계를 구축함으로써 지

---

10. 행정자치부(2017), "고향사랑 상품권의 경제적 효과 분석 및 제도화 방안 검토" 연구보고서.

구분	지역화폐	법정화폐	일반상품권	지역상품권
발행주체	지역사회 구성원 (개인,기관,단체, 지방자치단체 등)	중앙은행 또는 국가	상품 판매자	지방자치단체
사용처	지역 내 가맹점	무제한	가맹점	지역 내 가맹점
재유통 여부 주1	가능	가능	불가	일부 가능
강제성 여부	없음	있음	없음	없음
유통기간 주2	기본적으로 없음 (단, 감가 설정 시 기한을 둠)	없음	발행일로부터 5년 이내	발행일로부터 3~5년 이내
근거법	자체 규정 등	중앙은행법 등	상품권법폐지 (1992. 2)로 발행에 제한 없음	지자체 조례

〈표 2-3〉 지역화폐 · 법정화폐 · 일반상품권 · 지역상품권 비교

자료 : 한국은행 강원본부(2019). 국내외 지역화폐 도입사례 및 시사점을 수정/보완하였음

주1 지역상품권의 재유통은 가맹점-가맹점 및 가맹점-개인 간의 거래에서는 일부 가능하지만, 실제로는 지역상품권에 대한 낮은 선호로 대부분 1회성 유통에 그치고 있음. 또, 지역상품권 위·수탁관리 업무를 수행하는 대행점이 수취한 지역상품권은 재사용이 불가

주2 지역화폐의 경우, 일정 기간이 지나면 지역화폐의 가치를 줄이는 감가시스템을 도입하게 되면 유통기한을 설정함(예 : 일본 아톰화폐, 6개월)

역공동체 복원을 꾀하는 지역화폐이다. 현재 전 세계의 지역화폐의 양상을 보면, 이와 같은 목적의 지역화폐가 전체 중 약 70%를 차지한다. 후자의 경우, 특정 지역 시민들의 소득이 그 지역 밖으로 유출되지 않고 해당 지역 내에서 소비될 수 있도록 하고, 특정 지역의 기업이 해당 지역 내부

의 기업으로부터 원재료 및 중간재를 조달할 수 있도록 함으로써, 지역 내 산업연관을 강화하는 것을 꾀하는 지역화폐이다.

전 세계의 동향을 보면, 1970년대 이후부터 2000년대 초반까지는 전자의 형태가 주를 이루었지만, 2000년대 중반 이후에는 후자 형태의 지역화폐가 많이 나타나고 있다. 일본 마츠야마현의 야와타하마시, 일본 홋카이도의 여러 기초자치단체, 영국 브리스톨 등이 지역경제 활성화 및 지역 내 산업연관 강화를 목적으로 지역화폐를 도입한 대표적인 사례로 볼 수 있으며, 2018년부터 지자체가 주도하여 전국적으로 도입되고 있는 우리나라의 지역화폐 역시 후자의 형태에 속하는 전형적인 사례로 간주할 수 있다.

실제로, 지역화폐는 위에서 언급한 두 가지 차원의 목적을 동시에 달성할 수 있게 해준다. 왜냐하면, 특정 지역에서 수평적 호혜 관계의 공동체가 구축되면 이는 지역경제 활성화로 이어질 수밖에 없으며, 반대로 지역경제 활성화 또는 지역 내 산업연관 강화를 위해 지역 시민 및 지역 기업들이 지역을 의식하며 소비하고 또 조달(투자)하게 되면 이 과정에서 '지역을 위하는 선택'이라는 하나의 공통 패러다임이 형성되면서 그 결과 자연스럽게 해당 지역에서 공동체가 구축될 수 있기 때문이다.

따라서 지역화폐를 분류하는 이 기준은 지역화폐를 운용하는 주체가 위와 같은 두 가지 목적 중에서 어디에 중심을 두고 발행하고 또 운영하고 있는지를 구분할 수 있게 해준다. 이 기준에 따르면, 우리나라 지역화폐의 경우 지역경제 활성화에 무게 중심을 두고 있는 것으로 간주할 수 있다.

지역화폐의 여러 유형
이와 같이 지역화폐는 세 가지 분류 기준에 의해 그 유형이 구분될 수 있는데, 정책 및 운동의 차원에서는 지역화폐의 유형을 레츠 유형, 타임달러 유형, 아워즈 유형, 그리고 전자화폐 유형으로 분류하는 것이 가장 일반적이다. 최근 모바일이 발전함에 따라 모바일 결제방식의 새로운 지역화폐 유형도 나타나고 있으나 이는 전자화폐 유형에 포함되는 것으로 분류할 수 있다.

전 세계적으로 볼 때, 지역화폐의 유형 중 가장 많이 도입되고 있는 것은 레츠 유형인데, 법정화폐를 보유하고 있지 않더라도 특정 지역의 시민들이 일반 시장에서는 거래되지 않는 자신의 재능을 활용하는 서비스를 상호 교환할 수 있도록 하는 것을 목적으로 한다. 레츠 시스템에 가입된 지역 시민들은 자신이 타인에게 제공할 수 있는 재화나 재능을 시스템을 통해 지역에 알려 그 거래에 참여하게 되는데, 물품과 서비스의 거래 가격은 공급자 시민과 수요자 시민 당사자 간의 사전적인 협의를 통해 결정한다. 물품과 서비스의 공급 및 수요에 관한 정보는 레츠 시스템을 전담 운영하며 시민 대표성을 갖는 사무국 조직이 중앙 차원에서 통합적으로 관리하고, 실제로 화폐가 거래되는 것이 아니라 시스템에 등록된 시민 회원들 간의 물품 및 서비스 거래에 따라 거래당사자의 계정에서 지역화폐의 거래액이 더해지거나 빼지는(+/-) 계정의 방식을 취한다. 이는 농촌에서 이루어지고 있는 협동노동 형태의 품앗이와 유사한 거래방식이다. 물론 자신의 계정에 축적되어 있는 지역화폐액에 대한 이자는 붙지 않으며, 지역 내 공급자 시민과 수요자 시민 간의 거래를 모두 지역 시민들에게 공개함으로써, 시민사회 차원에서 물품과 서비스의 질과 거래 가격을 통제한다.

이와 같은 방식을 통해, 물품 및 서비스의 공급자는 그 수요자에 대한 풍부한 정보를 확보하여 매우 높은 수요 정합성을 갖춘 공급이 가능하게 되며, 동시에 물품 및 서비스를 필요로 하는 수요자는 그 공급자에 대한 풍부한 정보를 확보하여 자신의 필요와 선호를 공급자에게 충분히 전달함으로써 시장에서는 구매할 수 없는 맞춤형 서비스를 손에 넣을 수 있게 된다.

결국, 레츠 시스템은 일반적인 시장과는 달리 물품 및 서비스의 수요와 공급 간의 불균형을 시장가격의 변동에 의해 '사후적으로' 조정하지 않고 그 수급 갭을 수요자 시민과 공급자 시민이 상호 간의 협의를 통해 '사전적으로' 조정하는 방식이다. 그런 의미에서 레츠 시스템 하에서는 물품과 서비스의 과잉공급 등의 수급 불균형은 좀처럼 나타나지 않는다.

이는 시장경제와는 확연히 다른 지역경제의 조정 시스템으로 평가할 수 있다. 이와 같은 레츠 유형의 대표적인 사례로는 캐나다 코목스 밸리의 그린달러를 들 수 있으며, 우리나라에는 대전 한밭레츠의 '두루', 광명의 '그루', 과천의 '아리', 대구 달서구의 '늘품', 구미의 '고리' 등이 있다.

타임달러[11] 유형은 운영하기에 가장 간편한 지역화폐 제도로 평가되고 있으며, 일종의 자원봉사은행의 성격을 갖는다. 타임달러 유형은 물품 거래는 나타나지 않으며 레츠와 마찬가지로 지역공동체 내 시민들 간의 상호 신용을 바탕으로 발행된다. 타임달러 시스템에 참여하는 시민들은 시장에서 거래되지 않는 자신의 서비스 역량을 지역사회에 대한 봉사의 형태로 교환하는데, 1시간 동안의 지역사회 봉사를 통해 1타임달러를 손에 넣을 수 있으며 모든 서비스에 있어 시간당 노동가치는 다 동일한 것으로 간주한다. 양준호(2018)에 의하면, 네트워크에 속한 지역 시민들은 자신의 재능과 역량에 맞는 봉사활동을 이를 필요로 하는 지역 내 다른 시민들을

---

11. 타임뱅크time bank, 타임머니time money, 시간은행 등의 용어로 표현되기도 한다.

위해 제공한 후 그 대가로서 타임달러를 지급받게 되는데, 이후에는 자신이 자기 계정에 적립해놓은 타임달러를 지불해 자신이 필요로 하는 타인의 사회 서비스를 구매할 수 있도록 하는 지역사회 네트워크 시스템이다. 물론 이는 다른 사람에게 기증할 수도 있다.

결국, 타임달러는 네트워크에 가입되어 있는 지역사회 시민들이 각자의 재능 및 능력과 시간을 서로 교환함으로써 작동하게 되는 새로운 형태의 지역 상조시스템을 의미한다.[12] 미국 콜롬비아대학 교수이자 변호사로 활동하면서 타임달러를 창안한 에드가 칸Edgar Cahn 박사는 그의 저서명인 『No More Throw Away People』에서도 알 수 있듯이 '이 세상에 재능 없는 사람은 없다'라는 슬로건을 타임달러의 출발점으로 설정해 이 시스템을 제안했다.

이와 같이 타임달러를 통해 지역 네트워크에 속한 모든 시민들이 재능을 적극 발휘할 수 있게 함으로써, 이벤트 참가, 인터넷 카페 및 헬스장 이용, 각종 강좌 수강, 요리 및 쇼핑 대행, 집 청소, 차 수리 등과 같은 실로

---

12. 양준호(2018). 필자를 미국 펜실베이니아대 방문학자로 초청해준 동 대학 앤드류 라마스Andrew T. Lamas 교수의 딸이 필자가 미국에 체류하던 2014년에 결혼을 했는데, 그녀는 2000년대 초반부터 펜실베이니아주 타임달러 시스템의 회원으로 활동했다고 한다. 그녀는 주말에 자신의 특기인 스페인어 및 포르투갈어 능력을 살려 영어를 구사하지 못하는 이민자들을 위해 지역 병원에서 통역 및 애완견 도우미 등의 봉사활동을 꾸준히 제공했다고 한다. 이에 대한 대가로 200타임달러를 모았는데 이를 당시 결혼식에 필요한 신부 화장, 웨딩 케이크, 사진 촬영 등의 다양한 서비스 이용에 소요되는 약 2천 달러의 비용을 지불하는데 활용하여 초저가 예산으로 결혼식을 무사히 마칠 수 있었다고 한다. 양준호(2018)에 의하면, 미국 메인주에서는 기타 레슨 및 정원 관리, 캘리포니아주에서는 세무 컨설팅 및 아로마 테라피, 또 미시건주에서는 아동 보육 및 요가 레슨을 타임달러를 통해 지역주민들 간에 상호 교환할 수 있는 서비스로 지정하고 있다. 이와 같은 타임달러를 통해, 지역 주민들 간의 연대는 한층 심화되고 있으며 나아가 지역경제 역시 활성화되고 있음을 주목할 필요가 있다.

다양한 서비스를 지역사회 공간 내에서 거래할 수 있게 하고 있다(양준호, 2018). 즉 타임달러는 지역의 모든 시민들이 각자가 가지고 있는 재능과 능력을 시간을 매개로 해서 타인의 필요를 충족시켜 주기 위해 상호 교환할 수 있게 함과 동시에, 이를 통해 지역 시민들 간의 공동체를 복원시켜 내고 또 지역사회 내부의 경제적 수요 역시 지속가능한 형태로 유지될 수 있게 한다. 이와 같은 타임달러에 의해 제공되는 서비스와 관련해서는 세금을 지불할 필요가 없으며, 재능을 가지고 있고 또 시간적 여유는 있지만 일자리가 없어 소득이 불안정한 지역 시민들에게 타인의 서비스를 구매할 수 있는 소비력과 자기실현의 기회를 제공할 수 있다.

타임달러 유형은 단순히 일방적인 자원봉사를 강제하는 것이 아니라 서비스 공급자 자신에게도 추후에 서비스를 받을 기회를 보장하기 때문에, 그 시스템은 비교적 쉽게 조성될 수 있다. 타임달러 유형의 대표적인 사례로는 영국 글로스터셔주의 페어쉐어즈Fair Shares 타임달러를 들 수 있고, 우리나라에는 서울 노원구의 NW가 있다. 후자의 경우, 타임달러 유형을 레츠 유형 및 밑에서 언급할 아워즈 유형과 결합하여 설계되었는데, 특히 봉사 시간의 관리 측면에서 볼 때 타임달러에 속하는 형태의 지역화폐로 간주할 수 있다.

아워즈 유형의 지역화폐는 가상화폐를 사용한다는 점에서 레츠 유형 및 타임달러 유형과는 다르며, 이자가 붙지 않는다는 점에서 법정화폐와도 차별화된다. 또 지역 내에서 시민 대표성을 갖는 조직인 유통위원회가 그 발행과 관리를 맡는다. 아워즈 유형에서는 노동가치가 시간으로 계산되는데, 1시간의 기초 노동이 1아워즈로 환산된다. 아워즈 유형의 중요한 특징은 지역 시민이면 누구나 아워즈를 사용할 수 있다는 점인데, 이는 회원에 한해서만 참여할 수 있도록 하는 레츠 유형과는 확연히 다르다.

　대표적인 사례로는 일본 도쿄 다카다바바 지역의 지역화폐 '아톰'과 미국 뉴욕주 이타카시의 '이타카 아워즈'를 들 수 있다. '아톰'이란 이름은 우리도 잘 아는 만화캐릭터 '아톰'에서 따왔다. '아톰' 원작자의 '사람들 간의 연대를 소중히 하여 지구의 미래를 지킨다'는 이념을 사랑하는 사람들이 기획한 지역화폐 '아톰'은 10마력, 50마력, 100마력짜리 지폐로 발행되는데, 1마력의 가치는 법정통화 1엔과 같다.[13] 법정화폐 엔이 아닌 지역화폐 '아톰'으로 역내에서 소비하고자 하는 시민들은 지역의 상인 및 시민운동가들로 구성된 재래시장위원회에 찾아가서 그 이유를 밝히고 현금으로 '아톰'을 구입한다. 또 지역 시민들이 재래시장 청소를 돕거나 비닐봉투를 쓰지 않기 위해 리사이클백을 가지고 상점에 가서 쇼핑을 하면 비용 없이 '아톰'을 얻을 수 있다.

　즉 지역 시민의 환경적, 생태적 실천에 대한 대가로도 지역화폐가 발행된다는 것이다. '이타카 아워즈'는 미국 뉴욕주 이타카시 중심부 가운데 사방 32km 공간에서만 유통되는 지역화폐인데, 양준호(2010, 2018)에 의하면, 이 시스템에서 1아워즈는 10달러와 등가이며, 이타카시가 소재하고 있는 톰킨스 지역의 농업 종사자 시간당 임금의 평균에 상당한다. 2아워즈, 1/2아워즈, 1/4아워즈 형태로도 발행된다. 양준호(2018)에 의하면, 주로 이 지역 기관지 「HOUR Town」에 지역 상공인들이 광고를 낼 때 지불하는 사례금과 시민단체에 대한 기부, 사업자에 대한 대출의 형태로 지역화폐위원회가 지폐를 발행한다. 예를 들어 광고에 대한 사례금을 지불하

---

13. 양준호(2010) '경제활성화의 대안, 지역화폐', 인천일보 칼럼(2010년 4월 13일자).

는 경우, 사업자가 광고 게재 신청서와 함께 5달러를 위원회에 내면 이 위원회가 정기적으로 발행하는 기관지와 함께 지역화폐 2HOUR도 자동적으로 지급받게 된다. 여기서 중요한 것은 이와 같은 방식으로 지역화폐를 '복합적으로' 발행함으로써 지역사회에 유통되는 지역화폐를 적당한 수준으로 유지하고 있다.

이와 같은 아워즈 유형의 지역화폐는 그 목적과 관련 철학을 고려하면 레츠 유형과 일맥상통한 것으로 볼 수 있으나, 지류 형태의 화폐를 사용한다는 점과 시민들 간의 거래를 관리할 필요가 없다는 점을 고려하면 실제 화폐를 사용하지 않고 또 시민들 간의 거래를 중앙에서 관리하는 레츠 유형과는 확연히 다르다.

전자화폐 유형의 지역화폐는 카드에 저장되어 있는 화폐로 현재 우리나라에서 대중적으로 사용되고 있는 교통카드 또는 체크카드의 형태로 간주할 수 있다. 계좌 상의 화폐 이동, 즉 자신이 보유한 현금을 지역화폐 계좌로 쉽게 충전할 수 있고 교환이 매우 빠르게 이루어진다는 점에서 사용하기 편리하다는 장점을 갖는다. 그러나 관련 시스템을 구축하기가 어렵다는 단점도 지적되고는 있으나, 최근 거래계정 프로그램과 네트워크 전산이 크게 발달함에 따라 전자화폐 유형의 지역화폐에 대한 선호도는 점차 높아지고 있다.

최근 급진전되고 있는 이른바 4차 산업혁명에 따른 정보통신기술의 발달로 모바일과 블록체인 기술 등 플랫폼을 통한 페이 결제방식과 모바일 결제방식 등의 도입으로 더 높은 수준의 보안과 위변조 방지, 지류형 지역화폐에 비해 발행비용이 적다는 점 등의 이유로 전자카드와 블록체인 방식의 결제를 선호하는 경향이 커지고 있다. 최근에는 서울 노원이 블록체

구분	레츠	아워즈	타임뱅크	비어	킴가우어	브리스톨 파운드	소낭트
가치평가 기준	시간	시간	시간	신용발행 법정화폐 (프랑)	법정화폐 (유로화)	법정화폐 (파운드)	신용화폐 법정화폐 (유로화)
실물화폐 존재여부	없음	지폐발행	없음	없음	지폐발행	지폐발행	없음
화폐형태	계좌거래	계좌거래 지폐	계좌거래	계좌거래 신용카드	계좌거래 지폐	계좌거래 신용카드	계좌거래 신용카드
법정화폐로 환전	없음	없음	없음	가능	가능	가맹점만 가능	없음
기타	적자한도 존재		적자한도 없음	대출 가능			
지향점	수평적 호혜관계와 상호부조			지역경제 자립과 활성화			

<표 2-4> 주요 지역화폐 비교

자료 : 이수연(2014) 및 한국지방행정연구원(2017)의 논의를 토대로 작성하였음.

인 방식의 지역화폐 '노원NW'을 도입하였고, 또 조폐공사와 행정안전부가 협약을 통해 조폐공사에서 블록체인 기반을 토대로 운영할 수 있는 플랫폼을 구축하고 있는 중이다.

이와 같은 전자화폐 유형의 지역화폐는 주로 우리나라에서 활성화되고 있는데, 이는 역으로 일본 등 외국 도시들이 벤치마킹 대상으로 인식할 정도로 높이 평가받고 있다.

지역화폐는 특정 지역의 경제와 공동체를 활성화하기 위해 해당 지역 안에서만 돌고 도는 돈이다. 즉 지역 시민들의 소득이 외부에서의 소비를 통해 밖으로 유출되지 않게 하고 또 지역 시민들 간의 필요에 맞춰 시민들의 재능과 서비스가 교환될 수 있게 함으로써 지역공동체를 복원하기 위한 돈이다.

지역화폐는 지역의 위기에 맞서 시민이 직접 설계하고 참여해서 지역을 살리기 위해 도입한 시민적 실험이다. 지역화폐가 세계 대공황으로 인한 지역경제의 심각한 침체 양상을 극복하고자 도입되었으며, 경제위기 상황에 대한 국민국가의 정책 대응이 효과를 내지 못하자 지역 시민 스스로가 자구적인 해결책을 제시하고자 했던 것이 지역화폐 도입의 동력으로 작용했다.

1970년대 이후부터는 지역경제 활성화뿐만 아니라 지역 주민 개인이 각자의 재능 또는 서비스 공급 능력을, 그것을 필요로 하는 다른 지역 주민에게 공급하는 과정을 지역화폐가 매개하여 지역 주민들 간의 관계를 재구축함으로써 지역공동체의 회복을 꾀하는 지역화폐가 도입되기 시작했다.

결국, 대안화폐로서의 지역화폐는 지역경제에 대한 지역 시민의 자율적 기획과 참여를 담보하는 실험의 형태로 역사에 선을 보이게 된 것이다. 그런 의미에서 지역화폐는 시민의, 시민을 위한, 시민에 의한 돈이라 할 수 있을 것이다. 이와 같은 지역화폐는 여러 기준으로 유형화되고 있는데, 일반적으로는 레츠 유형, 타임달러 유형, 아워즈 유형, 전자화폐 유형으로 구분할 수 있다.

지역화폐를 둘러싼 쟁점과 미래

김호균

쟁점 하나. 화폐론의 내생성과 외생성

지역화폐를 둘러싸고는 내생성과 외생성에 관한 논쟁이 벌어지고 있다. 화폐의 내생성과 외생성에 관한 논쟁, 즉 통화공급 구조에 관한 논쟁은 아주 오래된 주제 중 하나이다.

통화공급의 외생성은 통화가 중앙은행과 같은 기관에 의해서 외생적으로 공급된다는 주장이고 내생성은 민간은행에 의해 창출되는 신용규모에 따라 변동한다는 주장이다. 통화공급의 외생성을 주장하는 입장에서는 통화공급의 변동이 물가와 실질생산을 결정한다는 주장으로 이어지고 내생성을 주장하는 견해는 통화공급이 실물경제의 활동에 의해 결정되는 것으로 본다.

통화주의자들은 화폐교환방정식($MV = PY$)에서 화폐의 유통속도가 비교적 안정적이라는 전제 하에서 통화량이 명목소득을 결정하는 인과관계가 성립한다고 본다. 외생적 통화공급이론은 중앙은행의 본원통화 공급량이 통화량을 결정하고 통화량은 다시 금리, 경제성장률 등 경제변수에 영향을 미친다는 견해로 통화승수이론이라 불린다.

이 이론은 중앙은행이 우선 본원통화를 공급하면 은행으로부터 통화승수과정을 거쳐 통화가 확대·창출된다는 이론이다. 이는 중앙은행이 본원통화 공급, 지급준비율 조정 등을 통해 경제 전체의 통화량을 조절할 수 있다는 견해이다. 통화주의 역시 예금통화는 은행대출이 증가할 때 창출되는 내생변수라는 사실은 인정하지만 이 예금통화는 본원통화와 안정적인 관계를 가지는 통화승수 메커니즘을 통해서 중앙은행에 의해 충분히 관리될 수 있다고 주장한다.

그러나 후기 케인스학파는 본원통화 자체도 중앙은행 제도 하에서는 내생적인 공급구조를 가지는 것으로 이해한다. 이들에 따르면 중앙은행은 민간은행의 차입수요를 사실상 거부할 수 없다고 본다. 그 이유는 중앙은행은 민간은행의 최종 대부자이기 때문이다. 다만 중앙은행은 민간은행의 과도한 차입은 재할인율 변경과 공개시장조작을 통해 조절하고자 한다.

외부에서 마치 경제로 주입되고 경제에 주어지는 것으로 간주되는 외생화폐와는 달리 장부화폐는 포스트 케인스주의에서 내생적으로 간주되며 화폐수요에 의거하여 경제에 의해 창출된다고 간주된다(Rochon 1999; Rossi 2007 참조). 내생적 통화공급 견해를 대표하는 금융기관의 통화창출 이론은 은행이 민간의 담보 또는 신용으로 대출을 발생시키면 민간의 입금계좌에 자금이 예치됨으로써 통화가 창출된다는 이론이다. 이러한 의미에서 구별되는 유사한 개념으로 '내부화폐'와 '외부화폐'가 있다.[14]

한국의 통화공급구조의 변천을 연구한 조세형·이한나·유현주(2018)의 연구결과에 따르면 통화정책체계가 통화량 중시에서 금리 중시로 변경되면서 통화공급의 외생성이 약화되고 내생성이 강화되는 변화가 나타났다. 즉 통화량 중시 기간에는 본원통화 증가가 민간은행 대출의 증가 또는 통화량M2 증가가 은행대출 증가를 초래했다는 인과관계를 보여 통화공급의 외생성이 나타났다. 반면에 금리 중시의 통화공급구조로 이행하면서는 민간은행의 대출 증가가 통화량 증가를 초래하는 인과관계가 나타나 통화공급의 내생성이 확인되었다.

또한 금리 중시 기간에는 은행의 대출자산의 변동성이 통화량 중시 기간에 비해 커지고 은행의 대출태도가 대출공급에 유의미한 영향을 미치는 것으로 나타나 내생적 통화공급의 가능성을 시사하는 것으로 나타났다.

현대 화폐의 내생성은 원칙적으로 의문의 여지가 없다. 그렇기 때문에 내생성과 외생성의 구분은 상황을 규명하기보다는 오히려 불분명하게 만들거나 호도하는 자의적인 명명에 불과하다는 비판을 받는다(Huber 2017). 화폐의 내생성과 외생성을 기계적으로 구별하는 주장에 대해서는 현실경제의 상황에 부합되지 않는다는 비판이 제기될 수 있다. 외생화폐가 존재한 적이 있다면 그것은 금, 은, 동처럼 자연 부존량에 공급량이 좌

---

14. 화폐는 교환의 매개수단으로 기능하는 자산이다. 외부화폐outside money는 sms is money that is either of a fiat nature (unbacked) or backed by some asset that is not in zero net supply within the private sector of the economy. 그러므로 외부화폐는 민간부문의 순자산이다. '외부'라는 수식어는 민간부문의 외부로부터 (온다)는 약자이다. 내부화폐inside money는 교환의 매개수단으로 유통되는 어떠한 형태의 민간신용을 대리하거나, 그것에 의해 보증되는 자산이다. 내부화폐는 민간 경제주체의 부채이므로 민간부문에서는 순공급이 0이다. '내부'라는 수식어는 민간부문 내부로부터 (부채에 의해 보증된다)의 약자이다(Lagos 2006).

우되었던 전통적인 금속화폐가 해당될 수 있을 것이다. 반면에 현대 화폐는 순수한 명목화폐이다. 그것은 수요와 이해관계에 의해서 언제나 '내생적으로' 창출되는 통화단위로 구성된다.

더욱이 경제 '안에서' 누군가 정상적으로 일반적 지불수단으로 활용될 수 있는 자신의 화폐를 창출할 수 있는 것도 아니다. 실제로는 은행과 중앙은행만이 적절한 통화창출기관이다. 그리고 그들의 화폐공급이 어떤 의미에서, 어느 정도 내생적이거나 외생적인 것으로 구분될 수 있을지도 명확한 답이 없는 질문이다.

내생성이 수요에 입각한 통화창출을 의미하고, 그럼으로써 최적의 통화공급이 자동적으로 이루어진다면 그것은 단지 잘못된 Banking School이론을 반영할 뿐이다. 현대 화폐는 발행자의 자유로운 재량에 따라 창출될 수 있으며 언제라도, 가설적으로는 무한히 장부에 기재될 수 있다.

따라서 화폐 수요가 한계를 없애는 경향을 가질 뿐만 아니라 은행과 중앙은행의 화폐 공급도 경기변동과 금융순환의 자기강화적인 피드백효과의 범위 안에서이기는 하지만 사실상 무한하다. 은행과 중앙은행은 신용과 계좌예금을 수요에 의거해서 동일한 방식으로 창출한다. 그렇지만 은행산업은 단지 수요를 충족시키는 것만이 아니라 자신의 사업선호에 따라 장부화폐를 매우 선별적으로 창출한다.

은행산업은 특히 투자금융 부문에서 갈수록 자기사업을 주도한다. 반면에 중앙은행은 단지 은행부문이 수요하거나, 금융위기 국면에서 파산을 피하기 위해서 긴급하게 필요로 하는 준비금만을 공급한다. 어느 경우든 통화주의적 화폐정책이 1970년대에 실패한 이후에 중앙은행은 은행의 장부화폐 창출을 자신의 통화창출을 통해 어떤 방식으로든 제한하려는 의도는 더 이상 가지지 않고 있다. 그 대신 모호한 전달 메커니즘을 통해서 실물경제의 물가상승률을 제어한다는, 통화량과는 무관한 금리정책을 시도하고 있다.

장부화폐가 내생적인 것으로 간주되고 은행들이 경제 '안에서의' 행위자로서 간주된다면 이는 중앙은행에도 적용된다. 또는 중앙은행이 외생적인 것으로 간주되고 중앙은행의 조치들이 경제의 '외부로부터' 오는 것으로 간주된다면 그 반대이다. 즉 은행들의 장부화폐도 '외부화폐'로 간주되어야 한다.

한국경제에서 통화량 공급이 통화량 중시에서 금리 중시로 이행한 1998년은 IMF(미국)의 요구에 따라 자본시장이 대폭 개방하면서 추진된 은행의 민영화(사유화)가 시작된 시점이다. 이를 전후해서 한국의 은행들은 금융중개를 담당하는 기능에서 벗어나 적극적으로 이윤을 추구하는 기업으로 변신한다. 이에 따라 통화공급구조도 외생성을 벗고 내생성을 갖추게 된다.

외생적 공급구조에서는 소위 '창구지도'에 이를 정도로 통화정책의 영향이 매우 컸던데 반해 내생적 공급구조에서는 경제정책으로서의 통화정책의 위상이 크게 약화되었다. 더욱이 민간은행에 외국인 주주의 비중이 높아지면서 이윤 목적을 위해 정부정책 방향에 부응하지 않는 사례도 나타나기 시작했다.

금융시장은 공급자 우위의 시장으로 변화했고 2009년의 키코 사태나 금년도 '해외금리연계 파생금융상품DLF'과 같은 '약탈적 금융'의 피해사례가 증가하고 있다. 실물부문을 위한 중개기능을 수행하던 '금융기관'이 신용을 창출하면서 실물부문을 수탈하고 흔드는 '금융회사'가 되었다.

포스트 케인스주의의 현대화폐이론modern money theory에서 논의되고 있는 통화공급구조의 내생성은 2008년 글로벌 금융위기로 드러난 국제금융자본의 이윤추구 행태에 대한 경제학적 분석으로 이해할 수 있다. 다만 이 분석은 자치 척도, 교환의 매개수단, 지불수단, 축장수단으로서 기능하는 '화폐로서의 화폐'와 축적을 위한 이윤 추구에 몰두하는 '자본으로서의 화폐'가 가지는 액면 표시나 겉모습으로 인해 '화폐'와 '(화폐)자본'의 명확한 개념 구분이 이루어지지 않은 것이 약점이라 하겠다.

쟁점 둘. 지역화폐 무용론과 유용론

지역화폐의 도입과 활용에 찬성하는 입장에서는 지역화폐와 결부된 여러 가지 장점을 부각시키고 있다. 이 입장은 지역화폐가 공익적인 구상 덕분에 고객뿐만 아니라 민간기업 및 공공기업, 지자체, 협회 등 모든 당사자들에게 이익을 가져다준다고 주장한다(Gelleri/Mayer 2003). 이들이 지역화폐에 찬성하는 이유는 그것이 경제적인 유인뿐만 아니라 사회문화적인 유인도 제공하기 때문이다. 지역화폐가 확산될 경우 예상되는 단점이라면 전국에 가맹점을 가진 대형유통업체의 매출이 감소할 가능성 정도인데 이는 지역경제의 활성화를 목표로 하는 지역화폐의 특성상 불가피한 단점으로 받아들여진다. 이상적인 상황에서는 지역 소매상들에게 구매력이 돌려질 것이므로 전체 소비규모가 유지되는 한 지역의 토착상권에는 오히려 긍정적인 영향을 미칠 것이다. 전문가 관점에서 본다면 지역화폐의 활용은 고객뿐만 아니라 기업에게도 유리하다고 주장할 수 있는 근거가 많다.

1. 소비자 관점에서의 이익

쿠폰 형태의 지역화폐의 경우에 고객이 지역화폐를 이용하기 시작할 때 자기소비나 공익목적의 기부에 사용할 수 있도록 할인혜택을 부여할 수 있다. 독일 킴가우어 지역화폐의 경우 고객에게는 아무런 비용부담을 안 기지 않으면서 3%의 기부금이 처음부터 포함되어 있다. 이 할인혜택은 기업이 부담한다. 그밖에 기업은 지역화폐 고객에게 특별조건을 제시함으로써 지역화폐의 이용을 촉진할 수 있다. 노동시간이나 법정통화에 의해 보증된 지역화폐는 고객에게 시간투입을 통해 부족한 소득을 보충할 수 있는 지불수단을 획득할 기회를 제공할 것이다.

이상적인 유인이라면 의식적으로 지역을 지향하는 소비를 촉진함으로써 지역의 산업구조나 문화구조를 위해서 무언가를 하고 장기적으로는 자신의 생활여건을 개선하거나 자신의 일자리를 유지하기 위해서도 무언가를 할 수 있다. 또한 지역화폐를 이용하면 자신의 구매력을 지역경제에 유익하게 활용할 수 있게 된다. 물론 소비자는 법정화폐를 이용해서도 지역경제에 도움이 되는 소비를 할 수는 있지만 법정화폐로 증가한 기업이윤이 어디에 투자될지에 대해서는 영향을 미칠 수 없으며 그것이 지역에서 유출될 가능성도 배제할 수 없다. 반면에 지역화폐를 이용한 가치창출은 구조적으로 지역에 머무르게 된다(Bode 2004).

2. 기업 관점에서의 이익

지역화폐는 지역기업에게 일차적으로 경제적인 이익을 가져다준다. 고객과의 결속이 강해질 뿐만 아니라 새로운 고객을 유치함으로써 매출을 증대시킬 수 있기 때문이다(Geller/Mayer(2003)). 지역화폐가 도입되면 기업은 마케팅에서도 이익을 기대할 수 있다. 할인혜택이 부여된 지역화폐의 경우 그 화폐로 지불할 수 있는 기업이 소비자들에게 알려지면서 무료 광고효과를 거둘 수 있을 것이다. 또한 지역화폐 관련 단체들에 참여함으로써 지역 차원에서 새로운 공급업체나 생산자들과의 관계를 구축할 기회를 가질 수도 있다.

지역화폐가 가져다주는 긍정적인 효과는 개별경제 차원에만 머물지 않는다. 거시경제적인 효과를 본다면 그것의 도입과 확산을 촉진하기 위해 노력할만하다는 것을 알 수 있다.

독일 지역화폐의 경험에 따르면 지역화폐의 유통규모가 커질수록 유통속도는 빨라졌다. 그래서 이상적인 상태에서는 지역화폐가 일주일에 한 차례 주인을 바꿨다. 또한 지금까지의 경험으로는 지역화폐에 의해 촉발된 새로운 가치창출은 5~10%에 이르는 것으로 나타났다. 개별 지역으로서는 유통을 촉진하기 위한 비용이 소요되기는 하지만 자신의 지역화폐 덕분에 유럽중앙은행에 납부하는 이자가 적어지는 것으로 나타났다. 여기에 지역화폐에 의한 성장촉진 효과가 더해진다.

시야를 독일 국민경제로 넓히면 국내총생산의 13%에 달하는 성장 잠재력과 310만개 잠재적 일자리가 생겨난다(Gelleri 2006). 이중 실제로 절반이나 1/3만 달성된다고 하더라도 지역화폐의 후생효과는 결코 적지 않을 것이다. 지역화폐에 의해 새로운 가치창출이 전혀 이루어지지 않을지라도 지역화폐는 법정화폐보다 저렴하기 때문에 정의 순효용이 기대될 수 있다. 지역화폐가 초래하는 잠재적인 직접비용은 법정화폐보다 높지만 유통속도가 최적의 상황에서는 10배 빠르기 때문에 비용을 상쇄하고도 남는다.

갤러리Gelleri(2006)는 독일의 모든 지역이 지역화폐를 도입하고 전체 국내총생산의 절반이 지역화폐로 결제된다면 5%의 성장효과를 기대할 수 있고 이를 통해 실업자의 1/3이 구제될 수 있을 것으로 예상한다.

지역화폐는 세계 차원에서 구상된 통화정책의 지역적 "미세조정"이다. 어떤 지역에서 통화가 부족하면 지역화폐의 창출이나 유통속도의 가속화를 통해서 새롭게 통화가 산출될 수 있다. 동일한 성장률을 달성하는데 통화의 거의 절반만이 필요하다. 그러면 투기적인 통화량이 축소될 수 있다. 뿐만 아니라 "디플레이션 유동성함정"과 "이자함정"의 위험이 줄어들 것이다.[15] 따라서 장기지향적인 경제정책은 안정적인 성장을 위해 지역화폐에 관심을 가져야 한다.

지역화폐에 대해서는 주로 주류경제학, 특히 신자유주의 경제학의 관점에서 여러 가지 비판이 제기되고 있지만 그에 대한 반론도 적절하게 제시되고 있다(Gellerie 2006a).

첫째, "지역화폐는 자유무역을 방해한다"는 비판이다. '무역의 자유'에서는 교역재의 가격이 언제나 '진실'에 부응하지 않는 경우에도 '가치 자체'를 표방한다. 느슨한 환경기준, 아동노동 등은 단기적으로는 '경쟁력'을 높여주고 민주주의조차 때로는 시장논리에 복속시킨다. 하지만 현실에서 지역의 기여는 추가적인 조치들과 결합할 때 세계적으로 공정하고 지능적인 교환을 가져다주는 초석이 된다.

지역화폐가 현실에서는 그것의 작용방식을 통해서 생태적으로 유해한

---

15. 크루그먼Krugman(2010)은 통화량 공급이 물가에 영향을 미치지 못하는 상황을 "유동성함정"으로 표현하고 있다. "금리함정"은 저금리에 의거한 민간부문의 과도한 부채로 인해 중앙은행이 금리를 인상하기 어려운 상황을 가리킨다(Illing, 2004).

	순수한 유로체제	전 지역 지역화폐
지역화폐량	0€	48,000,000,000€
유통속도	5	50
지역화폐 매출	0€	2,400,000,000,000€
지역화폐 국내총생산	0€	1,200,000,000,000€
국내총생산 대비 비중(%)	0.00%	50.00%
신규 국내총생산(%)	100.00%	105.00€
유로 통화량	480,000,000,000€	240,000,000,000€
중앙은행에 대한 이자	15,600,000,000€	7,800,000,000€
지역화폐에 의한 성장	€	120,000,000,000€
지역화폐 유통	€	3,840,000,000€
순효용	€	123,960,000,000€
새로운 일자리		

〈표 T-1〉 지역화폐의 효과   자료: Gelleri(2006a)

제품은 지역생산물에 의해 유통에서 배제된다는 것이 입증되고 있다. 그렇지만 지역을 초월하는 재화일지라도 생산성 우위를 보이는 경우에는 계속 판매된다. 지역이라는 '막membrain'은 타지역 생산물도 통과할 수 있기 때문이다. 그러므로 지역화폐는 관세나 수입할당과는 달리 비교우위의 원칙에 위배되지 않는다. 그러므로 자유무역을 결코 방해하지 않는다.

둘째, "지역화폐는 차선책에 지나지 않는다"는 비판도 있다. 지역화폐보다는 운송세나 에너지세, 기본소득과 같은 국가적이거나 초국적 수단이 목표달성에 더 바람직할 것이라는 주장이다. 여기에서 일단 한 가지 분명한 사실은 그러한 대책에 관해서 지난 수십 년 동안 많은 논의가 있었지만 실행에 옮겨지지는 않았다는 사실이다. 뿐만 아니라 "지역화폐 형태의 기본소득"이나 운송세의 추가적인 도입과 같은 다양한 조치들의 결합은 사회적, 생태적 목표를 달성하는데 더 큰 도움이 된다.

셋째, "노화하는 화폐는 후생손실을 초래한다"는 주장도 있다. 이러한 주장의 배후에는 지역화폐의 유통을 촉진하면 인플레이션이 발생할 것이라는 가정이 있다. 이는 실비오 게젤의 "자유화폐론"에서 유통촉진은 인플레이션에 대한 대안으로 제안되고 있다는 사실을 간과하고 있다. 인플레이션에 의한 후생손실이 과대평가되고 있는 것이다. (유통 촉진처럼) 화폐보유자 뿐만 아니라 화폐자산의 보유자도 인플레이션의 영향을 받기 때문이다. "자유화폐론"에 따르면 유통촉진은 금리나 인플레이션을 통한 유인보다 "더 저렴하게" 화폐를 유통시킬 수 있다. 유통의 보장이 가져다주는 큰 장점은 유통속도를 높은 수준에서 유지하고, 그에 따라 장기적으로 이자함정과 유동성함정의 위험을 최소화하도록 "화폐 자원"을 효율적으로 활용하는 것이다.

넷째, "지역화폐는 추가적인 가치창출을 가져오지 않는다는" 비판도 있다. 이 주장은 지역에서 새로운 가치창출이 어떻게 발생했는지를 보여주는 사례에 관한 실증분석 결과에 의해 충분히 반박될 수 있다. 현실에서는 신고전학파의 이념형적 모델과 같이 전체시장을 온전하게 포괄하는 것은 불가능하고 지역에서는 도처에 성장기회가 산재해 있으며, 자신의 역량을 개발하고 발휘하고자 기다리는 사람들도 많다.

다섯째, "지역화폐에 너무 많은 비용이 소요된다"는 비난도 있다. 지금과 같은 규모에서는 이 비판이 타당한 것으로 보인다. 그러나 일단 "임계점"을 넘어서면 상대적인 노동투입은 다른 지불수단과 비슷할 것이다.

여섯째, "지역화폐는 비싸다"는 비난도 있다. 가령 독일에서처럼 지역분담금 5%, 유통촉진금 8%, 인플레이션 2% 등 다양한 수수료를 합산하는 것은 지역화폐 유통 현실과는 동떨어진 계산이다. 수수료가 동시에 발생하는 경우는 없으며 지역화폐 보유자는 유통촉진금이나 지역분담금을 지불할 뿐이다. 그밖에 화폐를 보다 효율적으로 이용하면 비용은 절감될 수 있고 유로화보다 적어질 수도 있다. 이 경우 계산은 간단하다. 지역화폐는 지속적으로 유통되면 연간 10%(8% + 2%)의 비용이 발생한다. 그러나 유통속도가 3배 빠르기 때문에 비용은 연간 3.3%에 지나지 않으며, 이는 지난 수십 년 간 중앙은행의 평균할인율보다 낮은 수준이다.

일곱째, "지역화폐는 지역주의이다"는 오해도 있다. 지역경제순환을 위한 적정의 지역규모를 정의하는 것은 지속가능한 지역발전에 관한 진지한 숙고의 결과이다. 지역들을 네트워크화하고 이들 사이의 공정한 교환을 촉진하는 것은 결코 지역화폐 도입 취지에 모순되지 않으며 지역화폐 운영에서 규모의 경제를 가져다주고 지역 간 거래수지의 균형을 잡아준다. 네트워크화된 지역화폐의 경우에도 개별 지역을 우대하는 것은 거리에 따른 지역분담금을 통해 지역의 고립을 초래하지 않으면서 유지될 수 있다.

지역화폐 지지자들은 "통화와 화폐"에 관한 한 다원주의 입장을 주장한다. 다양한 지불수단들과의 경쟁에서 지역화폐가 살아남아야 한다는 것이다. 중앙은행과의 관계에서는 협력을 지향하면서 관용과 민주주의의 원칙을 견지할 뿐만 아니라 지속가능한 지역발전의 원칙에도 충실해야 한다. 지역화폐에서 중요한 것은 "이것이냐 저것이냐" 또는 "세계화의 퇴치"가 아니라 세계화와 지역화의 균형을 맞추기 위해서 "이것뿐만 아니라 저것도"이다.

세계적인 분업이 전례 없는 규모의 경제를 가져다주는 곳에서 지역의 재발견은 지금까지는 불가능한 것으로 여겨졌던 자원효율성을 작동시켜 모든 지역에서 생활수준의 향상을 달성할 수 있을 것이다. 지역화폐 주제가 비록 사소하게 들릴지라도 그 비전은 틈새 지역 차원에 머물지 않고 화폐신용제도에서의 민주적이고 보완적인 원칙에 입각하여 세계 모든 지역의 발전을 지향한다.

쟁점 셋. 지역화폐의 폐쇄성과 연계성

이한주 · 김병조(2017)에 따르면 지역화폐의 통용범위를 기준으로 한국에는 3가지 유형의 지역화폐가 있다. '지역주민-폐쇄형', '지자체-반개방형', '정부-개방형'이 그것이다. 첫 번째 유형은 지역 주민의 주도로 도입된 한밭레츠가 대표적인 사례이며 공동부조와 지역경제 활성화를 목표로 한다. 이는 가입한 회원과 가맹점에 한해 상호 상품과 서비스를 교환해서 소비하는 내부순환구조를 갖추고 있다. 생산자는 물론 소비자도 회원제로 운영하고 있다는 점에서 가장 엄격한 의미에서 폐쇄적인 지역화폐로 분류될 수 있을 것이다. 지역적으로는 대전광역시를 위주로 하며 지역 주민이 자기 신용에 기초하여 중앙정부와는 무관하게 유통시킨다. 한밭레츠는 유기적인 연결망을 구축하고 자체 프로그램을 개발하여 지역 주민의 공동체 형성과 지역경제 활성화에 기여하고 있는 것으로 평가되고 있다.

두 번째 유형으로는 성남시가 운영하는 성남사랑상품권과 같은 '지자

체-반개방형'이 있다. 가맹점은 소정의 가입 절차를 거쳐야 하지만 지역
주민은 별도의 가입 절차 없이 누구나 이용할 수 있기 때문에 반개방형 또
는 반폐쇄형으로 분류할 수 있다. 성남시가 지역의 골목상권과 전통시장
을 활성화하려는 목표에서 도입했다. 이 지역화폐는 상품권이 유통되면서
마지막에는 법정화폐와 교환되기 때문에 '상품권형 지역화폐'로 불리기도
한다. 이 지역화폐는 지자체의 행정망을 이용하면서 재정적 지원도 받기
때문에 시스템 구축과 운영에서 안정성을 확보하고 있다. 하지만 상품권
이 지속적으로 내부순환하지 못하고 법정화폐와 교환되면서 통용이 멈추
는 일회성 지역화폐이고 연중 꾸준히 통용되지 못하고 명절시기에 집중적
으로 통용되고 있다는 문제점을 안고 있다.

세 번째 유형으로는 온누리상품권과 같은 '정부-개방형'이 있다. 이는
전국민이 중앙정부로부터 전국에서 통용되는 상품권을 지급받는 유형이
다. 기획과 지급은 중앙정부가 담당하고 발행과 운영은 중소기업청 소상
공인진흥공단에서 담당하고 있다. 수급자는 회원가입을 요구받지는 않지
만 가맹점은 회원자격을 갖추어야 하고 통용지역이 전국을 아우른다는 점
에서 개방형 지역화폐로 분류될 수도 있겠지만 지역화폐의 본래적인 목표
인 지역경제의 활성화를 지역 자체가 아니라 해당 지역의 골목상권이나
전통시장과 같은 특정 목표집단을 통해 달성하려 한다는 점에서 지역화폐
로 분류할 수 있는지에 대해 의문이 제기될 수 있다.

두 번째 유형과 마찬가지로 지자체의 행정망을 이용하면서 재정적 지원
도 받기 때문에 시스템 구축과 운영에서 안정성을 확보하고 있다. 하지만
상품권이 지속적으로 내부순환하지 못하고 법정화폐와 교환되면서 통용
이 멈추는 일회성 지역화폐이고 연중 꾸준히 통용되지 못하고 사실상 간

헐적으로 통용되는 단점을 안고 있다.

이한주 · 김병조(2017)는 새로운 유형의 '반개방형' 지역화폐를 구상하고 있다. 광역단체를 단위로 하는 상품권형 지역화폐가 그것이다. 이는 지역주민이 중앙정부와 지자체로부터 특정 광역시와 도에서 사용할 수 있는 상품권을 지급받는 것으로 설계된다. 지역주민은 별도의 회원가입이 필요 없지만 가맹점은 소정의 절차를 거쳐야 한다는 점에서 '반개방형'으로 분류될 수 있을 것이다. 이 유형은 정부가 지급하는 각종 수당 및 연금에 적용한다는 구상을 가지고 있다. 설계와 운용을 중앙정부와 지방정부가 담당하기 때문에 안정성과 효율성이 담보될 수 있을 것으로 기대된다.

정부가 주도하는 상품권형 지역화폐의 경우 독일 등에서 시행되고 있는 지역화폐와 몇 가지 차이점을 보이고 있다. 첫째, 지역화폐의 설계와 재정 부담은 물론 운용에서도 주도적인 역할을 하고 있다는 점에서 민간 주도의 지역화폐와 차이가 있다.

둘째, 소비자인 지역주민과 직접 거래하는 소상공인과 전통시장을 지원함으로써 지역경제의 활성화를 도모한다는 점에서 지역의 생산활동을 지원하는 효과가 우회적으로 나타나므로 지역경제 활성화 효과가 제한적일 수 있다. '로컬 푸드' 등 지역생산물과의 연계를 강화하는 방안이 보완될 필요가 있다.

셋째, 소비자와 직접 거래하지 않는 지역생산자는 지역화폐의 통용 범위에 포함되지 않는다는 점에서 생산농가는 물론 제조 기업도 비용을 부담하면서 참여하는 가령 독일 킴가우 지역화폐와 차이를 보이고 있다. 지역화폐가 가져다주는 후생증대는 한편으로는 지역 외 생산물의 유입을 지역 생산물로 대체함으로써 지역의 생산역량의 가동률을 높이는 데서 발생한다.

넷째, 지역화폐가 일단 소비자에 의해 지불수단으로 이용되면 수취자는 이를 그 자체로서 지불수단으로 사용하지 않고 곧바로 법정화폐와 교환한다는 점에서 그것은 법정화폐를 대리(대신)하는 징표이지 자체적인 순환을 거치면서 법정화폐를 부분적으로 대신하거나 보완하는 화폐의 성격을 갖지 않는다.

다섯째, 연금이나 수당 등을 지급하면서 상품권형 지역화폐가 활용될 경우 소비자(지역주민)의 불만을 살 수 있다. 특히 취약계층을 대상으로 하는 복지지출과 연계될 경우 무상급식처럼 '낙인효과'가 나타날 우려도 있을 것이다.

쟁점 넷. 지역화폐의 미래

지역화폐 운동은 아직 상대적으로 일천하므로 이 수단이 얼마나 사회경제적인 역할을 할지는 다른 사회운동과 마찬가지로 경험이 축적될 필요가 있다. 독일에서는 "유로와 통합된" 지역화폐와 "실적에 의해 보증되는" 지역화폐의 두 가지 유형이 형성되었다. 이는 경제학 연구자에게는 하나의 도전이다. '여건불변의 가정ceteris paribus'에 익숙한 경제학은 언제나 외부효과를 설명하는데 어려움을 겪는다. 생태수지의 산정과 "원상회복비용"의 통합은 경제학적 연관에 외부효과를 통합할 때 학제적 접근이 필요함을 보여준다.

지역 차원의 가치창출을 분석할 때 제기되는 또 하나의 연구주제는 지역적, 국가적, 세계적 재화들이 얼마나 배제되고, 어느 장소에서 새로운 가치창출이 있을 것인가이다. 지역화폐가 경제현상에 외생적인 영향을 미치는가, 아니면 순전히 내생성만을 지향하는 화폐이론에서 예견하는 것처럼 불발로 끝날 것인지는 일단 지켜봐야 하겠지만 동시에 지역화폐를 목표의식적으로 도입할 필요성(가령 지속가능성 등)에도 주목해야 할 것이다.

실천을 위해서는 경제정책 수단들에 대한 연구와 가치창출 승수에 미치는 영향이 주목을 받을 것이다. 지역화폐에 의해 효율성이 향상될 수 있는지, 또는 시범지역에서 기본소득이 지역화폐로 지급되면 어떤 효과가 발생할 것인지에 대한 실증연구결과는 지역화폐의 미래에 지대한 영향을 미칠 것이다.

독일의 경우 지역화폐가 학생기업으로서 구성적 행위를 지향하는 경제교육학에서 시작되었지만 지금은 오히려 경제학의 이론지향적인 연구패러다임에 중요한 주제가 되었다는 것은 아마도 우연이 아닐 것이다. 아울러 무엇보다도 전자화폐시스템은 지역화폐의 미래에 긍정적인 영향을 미칠 것이다. 그것은 지역화폐 이용에서 편리함과 비용절감을 가져다줄 수 있을 뿐만 아니라 그것에 대한 경제이론적 분석에서도 오류가능성을 크게 낮출 수 있을 것이다.

전자지역화폐는 현실에서 명확하게 모델세계로 구획될 수 있고, 따라서 놀라울 정도로 계량경제적 분석에 적합하다. 그리하여 경제학이론이 가령 경제정책 조치의 승수효과를 점검함으로써 실천 적합성에 관한 판단을 내리는데 결정적인 기여를 할 수 있을 것이다. 경제학이 수년 전부터 갈수록 적극적으로 실험실 실험을 활용하면서부터는 학제적 개방성을 가지고 실천 지향적 실증연구가 이루어지는 구성적-행위지향적 연구 및 학습의 시대가 되었다.

지역화폐 주제는 앞으로도 지속가능성을 개선하기 위해서 학습하고 연구하는 많은 행위자의 관심을 끌 것이다. 뿐만 아니라 한국의 경우 지방분권의 의제가 전면에 부각될수록 경제적, 사회적, 문화적 목표를 달성하기 위한 유력한 정책수단으로서 지역화폐가 가지는 중요성도 커질 것이다.

끝으로 '4차 산업혁명'으로 총칭되는 생산방식의 혁명이 경제활동의 흐름에 미치는 원심력과 구심력도—지금으로서는 가늠하기 어렵지만—지역화폐의 미래에 적지 않은 영향을 미칠 것이다.

> "'시장'을 극복하고 국가에 의한 위로부터의 규제, 정책, 이익 유도에 의존하지 않으며, 사람들이 자유로운 시민으로서 자신의 다양한 가치와 목적을 창조적으로 실현해낼 수 있는 자율적이고도 협동적인 사회를 구축하는 것, 바로 이것이 지역화폐가 꿈꾸는 미래다. "

Part 2

경제공동체를 살리는 지역화폐

3

지역을 살리는 '대안'이 되다

양준호

지역화폐와 지역사회[16]

글로벌 금융위기 그 이후

전 지구를 습격한 2008년의 글로벌 금융위기는 지구인들에게 글로벌 자본주의가 가지고 있는 부정적인 측면을 인식시키기에 충분했다. 자본주의 역사 250년 가운데 그토록 심각한 금융위기도 없었으니 말이다. 즉 글로벌 자본주의는 그 기득권을 독점하는 세력들에 의해 아무리 미화되고 문제점들이 의도적으로 은폐된다 하더라도, 이미 많은 사람들이 본질적인 불안정성을 충분히 이해하고 있다. 그때의 서브프라임 모기지 사태가 초래한 위기적 국면이 해소되었음에 불구하고, 그 이후 심화되기 시작한 세계 동시불황은 타국에 비해 그 여파는 상대적으로 적었다고는 하나 대기

16. 이 장의 내용은 양준호(2019) '지역화폐의 정치경제학(2): 지역화폐의 '진보적' 의의와 과제' 라는 타이틀로 스페이스빔이 출간하는 〈시각〉 2019년 5월호에 실린 칼럼 내용을 토대로 수정 보완하였다.

업이 주도하는 수출주도형의 한국경제를 직격하여 국내 실물경제는 지금까지도 되살아나지 않고 있는 것이 사실이다. 실업률도 좀처럼 개선되지 않고 또 국내 경기를 자극할 만한 소비나 투자도 이전 수준으로 회복하지 못하고 있다.

우리나라 전체 거시경제 뿐만 아니다. 글로벌 금융위기 이후 우리가 살고 있는 도시 또는 지역사회의 실정을 관찰해보면, 상점가나 중심 시가지는 그 활력을 상실한지 오래다. 서울과 경기도 일부를 제외한 국내 모든 지역의 경제는 좀처럼 살아나지 않고 피폐화 일변도를 걷고 있는 것이 사실이다. 실업자나 노숙자는 점차 늘어나고 있다. 그리고 자산과 소득의 개인 및 지역 간 격차는 점차 심화되고 있다. 그런데 이와 같은 경제적인 문제는 사회적, 문화적 문제를 초래한다. 거의 모든 물건, 서비스, 그리고 정보가 상품화되어버린 나머지, 지역사회와 커뮤니티 안에서 작동되어 왔던 상호협력, 상호연대, 그리고 호혜의 시스템이 해체되면서 지금의 지역사회에서는 주민들 간의 분쟁과 이로 인한 재판이 크게 늘어나고 있고 또 가족과 학교마저 붕괴되고 있는 상황이다. 즉 글로벌 자본주의에 편입되어 있는 지역사회는 최근 공동체적 요소를 점차 상실하면서, 이른바 '지속가능성의 위기'에 직면해있는 것이 사실이다.

'커뮤니케이션 미디어'가 되다

지역화폐는 이와 같은 글로벌 자본주의의 비극을 초래한 '화폐', 즉 원화나 달러와 같은 법정화폐가 보인 그간의 작동방식에 대한 비판적 성찰을 토대로 하는 지역 차원의 실천적 대응으로써 1990년대 후반에 전 세계적으로 주목받기 시작했다. 구미에서는 세계대공황 직후였던 1930년대에 게젤과 피셔의 제안에 따라 각국의 여러 지자체와 지역 차원의 경제단체가 지역화폐를 실험적으로 도입했다. 뉴딜과 같은 공공사업을 핵심으로 하는 재정정책이 국가에 의한 위로부터의 경기자극책이라고 한다면, 지역화폐는 지자체, 시민, 커뮤니티에 의한 아래로부터의 경제활성화 운동으로 볼 수 있다.

지역화폐란 첫째, 지역경제의 진흥 또는 활성화로 불리는 지역의 경제적 목적을 달성하기 위해 시민 또는 지자체가 자주적으로 설립·운영하며 특정 지역과 특정 커뮤니티 권역 안에서만 돌고 도는, 이자가 붙지 않는 화폐(경제 미디어)이며, 둘째, 지역사회와 커뮤니티의 복원 또는 활성화로 불리는 지역의 사회적, 문화적 목적을 달성하기 위해 시민들을 결합시켜 호혜적인 커뮤니티를 구축하고 커뮤니티 공통의 가치와 관심을 표현하고 전달하며 공유하기 위한 수단(사회문화 미디어)이다.

따라서 지역화폐는 두 가지 측면 즉 경제적 측면과 사회문화적 측면을 동시에 갖는 '통합형 커뮤니케이션 미디어'로 볼 수 있다. 바로 이러한 양면성으로 인해, 지역화폐는 경제적 측면만을 본질로 하는 법정화폐와 확연히 구분될 수 있다.

지역화폐의 다양성은 그 도입 목적이나 커뮤니티의 특성에 따라 이 두 가지 측면을 어떻게 공존시켜내는지에 따라 결정된다. 다시 말해, 경제적인 측면이 상대적으로 더 강조되는 지역화폐가 있거니와 사회문화적인 측면이 상대적으로 더 강조되는 지역화폐도 있다는 것이다. 따라서 최근 우리나라에서 각 지자체가 정책화하고 있는 지역화폐는 첫 번째 측면 즉 지역경제의 진흥 또는 활성화에 초점을 맞추고 있는 것으로, 두 번째 측면 즉 공동체의 활성화까지는 염두에 두지 않고 있는 '한국형 지역화폐'로 규정할 수 있다.

상업적인 거래에는 사용하지 않고 자신에 대한 타인의 자선봉사 활동에 대한 대가로 이용되는 지역화폐는 '에코머니Eco-Money'로 부르고 있는데, 이깃은 위에서 언급한 시역화폐의 두 번째 측면 즉 사회문화적 측면에 초점을 맞춘 것이다. 반면에, 상점가 또는 재래시장 활성화를 목적으로 상품 가격을 지불하기 위해 사용되는 지역화폐는 위에서 언급한 지역화폐의 첫 번째 측면 즉 지역경제 활성화를 중시하는 것으로 지금 우리나라 지역화폐가 이에 해당된다고 볼 수 있다.

글로벌과 로컬의 만남

극히 일부의 지역이 시도했던 지역화폐는 2000년대 이후 수많은 지역에서 도입되고 있으며 그 규모 역시 급격히 확대되고 있는데, 최근에는 국가나 지방자치단체와 같은 행정기관도 지역화폐 프로젝트를 위한 재정을 투입하고 있고 나아가 운영에 직접 참여하는 경우도 급격히 늘어나고 있다. 우리나라의 지역화폐 관련 정책은 그 전형으로 볼 수 있다. 또 인터넷, 모바일, 전자상품권을 이용하는 지역화폐도 크게 늘어나고 있어, 종류와 목적이 다양화되고 있다. 지방자치단체가 발행하는 프리미엄이 붙는 지역상품권은 꽤 많은 도시 또는 지역이 활용해오고 있으나, 이런 형태의 지역화폐를 수령한 상점이 이를 즉시 법정화폐로 환금하는 것이 일반적이기 때문에, 결국 이는 지역화폐의 형태로는 지속적으로 유통되지 못하고 있다. 프리미엄 부담률에 비해 환금 수수료율이 너무 낮기 때문이다. 이런 형태로는, 지방자치단체가 지역의 상점가에 그저 보조금을 지급해주는 것과 마찬가지이다.

이와 같은, 별 효과를 내지 못했던 지역상품권을 지역에서 지속적으로 돌고 도는 지역화폐로 업그레이드시키기 위한 시도는 특히 일본에서 활발하게 나타나고 있다. 2002년에 일본 홋카이도의 작은 지역에서 나타나기 시작하여 지금은 지역화폐에 대한 정부의 규제완화로 인해 일본 전국 차원에서 관련 정책적 대응이 전개되고 있다. 기존의 지역상품권을 공공 버스나 온천시설을 이용하거나 세금을 납부할 때 쓸 수 있게 하고 또 지역 주민들 간의 상호부조나 자선봉사를 이용할 때도 사용할 수 있도록 함으로써, 이 상품권이 지역 내에서 몇 번이나 돌고 돌 수 있도록 대응하고 있다. 특히 이와 같은 지역화폐의 연속적인 유통을 담보하는데 초점을 맞추는 시도는 홋카이도 지역의 작은 동 규모의 지역사회에서 꽤 나타나고 있는데, 이는 일본 전국 차원의 모범사례로 손꼽히게 될 정도로 큰 성과를 내고 있다. 또 일본에서는 지역의 자선봉사단체(NPO법인)에 의해 발행되어 자선봉사의 대가로서 수령한 지역화폐를 그 지역의 상점가에서도 지불 수단으로 이용할 수 있게 하고, 나아가 상점주들이 그 지역화폐를 법정화폐로 환금할 수 있도록 하는 시스템도 최근 급격히 늘어나고 있다. 결국, 이와 같은 시스템을 활용하여 비상업적 거래를 상점가에서의 쇼핑과 같은 상업적 거래와 연결시켜냄으로써, 지역화폐가 지역 안에서 원활하게 돌고 돌아 지역 경제와 커뮤니티의 활성화가 동시에 달성되는 사례가 최근 일본에서는 크게 늘어나고 있다. 이런 형태의 지역화폐로는 오사카부의 기초자치단체인 네야가와시와 스이타시의 사례가 대표적이다.

지역화폐가 형성되는 로컬 커뮤니티는 지역과 상점가뿐만 아니라, SNS 등과 같은 인터넷 상의 커뮤니티도 이에 포함된다. 환경 및 생태 보전과 지역경제 활성화를 목적으로 하는 '에코 포인트Eco-Point' 역시 유통 권역을 한정시키는 점에서 지역화폐만의 발상을 활용하고 있으며 또 지역화폐로 교환할 수 있도록 하고 있는데, 이것이 지역 내에서 몇 번이나 돌고 돌수 있게 하는 방법만 찾아내면 보다 더 큰 효과를 발휘할 수 있는 지역화폐적 실험으로 평가되고 있다.

맨 앞에서 지적했던 글로벌 자본주의가 초래한 비극을 극복해내기 위해, 글로벌Global로부터 로컬Local을 완전히 격리한다고 해서 반드시 좋은 것은 아니다. 화폐와 시장을 경유하지 않고 로컬 커뮤니티의 자립을 생각한다는 것을 불가능한 일이다. 글로벌 자본주의의 거친 파도에 대한 완충장치로서 로컬을 부분적으로 클로즈함과 동시에 또 로컬끼리를 횡적으로 연결시켜나가면서 글로벌과 로컬을 낮은 수준의 연계도로 엮어내는 것이 지역의 다양성과 창조성을 담보할 수 있게 해준다. 이를 위한 매개로 작용하는 것이 바로 지역화폐임을 명심할 필요가 있다.

재래시장의 히어로 '아톰'

앞에서도 언급한 일본 동경 다카다바바 지역에서 사용되고 있는 지역화폐 '아톰'은 지역을 살린 모범 사례로 손꼽힌다. 지역화폐란, 문자 그대로 지역공동체 안에서만 통용되는 돈이다. 현재 일본에서는 300여 개 지역에서 이런 돈이 유통되고 있고, 형태도 매우 다양해 아톰과 같은 지폐 이외에도 통장이나 전자화폐의 형태도 있다.

화폐와 금융에 대해 보수적이기로 유명한 일본에서 지역화폐가 유행하고 있는 이유는 무엇일까. 역시 지역경제 활성화 때문이다. 지금 일본에선 76조엔 어치나 되는 은행권이 발행되고 있다. 그중 약 70%가 개인소유이니 가계는 53조엔 정도의 현금을 가지고 있고, 전체인구 1억 2500만 명으로 나누면 한 명 당 44만 엔, 4인 가족의 경우 176만 엔이나 되는 현금을 소유하고 있는 꼴이 된다. 그러나 실제 이런 거액의 현금을 가지고 있는 가정은 거의 없다. 시장원리 하에서 돈은 소수의 지갑으로 집중되기 때문이다.

반면 지역화폐는 그 지역의 구매력이 다른 곳에 쏠리지 않고 바로 그 지역에서 발휘된다. 왜냐하면 지역공동체 안에서만 통용되는 돈은 밖으로 유출되지 않기 때문이다. 예를 들어 '아톰'을 사용할 수 있는 곳은 많지만, 대부분이 다카다바바 지역의 상점들이다. 따라서 '아톰'은 이 지역에서만 사용되기 때문에 이 지역의 안정적인 소비 수요가 확보돼 결국 지역경제에 큰 도움을 주고 있다(양준호, 2010; 2018).

또 지역화폐는 환경이나 복지와 같은 지역사회의 공생사업을 융성케 한다. 지금까지 소비자들이 1회용 비닐주머니가 아닌 리사이클백을 지참하거나 주민들이 지역 재래시장의 청소를 도왔던 이유는 어디까지나 순수한 봉사활동을 위한 것이었으나, 지역화폐가 도입된 이후는 인센티브로 인해 크게 활성화되었다. 예를 들어 청소 1시간 당 500엔어치 지역화폐가 지불된다 하면 이는 당연히 지역화폐를 받는 그 지역의 가게에서 소비된다. 그러면 지역화폐를 받는 가게는 결국 광고를 하거나 할인을 통해 손님을 모으는 것과 동일한 효과를 얻게 되는 것이다. 다카다바바 지역은 상점이 재래시장통화위원회에 '아톰'을 가지고 가면 현금으로 교환할 수 있게 돼 있다. 이 경우 상점의 비용부담은 전혀 없다. 반면 소비자는 지금까지 무상으로 봉사해왔던 사회활동으로 보수를 받게 된다. 즉 소비자에게도 지역화폐는 고마운 존재인 것이다. 물론 지역화폐가 환경문제에만 도움이 되는 것은 아니다. 오히려 지역화폐의 장점이 가장 많이 발휘될 수 있는 것은 복지 분야이다. 예를 들어 독거노인에 대한 요양보호를 세금을 써가면서 프로에게 위탁하는 것보다 그 지역주민들이 직접 부업으로 참가하는 것이 효율적이다. 이에 참가한 지역주민들에게 지역화폐로 사례를 지불하게 되면, 지자체의 재정부담도 적어지며 자신에게 익숙한 곳에서 요양서비스를 받을 수 있게 되는 노인들의 만족도 커질 수밖에 없다(양준호, 2018).

'화폐'와 '언어' 사이에서[17]

우리나라에도 특정 지역 안에서만 쓸 수 있는 지역화폐가 도입되고 있다. 지역 시민 소득의 상당 부분이 서울로 유출되어 지역경제의 동력을 상실해온 작금의 우리나라 지역 상황을 고려할 때, 이 지역화폐라는 정책 수단은 시민의 소득을 지역 내 소비로 이어질 수 있게 함으로써 지역경제 활성화에 크게 기여할 것으로 본다. 적실한 정책 대응이다. 이렇듯, 우리나라 지자체들은 지역화폐를 주로 지역상권 활성화나 지역소득의 외부 유출을 막기 위한 경제정책용으로 인식하고 있다. 지자체뿐만 아니라 지역 시민사회 역시 마찬가지다. 맞다. 지역경제 활성화는 지역화폐의 중요한 목적 중 하나다.

그런데, 위에서 언급한 '아톰'처럼 지역화폐를 매개로 더 나은 도시, 더 행복한 지역사회를 꿈꾸는 외국의 여러 실천적 실험들을 보면, 지역화폐가 도시의 공동체들을 복원시켜내고, 공동체 멤버 나아가 여러 다른 공동

---

17. 이 절은 양준호(2019) '지역화폐의 본질과 새로운 미래'라는 타이틀로 인천일보 <경제칼럼(2019년 3월 5일)>에 실은 칼럼을 수정, 보완하였다.

체들 간의 커뮤니케이션을 활성화시켜내는 수단으로 인식하는, 즉 지역화폐의 '언어적이고 윤리적인' 목적을 더 중시한다. 여기서의 '공동체'라고 하는 개념은, 시, 구, 동과 같은 행정적으로 구분된 여러 물리 공간적 차원의 커뮤니티뿐만 아니라, 어떤 특정한 가치나 관심, 예컨대 노동, 소비, 복지, 생태, 페미니즘과 같은 것들을 공유하는 '이념적' 차원의 커뮤니티까지 포괄하는 것이다. 해서, 이와 같은 공동체에는 물리적으로 동일한 지역의 멤버들뿐만 아니라, 같은 문제의식과 이념을 공유하는 '운동적' 공간 즉 인터넷 상의 포럼, 메일링 리스트, 회의를 위한 단톡방, NGO와 같은 다양한 운동조직도 포함된다.

이와 같은 공동체가 그 독자적인 활동, 문제의식과 관련된 메시지, 그리고 그 고유의 이념을 널리 발신할 수 있는 지역화폐를 자율적으로 도입해서 사용하게 되면, 그 공동체 내의 생산과 소비를 연결시키는 등 그들만의 경제적 가치를 지켜낼 수 있을 뿐만 아니라 그들만이 지향하는 여러 이념적인 가치들을 지역화폐를 통해 다양한 형태로 표현할 수 있게 된다. 그런데 여기서 중요한 것은, 그러한 복수의 공동체 또는 운동조직들의 각기 다른 이념적 가치가 서로 융합될 수 있거나 또는 연대해야 한다면, 각기 다른 이념적 가치별로 사용되어 오던 지역화폐 역시 그 운영상의 연대적 통합이 가능해진다는 점이다.

이와 같이, 지역화폐가 여러 공동체들 간의 언어 즉 소통과 연대의 매개로 활용되면 지역화폐가 통용되는 네트워크의 범위는 점차 넓어지고 또 지역화폐를 통해 조정 가능한 경제적 공간의 범위 역시 더욱 넓힐 수 있게 된다. 결국 법정화폐가 아닌 지역화폐를 중심으로 상품 및 서비스가 거래되는 대안적 경제사회의 폭과 가능성을 키울 수 있게 되는 것이다. 지역화폐는 결국 '화폐와 언어 사이에 위치'하는, 열린 공동체와 그 공동체 내외의 소통을 활성화시키기 위한 커뮤니케이션 미디어이며, 다양한 공동체가 네트워크를 구축하기 위한 범용형 플랫폼인 것이다. IT 기술은 지역화폐의 이와 같은 활용을 용이하게 해주는 기술적 동력으로 작용할 수 있다.

정리해서 말하자면, 지역화폐는 '화폐적' 측면과 '언어적' 측면을 동시에 가지며 '경제적' 측면과 '윤리적' 측면을 동시에 발한다. 이런 지역화폐의 양면성은, 기존의 '시장Market'이나 '국가Government'와는 전혀 다른 새로운 '공공commons'의 영역을 개척할 수 있게 해준다. 모든 걸 경제적 가치로 일원화해서 평가하고 사람들이 서로에게 있어 그저 수단으로 작용하게 되는 '시장'을 극복하면서, 나아가 '국가'에 의한 위에서부터의 규제, 정책, 그리고 이익유도에 의존하지 않고 사람들이 자유로운 시민으로서 자신의 다양한 가치와 목적을 창조적으로 실현해낼 수 있는 자율적이고도 협동적인 사회를 구축하는 것, 바로 이것이 지역화폐가 꿈꾸는 미래다. 그것은 도시의 커먼즈를 파괴한 화폐 그 자체를 다시 커먼즈로 돌려놓음으로써, 다양하고 개성적인 커먼즈를 재생시켜내는 것이다.

야와타하마시의 지역화폐 실험[18]

2007년 가을과 2014년 여름, 필자는 일본 에히메현 야와타하마시의 지역화폐 실험을 현장 조사한 적이 있다. 그곳의 지역화폐 프로젝트를

---

18. 이 절은 양준호(2018)을 수정, 보완한 것이다.

주도한 것은 그 지역의 젊은 사업가들로 구성된 청년회의소와 지역경제 활성화를 목표로 내건 지방자치단체였다. 야와타하마시 청년회의소와 지자체가 건 '지역경제 활성화를 위한 지역시민의 자립적 대응 수단, 지역화폐'라는 현수막은 지금도 내 기억에 선명하게 남아 있다. 왜냐하면 그곳의 지역화폐 프로젝트가 민간단체와 지자체의 거버넌스와 연대에 의해 추진되고 있다는 점이 우리나라 주요 도시의 사정과는 매우 달랐기 때문이다.

'지방분권'이 지상 과제로 대두되고 있는 요즘, 지역화폐는 지역경제 활성화나 지역공동체 복원 등과 같은 지역의 문제를 지역시민 스스로 해결하지 않으면 안 된다는 문제의식 하에서 지역사회 재생을 목표로 하는 자립형 지역개발을 위한 수단이다. 이는 지금 세계의 수많은 도시로부터 주목받고 있는, 지역개발 및 지역활성화를 위한 유력한 방법 중 하나로 손꼽히고 있다.

지역화폐는 '비시장적 거래(시장경제 시스템 하에서 가격이 책정되지 않은 자선봉사 활동 등의 행위)'만을 교환대상으로 하는 '커뮤니티 머니Community Money형'과 시장에서 거래되는 상품과 서비스 역시 교환대상으로 설정하는 '경제활성화형'으로 크게 구분된다.[19] 당시 야와타하마시와 청년회의소

---

19. 앞에서도 언급했듯이, 지역화폐는 그 발행 목적에 따라 크게 두 가지로 구분되는데, 여기서의 '커뮤니티 머니'는 앞에서 언급한 '지역공동체 복원'을 목적으로 하는 지역화폐이며, '경제활성화형'이란 앞에서 언급한 '지역경제 활성화'를 목적으로 하는 지역화폐이다. 일본의 지역화폐가 300개 정도 발행, 유통되고 있으나 70% 이상이 전자에 해당하는 지역공동체 복원형인 점을 고려하면, 야와타하마시의 지역경제 활성화를 위한 지역화폐는 2007년 당시 상대적으로 생소한 실험이었다. 그러나 지금에 와서 보면, 그 시기 이후에 전 세계적으로도 지역경제 활성화를 목적으로 하는 지역화폐가 상대적으로 더 많이 도입되고 있음을 알 수 있다. 이와 같은 지역화폐의 목적 변화에 이 절에서 소개하는 야와타하마시의 성공 사례가 크게 작용했을지도 모른다.

가 주도하고 있던 지역화폐는 이전까지 일본의 다른 지역에서 그다지 많이 도입하지 않았던 '경제활성화형' 지역화폐였다. 야와타하마시 시민들은 자동차가 널리 보급되고, 또 전철과 같은 대중 교통수단이 확충된 이후 인프라에 대한 접근성이 높아지자 지역 내 상점가보다는 지역 밖에서 소비하는 경향을 보이기 시작했다. 조금만 시외로 멀리 나가면 바다가 보이는 멋진 곳에서 식사도 하고 쇼핑도 같이 할 수 있었기 때문이었다.

이렇게 지역 내 소비 수요가 지역 밖으로 빠져나가기 쉬운 야와타하마시에서 지역 내에서만 유통될 수 있는 '돈'을 매개로 지역 시민들에게 지역경제와 또 지역 내 자원을 다시 한번 인식하게 하고, 또 이렇게 해서 지역 내 상점에서의 소비를 진작시키는 것은 가장 중요한 과제로 작용할 수밖에 없었다. 바로 이러한 이 지역의 경제적 사정으로 인해 야와타하마시는 지역화폐를 통해 지역 내 경제순환을 촉진시킬 수 있다는 지역 대학과 여러 시민단체 그리고 청년회의소의 제안을 받아들이게 되었던 것이다.[20]

야와타하마시는 유통실험을 거치고 후 본격적으로 지역화폐를 정책화했다. 2008년 이후로는 이 지역에서 단순히 지역화폐의 지역 내 소비 진작 효과뿐만 아니라 엔화만이 유통되는 단일 시장경제 하에서는 전혀 찾아볼 수 없었던 지역 내 사업자들 간의 교류에서부터 서로 다른 업종 및 산업 간의 새로운 교류와 연대가 나타나기 시작하여, 지역경제에 매우 큰 영향력을 발휘하는 경영혁신과 신규 사업 창출을 촉진하는 효과까지 보이고 있다.

또 지금은 야와타하마시가 지역 시민사회와 공동으로 자립형 지역개발

---

20. 마츠야마대학 경제학부 스즈키 토오루 교수와의 인터뷰(2011년 11월 1일) 내용에 의거하였다.

활동이나 지역 내 사회공헌 사업, 그리고 지역의 사회적경제 생태계까지 연결하는 지역화폐 순환 방식까지 관련 정책에 도입하고 있어, 지역개발에 대한 그곳 시민들의 참가의식과 주체의식을 고양시키는 데 성공했다. 사실 지역화폐의 이와 같은 추가적인 파급효과는 야와타하마시도 미처 예상하지 못했던 것이었다고 한다.[21]

이렇듯, 지역화폐의 기대효과나 가능성은 매우 다양한 형태로 나타난다. 특히 농업과 같은 1차 산업이 중심이었던 야와타하마시가 지역화폐를 활용하여 지역의 농업 및 어업에 종사하는 사업자들을 다시 활성화시키는 데 성공했다는 점을 주목할 필요가 있다. 오랫동안 '귤과 생선의 지방'으로 불린 야와타하마시는 2007년도까지만 해도 주요 산업이었던 농업과 어업이 크게 침체하여 이로 인해 시내 상업 역시 불황의 파급으로 인해 위기 국면에 직면해 시 전체의 경제 활력이 크게 저하되어 있었다. 또 바다와 산으로 둘러싸인 독특한 입지환경으로 인해, 1차 산업을 대체할 수 있는 새로운 산업을 진흥시킬 수 있는 정책을 내세우기도 어려운 상황이었다. 농업이나 어업이 쇠퇴하는 원인은 산업구조적인 측면이 강하기 때문에 특정화할 수는 없으나, 1차 산업에 종사하는 생산자들은 주로 수익을 시장거래(판매)에서 적용되는 시세에만 의존하여 얻고 있다는 점을 특징으로 한다. 즉 이들 스스로 가격결정권을 가지고 있지 않기 때문에 계획적인 투자, 생산, 매출확보가 매우 곤란한 것이 1차 산업에 종사하는 생산자들의 약점으로 작용하게 된다.

야와타하마시의 경우, 주요 산업이 소비지에서의 시세가 수익을 좌우하

---

21. 마츠야마대학 경제학부 스즈키 토오루 교수와의 인터뷰(2011년 11월 1일) 내용에 의거하였다.

는 농업과 어업이었기 때문에 물건을 사는 사람들 쪽 시장의 소비동향으로부터 지역경제가 좌우될 수밖에 없었다. 그런데 이와 같은 어려운 상황에 직면했던 야와타하마시가 지역화폐를 본격적으로 유통하기 시작한 이후로 빠른 속도로 지역경제를 회복시키는데 성공했다. 그곳의 지방자치단체는 이곳 시민들이 농업과 어업 경영을 위해서는 어떤 형태로든 물건을 사는 사람, 즉 소비자의 수요를 그들의 생산 활동에 반영시키는 것이 매우 중요하다는 점을 충분히 인식할 수 있도록 정기적인 시민교육을 실시했다. 또한 지역화폐를 통해 지역사회 전체가 지역의 산업을 지원할 수 있는 공동시스템을 구축할 수 있고 또 지역의 산업 간 강한 연대를 담보해낼 수 있다는 것을 지역 거점 대학과의 공동 연구를 통해 담론을 생산하여 이를 지역 시민들에게 대중화하는데 지자체의 행정력과 시민사회의 운동적 실행력을 쏟아 부었다(스즈키 토오루 교수 인터뷰).

농업과 어업은 생산 활동이 늘 안정적으로 이루어지기 어렵다. 즉 농번기가 특정 시즌에 집중되어 버리는 것이 일반적이다. 바로 이 때문에 농촌에서는 농번기에 일손이 부족하여 봉사자나 연수생 등을 모집하여 농업생산을 돕게 하는 경우가 많다. 야와타하마시는 이와 같은 사정을 고려하여 농업생산에 대한 노동지원의 대가를 지역화폐로 지불할 수 있도록 정책적으로 유도했는데, 이로 인해 농업생산에 참여하는 모든 사람들이 고용주와 고용자와 같은, 형식적이고도 대립적인 관계가 아니라 상호 신뢰에 의거한 매우 따뜻한 관계를 유지할 수 있었다. 즉 그곳의 지자체는 지역화폐를 통해 다양한 사람들이 농촌의 생산을 돕는 것을 매개로 주민이 하나가 되어 주요 산업인 농업과 어업을 살려낼 수 있다는 의식을 지역에 뿌리내리게 했는데, 결국 시민들이 농업에 대한 도움의 대가는 그 지역에서만 사

용할 수 있는 지역화폐로 받기 때문에 지역의 상품과 서비스 순환에 크게 기여하게 되었던 것이다.[22]

이와 같은 지자체의 의식형성을 위한 정책적 노력은 농번기의 농촌 일손 부족 문제도 해결했고, 나아가 농업과 지역의 상점가 등과 같은 다른 산업과의 교류를 활성화하는 데에도 크게 기여했다. 이것이 앞에서 언급한 지역화폐를 매개로 한 지역 내 서로 다른 업종 및 산업 간의 새로운 교류와 연대인 것이다. 야와타하마시는 이와 같은 서로 다른 산업 간 교류가 지역경제에 매우 큰 파급효과를 창출해낸다는 점을 지역 대학과의 공동연구를 통해 인식하고 있었던 것이다.

또 야와타하마시는 지역화폐를 소액 증권화하여 가까운 장래의 생산물 구입을 위한 권리(상품구매권)의 형태로 소비자에게 부여(판매)할 수 있도록 했다. 1차 산업은 수요(시세)를 예측하는 것이 어렵기 때문에 매출에 맞는 계획적인 투자가 매우 곤란하다. 그러나 야와타하마시는 위와 같은 방법으로 지역화폐를 활용함으로써, 생산자들은 생산에 필요한 경비를 사전에 확보할 수 있게 되었고, 또 농업이 본질적으로 수행하기 어려웠던 계획적인 투자 및 경영조차 가능해졌다. 동시에 소비자들은 자신이 신뢰할 수 있는 생산자와 직접 거래할 수 있게 됨으로써, 식생활에서 안심과 만족감을 얻을 수 있게 되었다. 야와타하마시는 이와 같은 방법으로 가까운 지역의 생산자-소비자 관계뿐만 아니라 동경 쪽 수도권 소비자와 야와타하마시 농업 생산자들 간 거래 관계를 구축하는데도 성공했다.

일본 야와타하마시 지역화폐의 성공사례는 지역화폐의 무한한 가능성

---

22. 타치바나대학 경제학부 오카다 토모히로 교수와의 인터뷰(2017년 1월 14일) 내용에 의거하였다.

과 기대효과를 분명하게 보여준다. 그런데 그곳의 성공은 시민사회와 지방자치단체가 지역화폐에 대한 강한 확신과 그 확신을 지역 전체에 대중화된 형태로 전파하기 위해 벌였던 체계적인 시민교육에 의해 담보되었음을 간과해서는 안 된다.

지역화폐와 관련한 시스템은 하루아침에 구축되는 것도 아니고 지자체와 시민사회를 비롯한 다양한 주체들 간의 협력체제를 필요로 한다. 지역화폐는 도입된 후에 그 운영과정에서도 전 지역 주민들의 참여를 이끌어내지만, 이를 사전에 협의하고 논의하는 과정에서도 주민들의 참여를 필요로 한다. 따라서 지역화폐는 본질적으로 '시민적인 화폐'일 수밖에 없다. 그런 의미에서, 지역 시민사회와 지방자치단체가 지역화폐 프로젝트를 추진하는데 있어 가장 중시해야 하는 것은 지역화폐의 본질과 효과에 관한 지역 주민들 전체의 합의와 공통 이해를 도출해내는 것이다.

이를 위해서는 지방자치단체가 먼저 지역화폐에 대한 연구를 통해 긍정적인 효과에 관한 대중적 담론을 생산하고, 이를 지역 전체가 공유할 수 있도록 하는데 행정력을 집중적으로 발휘해야 할 필요가 있다. 이는 지자체가 공무원들의 월급을 지역화폐로 지급하는 것보다 더 중요한 것임을 야와타하마시의 사례를 통해 실증적으로 확인할 수 있다.

지역화폐와 지역경제 발전의 선순환을 생각하다

지역발전 전략이 된 지역화폐

지역화폐의 도입 배경은 글로벌화로 인해 지역경제가 점차 침체되고 또 피폐화되고 있는 가운데 이를 극복하기 위한 다양한 해법 중 하나로 대두

된 것에서 찾을 수 있다.

지방자치단체는 지역경제 활성화를 위한 규모 있는 사업체 및 대형유통체인점을 유치하기 위해 막대한 수준의 시민 혈세를 투입하지만, 효과가 미미하고 되레 빨대효과에 의한 외부 유출이 매우 심각한 상황이다. 재벌 대기업 대형소매점들이 지역으로 입점하면서 지역의 유통생태계가 파괴되고 소상공인들의 골목상권이 피폐화되고 있다.

그런데 이에 대한 유효성 있는 대안은 지금껏 제시되지 못했다. 지역 내 소비 및 자금의 역외 유출로 인한 지역경제 침체와 지역 소상공인과 자영업자의 소득이 날로 감소하는 현실에 대한 대책을 그간의 지자체들은 제대로 내놓지 못했다는 의미다. 예를 들어, 인천시의 경우 전국에서 가장 높은 역외 소비율과 상대적으로 낮은 소비유입률을 보이고 있어 순역외 소비규모가 과거에 비해 크게 확대되기 시작했다.[23] 인천시의 경우 2014년 역외 소비율은 5.6조(52.8%)로, 세종시(65.9%) 다음으로 높은 역외 소비율을 보이고 있고, 소비 유입율은 1.7조(25.3%)로 전국평균 28.6% 보다도 낮으며 서울 53.5%, 경기 31.8%에 비교하면 턱없이 낮은 실정이다. 즉 역외 소비율과 소비 유입율을 계산하면 3.9조 원의 순역외 유출이 발생한 것이다.

지역 '내발적 발전'은 지역 내에서 생산된 것을 그 지역 내에서 소비할 수 있도록 하고 지역 내 기업의 투자가 지역 내 기업으로부터의 조달형태로 이루어질 수 있도록 하는 이른바 '지역 순환형 경제'가 작동하는 지역 발전 패턴을 의미한다. 지역 내발적 발전전략은 국가에 대비되는

---

23. 최정은(2015), '인천지역 소비의 역외유출입 현황 및 시사점', 한국은행 인천본부.

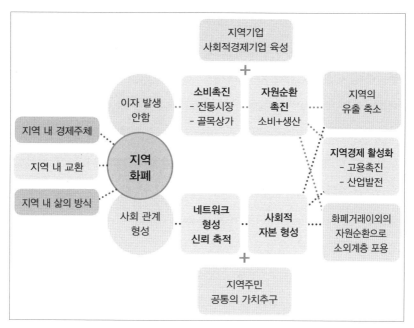

<그림 3-1> 지역화폐와 지역경제　　　　　　　　자료 : 이수연(2014) 재구성

지역을 근거로 하여 지역의 특수성에 맞는 발전을 꾀하는 지역정책적 개념이다.[24]

　이와 같은 지역 내발적 발전전략은 지역이 외부중심의 대형 기업의 분사를 유치하여 지역 내 자본이 유출되고 또 지역경제 터전을 붕괴시키는 '외래형 발전' 전략과는 상반되는 개념으로, 지역 내 자본의 순환을 높여주고, 지역 내 일자리를 창출하며, 지역 내 산업연관을 강화하는 인프라를 구축하고, 지역 고용증대, 소득창출, 지역 내 재투자력을 높이는 발전전략

---

24. 남승균(2015), '사회적경제와 지역의 내발적 발전에 관한 연구', 인천대학교 대학원 경제학과 박사학위청구논문.

을 의미한다(오카다 도모히로 저·양준호, 김우영 역, 2016). 즉 지역 내발적 발전은 지역경제 발전의 원동력을 내부에서 찾는 것이며, 주민자치단체가 주도하여 지자체와 함께 지역자원을 개발, 활용하고 교육, 보건, 사회복지 서비스를 증진시키는 등 실질적인 주민복지 증진을 꾀하는 지역발전 전략이다.

그런데 이와 같은 지역 내발적 발전에 대해 지역화폐가 크게 기여할 수 있다. 지역화폐를 사용하는 것은 지역경제 주체들 간의 상호 소통과 연계를 강화시킴으로써, 지역 주체들 간의 새로운 관계 즉, 신뢰를 바탕으로 하는 공동체를 형성하며, 지역 내 교환을 촉진함으로써 지역 내 생산과 소비를 증대시키고, 개별 시민들의 삶의 방식에 지역적 정체성을 높이고 지속가능한 시민의 역할을 감당할 수 있도록 시민의 성장을 돕는다. 따라서 지역화폐는 지역 내발적 발전을 촉진하는 수단으로 작용하게 된다.

또 지역화폐는 지역경제의 침체로 가장 피폐화되고 있는 골목상권 및 소상공인이 집중해 있는 원도심의 지역경제를 활성화시킬 수 있는 유력한 방안이다. 앞에서도 언급했듯이, 전 세계적으로 지역화폐가 도입되고 있는 배경이 바로 지역경제의 활성화로 볼 수 있는데, 특히 지역 내에서도 가장 침체되어 있는 지역경제 주체들 즉, 골목상권과 영세 소상공인들의 매출 증대를 유도하기 위해 지역 내 소비를 높이고자 지역화폐를 발행하고 있다. 지역화폐의 유통과정에서 창출된 상점가의 매출은 다시 상점가의 소비 수요로 이어지고, 이는 영세 소상공인들의 매출 증대뿐만 아니라 판매에 필요한 중간재 수요를 증대시켜 결국 지역경제 활성화에 기여하게 된다. 재벌 대기업에게 유리하게 작용하는 카드 수수료 문제도 지역화폐를 통해 영세 소상공인들에게 다양한 혜택이 돌아가도록 다시 설계하는 것이 가능하다. 최저인건비 인상으로 인해 직접적인 타격을 입은 영세 소상공인들을 위해 지역화폐를 통한 지역 내 소비 촉진을 유도하는 것은 그들의 경쟁력을 강화시키고 또 결국 지역경제를 활성화하는 동력으로 작용하게 된다.

지역화폐를 통해 지역 안의 소비자와 생산자(중소상인)가 탄탄한 신뢰를 바탕으로 상호 소통하면서 상생하는 과정에서 지역경제뿐만 아니라 지역 공동체 역시 회복될 수 있다. 또 지역화폐는 지역경제 활성화뿐만 아니라 원도심의 재래시장 활성화로 이어져, 상권 활성화 사업, 주민 편의시설, 교통약자 편의시설, 차 없는 거리, 문화시설, 다기능 캐노피 구조물, 상권 활력지원센터 등 다양한 효과가 발생할 수 있도록 해준다.

지역공동체를 회복하라

지역화폐는 지역 내 교환을 통하여 광역적 차원의 생산, 유통, 소비의 과정에서 수반되는 자원 및 에너지 소모를 줄이고 교환 자체가 버리기 쉬운 것들을 재사용, 수선, 재활용하여 쓸 수 있도록 함으로써, 환경보전 활동에도 기여하고 생태적으로 지속가능한 지역경제에 매우 크게 기여한다.

지역화폐를 저소득층을 위한 복지바우처나 기본소득 등의 정부장려금, 그리고 영세 중소기업과 상인들을 위한 지역금융과 연동시켜 운영해나간 다면, 지역화폐 사용을 통해 소외계층을 위한 사회복지적 실천을 넘어 지역의 공동체 회복에도 크게 기여할 수 있다. 지역화폐를 통한 사회복지의 실천을 통해 지역 내 소외계층을 포용할 수 있을 뿐만 아니라, 나아가 소외계층의 자립을 지향하는 지역 차원의 사회복지 전달체계를 구축하는데

도 긍정적 효과를 불러일으킬 수 있다. 지역의 지속가능한 발전이 지역 주체들의 자각과 지역에 대한 정체성 확립을 통한 지역사랑의 실천에 의해 담보되는 것이다.

이런 맥락에서 지역 시민들이 지역화폐를 통해 지역경제가 활성화되는 것을 목격하게 되면 자신의 작은 참여와 실천의 결과가 다시 자신에게 혜택으로 돌아오게 된다는 인식을 바탕으로 호혜의 경제방식에 대한 이해가 대중화되면서 해당 지역 사회적자본의 지수를 높여 결국 지역경제를 발전시키는 동력을 강화하게 된다. 지역화폐는 정책적 수단으로서의 차원을 넘어 지역의 다양한 주체들의 협력체계로 활성화될 수 있는 것이므로, 지역화폐를 통한 지역 거버넌스의 구축은 지역의 활력과 지속가능한 지역발전의 토대로 작용하게 된다.

선순환 구조의 축적

순환형 지역경제는 특정 지역의 범위 안에서 경제구조의 성장이 지역 내부에 축적되는 경제구조를 의미한다. 즉 지역경제의 순환형 구조라 함은 투자, 일자리, 소득, 그리고 다시 투자로 이어지는 경제구조를 말한다. 이와 관련하여 지역의 순환형 경제 만들기를 위해 지역화폐를 일종의 투자로 간주하여 이를 정책화하게 되면 지역화폐의 사용으로 인한 지역경제 활성화는 영세 소상공인들의 매출로 이어지게 되고, 이러한 매출 증대 중간수요 진작을 통해 지역 내 재투자를 증대시켜 결국 고용과 소득을 증대시킴으로써 다시 지역 내 소비의 증가로 이어지는 지역경제의 선순환 구조를 구축할 수 있게 된다.

지역화폐를 도입하게 되면, 대형 유통업체를 이용하는 수요가 전통시장

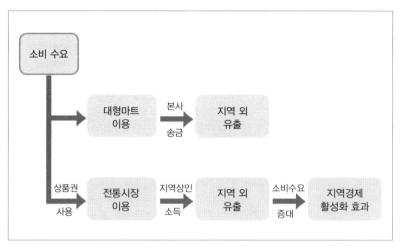

<그림 3-2> 지역화폐를 통한 선순환 메커니즘1

과 소상공인에 대한 수요로 전환되면서 지역상권의 활성화 효과가 발생한다. 지역화폐를 사용함으로써 창출된 영세 소상공인들의 매출액은 지역 외부로 유출되지 않고 지역 내 소비 수요로 전환되고, 이는 지역 내 화폐 유통량의 증대를 가져오게 됨으로써, 지역 내 소비와 구매력을 향상시켜 지역소득의 역외 유출 감소와 소상공인의 소득 향상으로 이어지는 선순환 구조를 만들어낼 수 있게 된다.

시민의, 시민에 의한, 시민을 위한 '민주적 화폐'

지역화폐는 돈이긴 한데, 그저 일반적인 돈이 아니다. 원화와 같은 법정화폐와는 다른 특별한 돈이다. 앞에서도 강조했듯이, 지역화폐는 두 가지 측면을 갖는다. 즉 지역화폐에는 '돈'(통화)으로서의 부분과 '돈'이 아닌 부분이 서로 상보하며 공존한다. 이와 같은 지역화폐의 양면성이야말로,

법정화폐(원화)와는 다른, 지역화폐가 가지고 있는 매우 흥미로운 특징이다. 지역화폐는 경제뿐만 아니라 사회, 문화, 윤리와 같은 매우 폭 넓은 비경제적 영역과 관련되는데, 특히 후자는 주로 지역 공동체에 관련된 것으로 볼 수 있다.

지역화폐는 일반적인 화폐처럼 상품, 서비스의 가치를 측정하기 위한 수단으로 활용되고(가치척도 수단), 상품, 서비스를 매매하기 위한 수단으로 활용되며(교환 수단), 손에 넣은 지역화폐를 사용하지 않고 저장해놓을 수 있다(가치축장 수단). 앞에서 살펴본 레츠LETS(Local Exchange Trading System) 유형과 같은 계좌방식의 지역화폐에서는, 커뮤니티에 대한 대차관계를 참가자들끼리 서로 상쇄하는 사후적 결제기능을 가진다(결제 수단). 이와 같이, 지역화폐는 원화와 같은 법정화폐와 동일하게 가치척도, 교환수단, 가치축장수단으로서, 또 일부 지역화폐의 경우에는 결제수단으로서도 기능한다.

그렇다면, 지역화폐와 원화와 같은 법정화폐(국가화폐)의 차이는 무엇인가? 현금통화를 보유하는 것만으로는 이자가 붙지 않으나, 그것을 저축해서 예금통화의 형태로 보유하게 되면 이자가 붙는다. 은행은 대출에 대해 예금이자보다 높은 이자를 징수하여 이익을 올리고, 또 중앙은행은 금리조정, 예금준비율조정 등의 금융정책을 통해 경기 및 물가를 컨트롤한다. 원화와 같은 국가화폐는 외국환시장에서 달러, 엔, 유로 등 타 외국통화와 교환된다. 그때 적용되는 환율은 늘 변동한다. 달러, 엔, 유로 등과 같은 주요 국가화폐는 국내에서 유통될 뿐만 아니라, 국제무역 결제, 대외 장기투자, 국제적 투기거래에도 사용되기 때문에, 끊임없이 국경을 초월하여 유통되고 있다. 즉 국가 화폐는 초국적 성격을 갖는다.

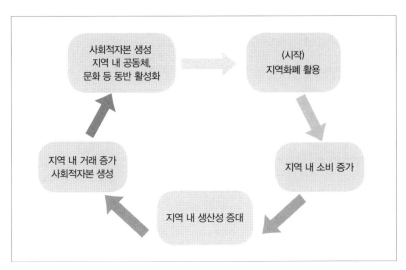

〈그림 3-3〉 지역화폐를 통한 선순환 메커니즘2

　이와 같은 국가화폐와는 달리, 지역화폐는 지방자치단체, 시민들의 임의단체, NGO 등이 자신들끼리 자유롭게 발행하여 운영·관리하는 화폐다. 또 지역화폐의 발행, 운영, 관리 비용은 운영단체와 참가자가 공동으로 부담한다. 나아가, 지역화폐는 자유롭게 정해진 일정 지역 내에서만 유통되는데, 이는 지역화폐가 지역 밖으로 유출되지 않고 그 안에서만 순환함으로써 지역 내 경제거래를 활발하게 한다. 그리고 대부분의 지역화폐는 원, 달러, 엔, 유로 등과 같은 국가화폐로 환금할 수 없다. 이는 지역화폐의 지역 내 순환의 안정성을 보증하기 위해 필요한 룰로 작용한다. 만약 환금이 가능하다면, 지역화폐는 국가화폐로 환금되어 지역 밖으로 누출돼버려 지역화폐의 유통량이 급감해버리기 때문이다.

　나아가 국가화폐와는 달리, 지역화폐는 수중에 아무리 많이 쥐고 있거나 계좌를 통해 보유하고 있어도 이자가 붙지 않는다. 따라서 그 가치와 잔액이 저절로 늘어날 법이 없다. 국가화폐(일반적인 화폐)의 경우, 현금으로 보유하고 있으면 이자가 붙지 않지만 예금으로 보유하면 이자가 붙게 된다. 그러나 지역화폐는 어떤 형태로 보유하더라도 이자는 붙지 않고 되레 그 가치가 줄어드는 경우도 있다. 또 지역화폐에는 화폐 그 자체를 사고파는 시장이 존재하지 않는다. 따라서 지역화폐는 투기 대상이 될 수가 없다. 국가화폐와 달리, 지역화폐는 은행에 의해 '신용창조'되는 화폐가 아니다. 지역 시민 또는 단체가 그 필요에 맞춰 발행하는 화폐이며, 보다 안정적이고도 자립적인 경제성장을 가능케 해주는 모의화폐다. 지역화폐 중에서는 이자가 제로(0)인 것을 넘어 아예 마이너스인 것도 있다. '감가화폐(열화화폐)'로 불리고 있는 지역화폐는 화폐가치가 시간이 지남에 따라 감소한다. 예를 들어, '스탬프 부 지폐'의 경우, 일정 기간(1주일) 별로 일정액의 인지(스탬프)를 지폐 뒷면에 붙여 놓지 않으면 받아주지 않는다. 결국, 인지 비용은 화폐를 수중에 보유하고 있는 것에 대한 보유세인 셈이다.

그렇다면 지역화폐는 왜 이자를 마이너스로 설정하는지에 대해 생각해 볼 필요가 있다. 경제 불황에 대한 불안감이나 비관적인 예측으로 인해 개인과 기업은 화폐를 저축으로 돌리면서 실제로 소비하거나 투자하지 않는다. 이는 결국 소비와 투자의 위축을 초래하여 이로 인한 불황은 보다 심각해질 수밖에 없다. 이른바 불황과 디플레이션의 악순환을 의미하는 '디플레이션 스파이럴'에 빠지게 된다. 지역화폐의 마이너스 이자는 이와 같은 '불황과 디플레의 악순환'에서 벗어나기 위한 하나의 수단이다. 위에서 언급한 '스탬프 부 지폐(감가 지역화폐)'를 도입하게 되면 사람들은 화폐 감가를 피하기 위해 수중의 지역화폐를 가능하면 빨리, 즉 법정화폐보다 먼저 사용하려고 하기 때문에 소비가 크게 자극을 받게 된다. 결국 시민과 단체가 자유롭게 자주적으로 발행, 운영, 관리하는 지역화폐는 경제적 기능의 측면에서 볼 때, '유통권역'을 제한 또는 지정하여 돈의 '가치증식기능' 즉 돈의 '자본으로서의 기능'을 배제하는 모의화폐이며, 그렇게 함으로써 지역 내 경제활동 간의 연결성을 강화하여 경제거래를 자극시켜 지역의 경제적 자립 정도를 높이는 역할을 수행하는 것을 목적으로 한다.

지금까지의 내용을 토대로 국가화폐와는 다른 지역화폐만의 특징은 세 가지로 정리할 수 있다. 첫째, 시민들과 단체에 의한 자유발행 및 운영 비용의 공유이다. 둘째, 한정적인 유통권역 및 국가화폐로의 환금이 불가하다는 점이다. 셋째, 무이자 또는 마이너스 이자를 설정한다는 점이다.

그렇다면, 이와 같은 지역화폐의 특징을 고려해서 지역화폐가 갖는 의의 역시 세 가지로 정리할 수 있다. 첫째, 시민과 단체에 의한 자유발행 및 운영 비용의 공유를 특징으로 하는 지역화폐는 경제사회의 근간에 있는 '화폐'라는 것(개념)을 자신들만의 공유물로서 자신들이 직접 제어할 수 있다는 점을 자각하게 해준다. 따라서 지역화폐는 '시민의, 시민에 의한, 시민을 위한' 화폐, 즉 민주주의적인 화폐로 규정할 수 있다. 둘째, 한정적인 유통권역 및 국가화폐로의 환금 불가를 특징으로 하는 지역화폐는 지역 밖으로 유출되지 않고 그 내부에서만 유통됨으로써 지역경제를 활성화시킴과 동시에 외부의 불안정한 금융시장의 영향으로부터 지역경제를 방어해서 순환형 경제를 구축할 수 있게 한다. 이는 지역화폐가 지역에서만 사용되고 지역 밖으로 유출되지 않고 지역을 지키고 자립시키는 지역주의적인 화폐로 규정할 수 있게 해준다. 셋째, 무이자 또는 마이너스 이자를 특징으로 하는 지역화폐는 은행의 신용창조를 동반하지 않고 투기나 축적에는 사용되지 않는 교환매개로서만 기능함으로써, 소비를 자극할 수 있게 된다. 따라서 지역화폐는 장기간 예금되거나 축적되는 것 없이 계속 사용되어, 경제거래를 활성화시키는 비자본주의적인 화폐로 규정할 수 있다.

이와 같이, 지역화폐는 지역 내 상점가 및 시가지의 경제를 활성화시켜 '지산지소地産地消' 및 '무배출 시스템Zero Emission'을 실현하여, NGO와 사회적경제조직의 활동을 지원하고 과잉 자본축적과 투기적인 버블을 배제하기 위한 화폐다. 결론적으로 말하자면, 지역화폐라고 하는 것은 자립 순환형 지역경제와 자유롭고 민주적인 지역사회를 구축하기 위해 시민, 주민 또는 지자체, NGO가 자주적으로 설계 · 운영하고 특정 지역 및 커뮤니티 안에서만 유통되는 이자가 붙지 않는 경제 매체로 규정할 수 있다.

● 요약정리

글로벌 자본주의가 초래한 비극을 극복하기 위해, 글로벌로부터 로컬을 완전히 격리한다고 해서 반드시 좋은 것은 아니다. 화폐와 시장을 경유하지 않고 로컬 커뮤니티의 자립을 생각한다는 것을 불가능한 일이다. 글로벌 자본주의의 거친 파도에 대한 완충 장치로서 로컬을 부분적으로 클로즈함과 동시에 또 로컬끼리를 횡적으로 연결시켜나가면서 글로벌과 로컬을 낮은 수준의 연계도로 엮어내는 것이 지역의 다양성과 창조성을 담보할 수 있게 해준다. 이를 위한 매개로 작용하는 것이 바로 지역화폐임을 명심할 필요가 있다.[25]

또 지역화폐는 '화폐적' 측면과 '언어적' 측면을 동시에 가지며 '경제적'

측면과 '윤리적' 측면을 동시에 발한다. 이런 지역화폐의 양면성은, 기존의 '시장'이나 '국가'와는 전혀 다른 새로운 '공공'의 영역을 개척할 수 있게 해준다. 모든 걸 경제적 가치로 일원화해서 평가하고 사람들이 서로에게 있어 그저 수단으로 작용하게 되는 시장을 극복하면서, 나아가 국가에 의한 위로부터의 규제, 정책, 그리고 이익유도에 의존하지 않고 사람들이 자유로운 시민으로서 자신의 다양한 가치와 목적을 창조적으로 실현해낼 수 있는 자율적이고도 협동적인 사회를 구축하는 것, 바로 이것이 지역화폐가 꿈꾸는 미래다. 그것은 도시의 커먼즈를 파괴한 화폐 그 자체를 다시 커먼즈로 돌려놓음으로써, 다양하고 개성적인 커먼즈를 재생시켜내는 것이다.[26]

　야와타하마시의 지역화폐 사례를 보면 지역화폐가 지역경제에 미치는 긍정적인 효과를 분명히 확인할 수 있다. 지역화폐는 지역 내 소비 증대 및 지역 내 산업연관 강화뿐만 아니라 지역 내 생산자들이 생산에 필요한 경비를 사전에 확보할 수 있게 했고, 또 농업이 본질적으로 수행하기 어려웠던 계획적인 투자 및 경영조차 가능해졌다. 동시에 소비자들은 자신이 신뢰할 수 있는 생산자와 직접 거래할 수 있게 됨으로써, 식생활에서 안심하고 만족감을 얻을 수 있게 되었다. 야와타하마시는 이와 같은 방법으로 가까운 지역의 생산자-소비자 관계뿐만 아니라 도쿄의 수도권 소비자와 야와타하마시 농업 생산자들 간 거래 관계를 구축하는 데도 성공했다.

　지역화폐는 다음과 같은 세 가지 의의를 갖는다. 첫째, 지역화폐는 '시

25. 양준호(2019) '지역화폐의 정치경제학(2): 지역화폐의 '진보적' 의의와 과제', 〈시각〉 2019년 5월호.
26. 양준호(2019) '지역화폐의 본질과 새로운 미래', 인천일보 〈경제칼럼(2019년 3월 5일)〉.

민의, 시민에 의한, 시민을 위한' 화폐, 즉 민주주의적인 화폐로 규정할 수 있다. 둘째, 지역화폐는 지역 내부에서만 돌고 돌아 지역 밖으로 유출되지 않고 지역을 지키고 자립시키는, 지역주의적인 화폐로 규정할 수 있다. 셋째, 지역화폐는 장기간 예금되거나 축적되는 것 없이 계속 사용됨으로써, 경제거래를 활성화시키는 비자본주의적인 화폐로 규정할 수 있다.

지역사회에서의 기능을 생각하다

이기송

문제는 경제라고!

지역경제에서 지역화폐의 의미란

지역사회가 발전하기 위해서는 지역경제의 발전이 이루어져야 한다. 그리고 지역경제의 발전은 지역소득으로부터 비롯된다고 볼 수 있다. 따라서 지역소득의 역외(외부) 유출이 적을수록 지역경제는 발전한다고 말할 수 있다. 만약에 지역소득의 역외 유출이 많아지면 지역의 생산량에 비해 지역주민의 소득이 줄어드는 것을 의미하기에 지역경제 발전에 부정적인 결과를 초래하게 된다.

결국 지역사회의 발전은 지역소득의 역외 유출이 줄어들어야만 가능하다고 말할 수 있는 것이다.

한국은행이 국회 기획재정위원회에 제출한 '2019년 지역본부별 화폐 환수율 현황'에 따르면 2019년 1~9월 경기도의 화폐 환수율(발행액 대비

지역	화폐 환수율	지역	화폐 환수율
제주	220.1	부산	50.7
전북	140.9	대구경북	47.9
서울	123.2	광주전남	44.7
목포	100.0	경기	37.5
인천	73.1	강원	31.8

<표 4-1> 전국 지역별 화폐 환수율 비교　　　　　(단위: %, 2019. 1~9월 기준)

환수액)은 37.5%로 최하위권의 강원도에 이어 2위를 차지했다.

　환수율이 높을수록 화폐가 시중에 활발하게 유통된다는 의미를 지닌다. 반대로 낮다는 것은 소득 역외 유출이 많아 지역의 생산량에 비해 주민 소득이 적다는 의미다.

　경기도의 경우 중앙은행을 통해 지역에 공급된 자금 중 37.5%만 환수돼 나머지 62.5%의 자금은 어딘가에 묶여 있거나 역외 유출된 것으로 파악됐다. 지역에 돈이 돌지 않아 실물경제가 얼어붙는 이른바 '돈맥경화 현상'이 심각한 것으로 드러난 것이다.

　경기도는 전국적으로 환수율이 가장 높은 제주의 220%에 비해 압도적으로 낮은 수준에 머물고 있는 것이다. 제주의 경우 관광지 특성상 관광객들이 사용하는 5만원권 등 화폐 유입이 많기 때문으로 분석된다 하더라도 경기도는 40~50%대에 있는 부산, 대구ㆍ경북, 광주ㆍ전남보다도 낮은 수치를 보이고 있다.

　이처럼 실물경제 활성화에 있어 '지역 간 양극화'가 명확해 지고 있어 문제로 제기되고 있다.

정부는 2018년 말부터 소상공인자영업 경쟁력 강화와 지역경제 활성화 방안으로 지역화폐(지역사랑상품권) 발행을 적극 추진하고 있다.

지역별로는 인천시와 전라북도의 경우 지역화폐 누적 발행 실적이 높은 데 비해 부산과 울산 및 경상도 지역의 지역화폐 누적 발행 실적은 저조한 편이다. 지자체 재정 여건에 따라 지역화폐 발행 규모에 차이가 생기면서 지역 간 양극화가 심화되는 부작용도 제기되고 있다.

전국 지역화폐의 환전율 역시 낮은 편이다. 지역화폐(지역사랑상품권)를 도입한 상당수 지자체의 경우 환전율이 50% 미만에 불과하다. 환전율이란 소비자에게 판매된 상품권 액수 대비 상품권이 소비된 후 음식점 등 가맹점이 실제 돈으로 바꾼 비율을 의미한다. 이 부분이 50% 미만이라는 것은 그만큼 소비가 이뤄지지 않았다는 것을 의미한다.

'2019년 지자체별 발행액, 국비 지원액 및 환전율' 자료에 따르면, 2019년 7월 기준 17개 지자체(대전시 대덕구 · 경기 이천시 · 충북 보은군 등)의 환전율은 50% 미만으로 충남 금산군의 환전율(7%)이 가장 낮은 것으로 조사되었다. 그 다음으로 경북 구미시(11%), 경남 하동군(13%), 전남 무안군(14%)의 순이었다. 이들을 모두 합친 전국의 환전율은 89%였다.

환전율이 저조하다는 것은 상품권이 소비되지 않았거나 가맹점이 환전하지 않았다는 것을 의미한다. 상품권은 계속 보유하더라도 상승하는 재화가 아니므로 가맹점은 대부분의 상품권을 수령하게 되면 보통 환전하게 된다.

이런 점에서 환전율이 낮다는 것은 소비가 그만큼 부진했다는 것으로 해석할 수 있다.

지역경제는 '생산→분배→소비(지출)→생산'이라는 선순환 구조를 통해

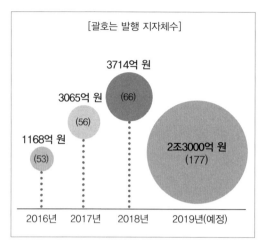

[괄호는 발행 지자체수]

3714억 원

3065억 원 (66)

1168억 원

(56)

2조3000억 원
(177)

(53)

2016년   2017년   2018년   2019년(예정)

〈그림 4-1〉 지역화폐 발행액   자료: 행정안전부

성장하게 된다. 이 때 지출이 빠지면(줄어들면) 균형이 무너지게 된다.

지역화폐는 말 그대로 돈이 지역 내에서 유통되게 한다. 더군다나, 대규모 유통점이 아닌 지역 내 상가의 소상공인 업체에 사용될 수 있도록 하는 것이므로 지역

화폐가 풀리면 지역 내에서 자금이 유통되어 소비 촉진과 함께 소상공인 및 자영업자의 소득 증대로 서민경제를 살아나게 한다.

이러한 일련의 선순환 성장과정에서 지역화폐는 소득의 역외(외부) 유출이 줄어들도록 긍정적인 역할을 수행함으로써 지역경제의 발전에 기여하는 바가 크다고 하겠다. 바로 이런 점에서 지역경제에서 지역화폐가 갖는 의미가 있으며, 그 중요성 또한 크다고 하겠다.

따라서 지자체의 지역소득 유출에 대한 명확한 원인 파악과 보다 적극적인 해결책 마련이 이루어지는 가운데 지역화폐의 지역경제 활성화에 대한 연구가 무엇보다 필요하다고 말할 수 있다.

지역화폐 전성시대

요즘 우리 사회는 가히 '지역화폐 전성시대'라고 부를 만하다. 행정안전부의 발표에 따르면 지역화폐를 발행한 광역·기초단체 포함 지자체는

2016년 53곳에 불과했으나 2019년 177곳(예정 포함)으로 3배 이상 증가했다. 이는 전국 243개 광역·기초자치 단체의 과반 수 이상에 해당하는 수치이다.

전국 지역화폐 발행액도 2016년 1,168억 원이던 것이 2019년 2조 3,000억 원(예정 포함)으로 급격하게

이름	가입 현황
인천 연수구 'e음'	누적액 1000억 원 가입자수 14만5000여 명 돌파
경기도 시흥 '시루'	147억 원 돌파
김포페이	100억 원 돌파
대전 대덕구 '대덕e로움'	40억 원 돌파
충북 제천시 '모아'	55억 원 돌파

〈표 4-2〉 주요 지역화폐　　　자료: 각 지자체

증가했다. 향후 인천시(6,500억 원), 전라북도(4,335억 원), 경기도(3,901억 원), 경상북도(2,360억 원) 등 6곳이 1,000억 원 이상, 대전시(100억 원) 등 6곳이 1,000억 원 이하 발행을 계획하고 있다.

지역화폐는 국가의 공식 화폐인 법정화폐와 달리 지역사회 구성원들의 합의에 의해 만들어져 사용되는 대안화폐다. 2008년의 글로벌 금융위기 이후 유럽을 중심으로 확산되어 전 세계적으로 3000여 곳에서 사용 중인 것으로 추정된다.

국내에서도 국제통화기금IMF 외환위기 이후 1999년 '송파 품앗이'의 '송파머니'에 이어 2000년 '대전 한밭레츠'의 '두루' 등이 발행되었다.

이들 지역화폐는 선결제 후 특정지역 내에서만 사용 가능하다. 서울시의 '제로페이'는 선결제를 하지 않는 데다, 전국적으로 사용한다는 점에서 이들 지역화폐와는 다르다.

이와 같이 지자체별로 발행되고 있는 지역화폐는 다음과 같은 혜택과

특징적인 부가서비스를 통해 지역사회에서의 사용 비중이 점차 늘어나는 추세이다.

1) 10% 캐시백

2019년 5월에 출시된 인천 서구 지역화폐인 '서로e음'은 사용자에게 캐시백 10%라는 파격적인 혜택을 제공하였다. 100,000원어치의 물건을 구매하면 10,000원을 돌려주는 것이다. 초기의 한도 무제한 10%[27]에서 발행 2개월 만에 월 결제액 300,000원 미만 10%로 혜택을 줄였다.

이어 인천 연수구에서도 캐시백 10%를 제공하는 지역화폐를 출시했다. 초기에는 캐시백 혜택을 무제한으로 제공했으나 현재는 월 결제액 500,000원까지 10%, 500,000~1,000,000원까지 6%로 축소했다. 이미 인천시에서는 2018년 7월에 '인천사랑 전자상품권'이라는 지역화폐를 출시, '공무원만 사용하는 돈'으로 아무에게도 관심을 받지 못했다.

그러던 것이 2019년 4월에 '인천e음카드'로 변경되고 나서 6%의 캐시백 혜택에 힘입어 관심을 받기 시작했다. 2019년 초 정부가 약속한 지역화폐 발행액의 4% 지원에 인천시의 예산을 추가해 6%의 캐시백을 만든 것이다. 서구와 연수구 등은 추가로 지자체 예산 4%를 보태 10%의 캐시백을 완성했다. 연수구 지역화폐는 발행 49일 만에 가입자 수가 145,000명을 넘어섰고, 누적 결제액도 1,000억 원을 기록했다.

인천시 지역화폐와 마찬가지로 최근에 출시되는 지역화폐들은 충전할

---

27. 초기에는 한도가 없었기에 인터넷에는 '3,000만원 어치의 차를 구입하고 300만원 캐시백을 받았다' '학원비·헬스장 연간 회원비를 선결제했다' 등의 글이 올라와 화제가 되기도 했다.

때 기본적으로 10% 정도의 인센티브를 제공하고 있다. 여기에서 더 나아가 6~10%의 캐시백, 가맹점별로 15~20%의 할인 혜택 등을 부여함으로써 빠른 속도로 확산되고 있다. 연말정산 시에는 30%의 소득공제도 가능하다.

2) 탈상품권

종전에 대다수의 지역화폐는 상품권 형태로 발행되어 농협 등 별도의 장소에서 구입하여 사용해야 하는 번거로움이 있었다. 그러나 최근의 지역화폐는 스마트폰과 연계되어 선불신용카드나 모바일 페이 형태로 발행됨으로써 가입과 사용이 편리해졌다. 인천 e음카드는 선불신용카드 형태로 발행되어 학생증·공공기관 신분증과 연계된다. 시흥지역화폐 '시루'는 모바일 페이 형태로 앱을 내려받은 후 간단한 인증 절차를 거쳐 바로 사용할 수 있다. 김포페이(2019. 4 출시)는 KT가 운영 사업자로 위·변조가 불가능하도록 블록체인(분산 저장) 기반으로 만들어졌다.

3) 다양한 사용처

지역화폐의 사용처가 계속 늘어나고 있는 것도 사용 비중을 늘어나게 하는 주 요인 중의 하나라고 볼 수 있다. 종전에 지역화폐의 유사 개념이었던 '온누리상품권'은 전통시장과 같이 주로 제한된 매장에서만 사용 가능했던 것과 비교된다. 최근의 지역화폐는 식당·카페는 물론 병원·학원·택시 등 다양한 장소에서 사용 가능하도록 발행되고 있다. 인천 연수구에 따르면, 음식점과 식품점에서 가장 많이 사용되었으며, 그 다음으로는 학원·병원·약국의 순으로 사용된 것으로 자체 조사되었다.

이와 같이 지역화폐는 상품 할인뿐만 아니라 사용 금액만큼을 세금으로 보전해 주는 형태로 운영되어 지역사회의 소비 진작에 기여함으로써 지역경제의 활성화에 도움을 주는 것으로 파악된다. 그러나 지역화폐는 지역예산과 직결되는 만큼 각 지자체의 상황에 맞추어 향후 운영 규모가 정해질 것으로 기대된다.

이웃에서 마을로, 마을에서 지역으로

지역화폐의 사회문화적 기반 [28]

이웃과 마을, 그리고 지역화폐의 사회문화적 기반은 대략 다음의 4가지 형태로 나타난다고 할 수 있다.

첫째, 지역화폐의 사회문화적 기반으로는 중앙정부로부터 독자성을 유지하고 있는 '지역자치'를 들 수 있다.

둘째, 지역화폐의 사회문화적 기반으로는 올바른 사회정의를 추구하는 '정의로운 역사의식'을 들 수 있다.

셋째, 지역화폐의 사회문화적 기반으로는 이웃과 약자에 대한 '자발적 연대의식'을 들 수 있다.

넷째, 지역화폐의 사회문화적 기반으로는 '역사적/전통적인 공동체 의식'을 들 수 있다.

지역사회와 상생하는 지역화폐

지역화폐는 이웃과 마을, 그리고 지역사회를 살리는 공동체적 상생 수

---

28. '지역화폐'를 연계한 지역경제 활성화 방안 검토, 김병조(2019).

단으로 작용한다고 볼 수 있다(김병조, 2019).

이웃과 마을을 포괄하는 지역사회(시도단위) 지역화폐는 광역성을 가지고 있어 고려해야 할 사항이 많은 편이다. 시도단위 광역 지역화폐는 주변(이웃과 마을)을 포괄하는 지역선도 모범 사례로 나타나야 한다. 주변의 인접 취약지역을 지원·교류하고 상생·연대하는 역할을 충실히 수행해야 할 것이다. 광역 지역화폐는 광역시에서 발행하되, 주변 일원에서도 사용할 수 있는 방안을 강구해야 한다. 예를 들어, 광역확대형 지역화폐 상품권 발생 시 대전시에서 발행하여 충청남도에서도 사용 가능하도록 해야 할 것이다.

지역화폐는 지역경제를 어떻게 바꿀까

경제 변화를 위한 지역화폐 구비 조건

지역화폐가 지역경제의 변화를 가져오기 위해서는 지역화폐의 사용처 제한 등 일정 수준의 구비 조건을 지역사회 내에서 충족시켜 주어야 한다.

첫 번째 구비 조건은 백화점이나 대형마트, SSM(기업형 슈퍼마켓)[29], 유흥업소 등 골목상권과 경쟁 상대에 있는 대형 업체에서의 사용이 불가하도록 해야 한다.

두 번째 구비 조건은 연간 매출액 일정 규모(예를 들어, 10억 원 등) 이하 업체에서만 사용할 수 있도록 해야 한다.

---

29. Super Supermarket의 약자로서, 대형 유통 그룹이 3,000㎡ 이하의 직영점이나 가맹점 형태로 운영하는 기업형 슈퍼마켓을 의미한다.

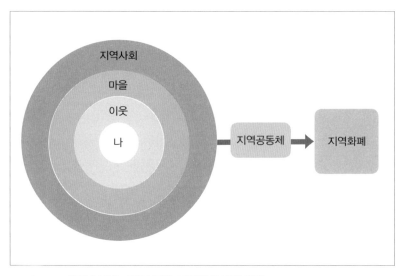

<그림 4-2> 이웃과 마을, 지역사회와 지역화폐 간의 관계

소상공인과 골목상권이 활성화되다

이러한 구비 조건을 갖춘 지역화폐가 지역사회에 도입되면 지역사회의 중추적 역할을 수행하는 소상공인과 골목상권 활성화에 변화를 초래하게 된다. 지역사회 내에서 지역화폐의 사용 비중이 점차 늘어나는 가운데 지역경제의 활성화에 긍정적으로 작용하게 되는 것이다.

지역화폐는 소상공인과 골목상권 보호 등의 지역화폐 본연의 기능을 수행함으로써 지역경제 활성화에 기여해야 한다. 과연 그런지 경기지역화폐의 지역사회 내에서의 사용 사례를 통해 이를 검증해 보도록 하자.

'2019년 3분기 경기지역화폐 발행 및 사용실적' 자료에 따르면, 경기도의 경우 '일반발행' 1~9월 중 누적 금액은 총 2,065.6억 원으로 2019년 목표치로 설정한 1,379억 원을 49.8% 초과 달성한 것으로 나타났다. 여기서 '일반발행'은 일반도민이 직접 구매한 경기지역화폐의 액수를 나타낸

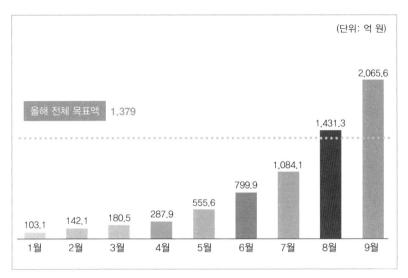

(단위: 억 원)

- 올해 전체 목표액 1,379
- 1월 103.1
- 2월 142.1
- 3월 180.5
- 4월 287.9
- 5월 555.6
- 6월 799.9
- 7월 1,084.1
- 8월 1,431.3
- 9월 2,065.6

〈그림 4-3〉 경기지역화폐의 2019년 일반 발행 누계 현황

다. 2019년 4월 1일부터 도내 32개 시·군 전역에서 발행된 점을 고려하면 발행된 지 불과 6개월 만에 2019년 목표치의 1.5배 수준을 초과 달성한 셈이다.

조사에 따르면 '일반발행 사용액'은 총 1,582억 원으로 나타나 도민들이 직접 구매한 경기지역화폐 2,066억 원 중에서 76.6%가 실제로 사용되었다. 실제로 사용된 금액 중에서 874억 원의 '카드형 지역화폐'로 결제된 사용처를 살펴본 결과, ▲일반 한식점이 23.7%(206억 원)으로 가장 높았다. 이어서 ▲슈퍼마켓 7.4%(64억 원) ▲서양음식점 6.1%(53억 원) ▲보습학원 5.6%(48억 원) 등의 순으로 나타났다. 이밖에 상위 30개 업종의 대부분을 영세 소상공인 업종에 해당하는 미용원, 정육점, 제과점, 스낵 등이 차지한 것으로 집계됐다.

특히, 골목상권 활성화에 대한 부작용 우려를 낳았던 편의점에서는 총

39억 원(4.5%)만이 사용, '편의점 집중화' 현상은 발생하지 않은 것으로 조사됐다.

지금까지 살펴본 경기지역화폐의 지역사회 내에서의 긍정적인 사용 사례는 지역경제에 변화를 초래한다는 점에서 의미하는 바가 크다고 하겠다.

이상의 내용을 종합해 보면 지역화폐의 도입은 소상공인과 골목상권의 활성화에 기여함으로써 결국 지역경제의 활성화에 긍정적으로 작용한다는 것을 알 수 있다.

지역화폐가 미래를 만든다

올바른 기능의 지역화폐가 필요하다

지역사회의 밝은 미래 창조는 올바른 기능을 수행할 수 있는 새로운 형태의 지역화폐 도입으로부터 시작된다고 말할 수 있다.

현재 지역화폐는 누적 발행액이 법정화폐 발행액에 비해 미미한 수준이다. 그래서 한국은행 통화정책에 거의 영향을 미치지 않고 있다. 그러나 앞으로 지역화폐가 전국적으로 발행되면 상황은 달라질 수 있다. 지역화폐가 금융당국의 통화정책에 사각지대를 형성할 가능성을 배제할 수 없기 때문이다.

2018년 법정화폐 발행액은 35조 5,000억 원에 달하고 지역화폐 발행액은 3,714억 원이었다. 2019년에는 2018년보다 약 6배나 급증한 2조 3,000억 원이 발행될 예정이다. 조만간 전국 지자체에서는 지역화폐 발행 규모를 더욱 늘릴 예정이다. 지역화폐가 현재 2조 원에서 향후 20조 원 이상으로 늘어나면 법정화폐 발행액의 절반 이상 발행되어 시중에 유통되는 셈이다. 이렇게 되면 법정화폐의 유통을 일부 축소시키는 효과를 초래할 수도 있다.

지역화폐 발행이 전국적으로 확대되면 역외(외부) 유출 취지가 퇴색하고 '불법 현금화'(이른바 '상품권 깡')로 인해 실제 법정화폐의 사용을 교란할 가능성도 없지 않은 것이다. 현재 온라인 중고거래 사이트에는 각종 지역화폐(지역사랑상품권) 관련 '깡'으로 의심되는 글이 수천 건씩 등재되고 있다. 50만원 상품권을 지자체로부터 10% 할인받아 45만원에 구매한 뒤, 이를 다시 액면가 대비 5% 가량 할인한 47만 5,000원에 되팔아 2만 5,000원을 챙기는 식의 거래가 성행하는 것으로 알려졌다.

이에 지역화폐를 발행하는 지자체는 재유통의 장점을 지닌 지류형(종이형) 지역화폐의 불법 현금화 등 부작용을 줄이기 위한 대책 마련에 부심하고 있다. 따라서 지류형을 선호하는 일부 사용자의 니즈에 부합할 수 있도록 부정 사용 방지 기능이 탑재된 지역화폐 발행이 요구된다고 하겠다.

관건은 '사회적 공감대' 형성

지역사회가 미래 환경 변화에 부응해 성공적인 길로 접어들기 위해서는 공동체적 지역화폐의 도입을 통해 가능하다고 할 수 있다.

지역화폐의 성공적 정착을 위해서는 다음과 같은 3가지 대안을 제시할 수 있다.

그 하나는 지역사회의 참여를 통해 과도한 인센티브(할인 지원) 경쟁을 지양하고 기본적으로 '자립할 수 있는 구조'를 만들어야 한다는 것이다. 재정자립도가 낮은 지자체는 최대 수백억 원의 인센티브로 재정난을 호소하는가 하면 인센티브가 많은 지역으로 '소비 쏠림' 현상도 나타나고 있다. 일부에서는 지역화폐 발행이 지자체장의 지역민 인심 쓰기, 치적 쌓기용, 과도한 인센티브에 따른 혈세 낭비라는 지적도 나오고 있는 상황이다.

지역화폐 발행의 모범 사례로 꼽히는 전북 군산시조차도 과중한 인센티브로 재정부담이 가중되고 있다. 군산시는 2019년 2,586억원의 지역화폐를 판매했으나 인센티브로 258억원의 혈세(할인율 10%)를 지원했다. 이가운데 국비 103억원(4%)을 제외한 155억원(6%)이 시 재정에서 충당되었다. 27만명이 거주하는 군산시의 2019년 재정자립도는 21.6%에 불과해판매 금액의 6%를 인센티브로 지원하기란 쉽지 않은 상황이다.

2019년 7월에 지역화폐를 도입한 전북 무주군도 10% 할인(국비 4%, 군비 6%)을 앞세워 출시 3개월 만에 2019년 목표액 20억 원을 모두 판매했다. 2020년에는 지역화폐 발행액을 70억 원으로 늘릴 예정이지만 재정자립도가 17.97%인 데다 2019년 예산이 3,216억 원(일반회계)에 불과해 4억 2,000만 원의 인센티브 마련이 힘든 처지이다.

사회적 기업이 자율적으로 운영하고 시가 지원하는 영국 브리스톨시, 민관 합동 발행위원회를 통해 함께 고민하는 경기 시흥시 사례 등은 지역화폐의 성공적 대안으로 제시될 수 있다. 브리스톨시는 도심인구 43만 명, 외곽지역을 포함할 경우 인구 100만 명이 넘는 중소규모 도시로 브리스톨 파운드(Bristol Pound: £B)의 운영을 위하여 시 정부, 지역 금융기관, 지역 사회혁신 조직 등 다양한 이해관계자가 참여 하에 사업모형을 구축하였다.[30] 이들은 지역화폐 스스로 존립할 수 있는 틀을 만드는데 공통점을 지니고있기 때문이다.

---

30. 최준규, "지역 활성화를 위한 지역화폐의 쟁점과 과제", 경기연구원, 이슈&진단, 2018-06.

다른 하나는 지역화폐 도입에 대한 '사회적 공감대 형성'이 필요하다는 점이다. 사회적 공감대 없이 도입된 지역화폐는 소비자의 사용을 보장받을 수 없기에 효과 또한 불명확하다고 볼 수 있다. 이런 점에서 각계의 참여가 중요하다고 하겠다. 일례로 부산시의 경우 지역화폐 추진단이 시와 시의원, 전문가, 시민사회단체, 중소상공인 등으로 구성된 것도 이런 이유에서다.

얼마 전 대전시의 지역화폐 신청이 유보된 것은 사회적 공감대의 부재를 잘 보여주고 있다. 대전시는 2020년 7월부터 2,500억 원 규모의 지역화폐 발행 계획을 세워 행정안전부에 국비 지원을 신청했으나 사회적 공감대 형성 부족 및 효과에 대한 논의 부족 등을 이유로 처리가 유보되기에 이르렀다.

이밖에 공동체에 재능 기부 등을 하면 '지역화폐로 보상하는 방법'도 성공적 정착에 필요한 대안으로 고려해 볼 수 있다.

요약정리

이웃과 마을, 그리고 지역사회와 지역화폐의 상생

지역화폐는 이웃과 마을, 그리고 지역사회를 살리는 공동체적 상생 수단으로 작용한다고 볼 수 있다. 이에 소상공인과 소비자 모두 상생할 수 있는 시스템 구축이 중요하다고 하겠다.

이런 점에서 지역화폐 도입은 지역경제의 활성화뿐만 아니라 전통시장과 골목상권 지원, 게다가 지역 내부의 재순환이 필수적으로 이루어져야 한다고 말할 수 있다.

따라서 지역화폐 발행 기본계획 수립 시 시의회, 소상공인, 시민단체와 전문가 등 이해관계자와의 접촉을 통한 논의과정을 거친 후 공감대 형성 하에 마련되어야 할 것이다. 그렇지 않은 경우 대전시의 지역화폐 도입이 유보된 것과 같은 사태를 겪을 수도 있다. 대전시는 주민들의 공감대를 형성하지 못한 채 지역화폐를 도입하고자 함에 따라 대전에서 지역화폐를 시행 중인 대덕구와의 갈등 우려가 있다. 이와 함께 시가 발행 주체가 되는 경우 원도심 경제에 타격을 줄 수도 있다는 의견이 제기되었다.

요컨대, 지역화폐 도입 시 관련 부서 간 사업 범위에 대한 충분한 조율을 통해 향후 불필요한 자원 낭비를 방지하도록 해야 한다.

미래 창조를 위한 새로운 지역화폐 문화 형성

지역사회의 밝은 미래 창조는 올바른 기능을 수행할 수 있는 지역화폐를 도입하고, 여기에 새로운 문화를 접목하는 것으로부터 시작된다고 말할 수 있다. 지역화폐에 지역 문화를 접목함으로써 각 지역사회를 대표할 수 있도록 그 지역 고유의 문화를 형성하는 것이 바람직하다고 하겠다.

각 지역의 특색 있는 미래 문화 창조는 지역의 문화예술인들이 참여하는 각종 축제 및 공연 등에 지역화폐 시스템 도입을 통해 '지역 문화 살리기'를 실천하는 것으로부터 비롯된다고 할 수 있다. 이를 위해서는 지역 축제에 참여하는 시민들이 지역화폐로 입장권을 구매하도록 할 필요가 있다. 또한 축제의 각종 공연을 진행하는 예술인들에게도 지역화폐를 지급하여 다양한 행사를 진행하도록 함으로써 그 지역 알림 및 확산에 기여하는 홍보대사로서의 역할을 기대할 수 있을 것이다.

5

기술이 신뢰를 쌓는다

이기송

지역화폐, 디지털 기술의 옷을 입다

디지털 기술로 지역화폐의 진화를

지역화폐는 디지털 기술 반영을 통해 시간이 흐를수록 진화의 과정을 거치게 된다.

종전의 지역화폐는 디지털 기술의 도움 없이도 발행이 가능했으나 최근의 지역화폐는 디지털 기술의 도움에 힘입어 그 형태와 내실이 빠른 속도로 변화하고 있다.

디지털 기술에 힘입어 지역화폐는 외형적으로나 내면적으로 빠르게 변모하고 있다. 종전에는 지류형(종이형) 위주의 지역화폐가 대세를 이루었다. 종이상품권 등이 이에 해당하며, 이는 가장 보편적이면서 전통적인 형태의 지역화폐라고 볼 수 있다. 그러나 정보통신기술ICT의 발달에 힘입어 최근에는 디지털 기술이 반영된 카드형과 모바일형 지역화폐가 빠르게 확

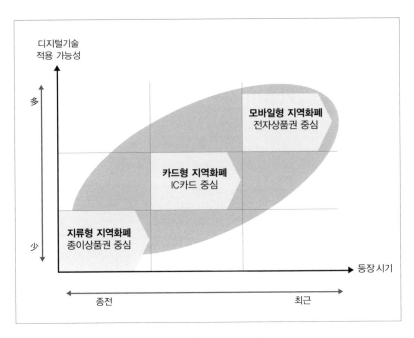

<그림 5-1> 디지털 기술을 반영한 지역화폐의 진화 과정

산되는 추세에 있다.

국내에 등장한 1세대 지역화폐로는 1999년 송파 품앗이와 송파머니, 2000년 대전 두루 등을 꼽을 수 있다. 이들 지역화폐는 지역상권 활성화와 지역 공동체 강화를 목적으로 하고 있다.

이어서 백화점 상품권과 같은 유가증권 형태의 지역화폐가 2000년대 중반에 등장했다.

최근 들어서는 경기지역화폐나 인천e음과 같이 발급·충전은 물론 사용이 편리한 IC카드형 지역화폐의 도입이 주를 이루고 있다. 지역별 혜택을 담은 지역화폐가 경쟁적으로 출시되면서 새로운 지역 페이먼트 플랫폼으로 부상, 고도화된 플랫폼이 지역화폐의 사용 증가를 견인하고 있는 것이다.

요컨대, 지류형 상품권 형태에서 벗어나 정보통신기술과 신용카드처럼 편의성을 접목, 온라인-오프라인on-off line 구분 없이 두루 사용 가능하도록 고도화되고 있다. 여기에 각 지자체의 정책, 지역 특성에 맞춘 유연한 운영이 가능해 소비자의 사용성까지 제고되고 있다. 강력한 캐시백과 함께 쇼핑몰을 연계하는 등 소비자 맞춤형 부가서비스를 가능케 하는 디지털 기술이 탑재되고 있는 것이다. 집적회로IC 칩 기반의 결제 솔루션 기업이 스마트 카드형 지역화폐의 운영사로 참여, 시장 활성화를 견인하고 있다.

각 지자체에서는 지역 특성에 맞는 다양한 지역화폐 서비스를 융합하고, 중장기로 온·오프라인O2O 연계 서비스까지 탑재하는 방안도 추진되고 있다. 예를 들어 부산은 관광 자원과 묶은 지역화폐 서비스, 전라도는 농산품을 연계한 판매 서비스 등 특화된 지역화폐를 만드는 방안을 검토 중이다.

경기도는 데이터 기반의 경제시대를 본격적으로 겨냥하여 지역화폐 사용자의 소비패턴을 파악하기 위한 '지역경제 빅데이터 플랫폼' 구축에 나서고 있다. 지역경제 빅데이터 플랫폼이란 누가·언제·어디서·어떤 상품 소비에 경기지역화폐를 사용하는지 등 지역경제의 흐름·소비패턴을 파악하기 위한 사업이다. 플랫폼 구축이 완료되면 ▲소비패턴 변화에 따른 신상품 발굴 ▲소상공인 창업 및 매출 증대를 위한 맞춤 정보 ▲일자리 매칭 정보 ▲유통 및 물류 정보 습득 ▲소비금융 상담 ▲소상공인 신용위기 지원 등이 이루어질 전망이다.

이와 같이 향후 경기도는 디지털 기술을 적용한 지역경제 빅데이터 플랫폼 구축으로 복지와 지역경제 활성화 실현에 기여할 수 있을 것으로 기대된다.

디지털 기술, 어디까지 적용할 수 있나

디지털 기술의 적용 범위가 점점 늘어남에 따라 지역화폐의 내면도 함께 달라지고 있다. 즉, 블록체인 기술을 적용한 지역화폐가 지역경제 활성화의 해법으로 제시되고 있다. 통신 3사는 골목 상권 살리기의 일환으로 맞춤형 지역화폐와 멤버십 서비스의 확대를 해법으로 제시하고 있다. 이는 소상공인 지원을 통해 지역경제를 활성화하는 한편 자사의 사업 외연을 확대하여 동반 상승을 도모하겠다는 취지로 해석된다.

대표적인 블록체인 기반의 지역화폐로는 KT의 '김포페이'를 꼽을 수 있다. KT는 시스템 구축과 관리는 물론 운영을 대행하고 있다. 김포페이는 김포시의 지역화폐로서 서울시가 운영 중인 '제로페이'와 유사한 면이 있다. 그러나 김포페이는 발행에서부터 결제, 운영에 이르기까지 모든 프로세스에 관여하는 시스템이라는 점에서 다르다고 할 수 있다. 블록체인 기술의 상용화를 보여주는 성공 사례로서의 상징성도 갖고 있다.

김포페이는 지역경제 활성화를 기치로 내세우고 있어 시민들에게 긍정적인 반응을 얻고 있다. 당초 김포시는 연간 발행액을 110억 원으로 설정했으나, 2019년 4월 출시 이후 9월 25일 기준으로 발행액 180억 원을 이미 넘어섬에 따라 김포시는 김포페이의 2019년 발행 총액을 290억 원으로 상향 조정했다. 기존에 발행된 김포페이는 모두 김포지역 내에서 통용되므로 지역경제 활성화에 도움을 주는 것으로 파악되고 있다. 김포페이 가맹점 수는 2019년 11월 현재 6,500여 개에 이른다. 김포시의 경우 연 매출 10억 원 이하의 소상공인 업체는 약 1만 4,800개로서 이 중 45%가 가맹점으로 가입되어 있다.

김포페이는 사용 편의성과 폭넓은 혜택 덕분에 시민들에게 빠른 속도로 확산되었다. 기존 지류형(종이형) 지역화폐는 위·변조와 부정 유통 등의 부작용을 안고 있으나 김포페이는 블록체인의 데이터 분산 처리 기술을 적용하여 이러한 문제를 근본적으로 해결하였다. 발행과 결제 등 모든 프로세스가 투명하게 처리되는 데다 보안 기술도 뛰어나 가능했던 일이다. 이러한 장점에 기인하여 소상공인과 소비자 모두 '상생 가능한 시스템'이라는 점이 부각되면서 가입이 확대되고 있는 것이다.

사용자는 스마트폰에 '착한페이' 앱을 설치한 후 계좌와 연동해 충전한 뒤 사용하면 된다. 김포페이는 변형된 암호로 처리돼 해킹이 쉽지 않은 데다 개인만 확인 가능한 시스템이다. 지속적인 모니터링을 통해 지역화폐를 부정적으로 사용하는 등의 부작용 방지에 나서고 있다.

한마디로, 김포페이는 민관협력 블록체인 기술을 적용한 첫 상용화 성공 모델이라는 점에 그 의미가 있다고 하겠다.

적용 기술과 작동 원리

지역화폐 시스템은 운영 단체의 관리 계좌 내에서 상품과 서비스를 제공한 사람에게는 플러스 포인트가 부여되는 데 반해 상품과 서비스를 제공받은 사람들에게는 마이너스 포인트가 주어진다. 지역화폐는 특정인에게 부여된 돈의 발행을 공동체에 참여한 구성원 각자에게 위임, 회원 상호 간의 신뢰 관계 기반 하에 화폐가 발행되는 구조를 지닌다.[31]

우선, 1999년부터 지방자치단체나 비영리단체의 지원 없이 지역주민 스스로 운영되는 한밭레츠[32]의 지역화폐인 '두루'에 적용된 기술 및 작동원리에 대해 살펴보도록 하자.

어떤 사람이 지역화폐 공동체에 회원으로 가입하게 되면 그 사람 이름으로 통장계정이 주어진다. 그러면 그 회원은 다른 회원과 상품과 노동을 사고파는 거래가 가능하게 된다. 거래를 통해 지역화폐 사용금액은 본인 통장에서 타인 통장으로 이체되어 빠져나가거나 본인 통장으로 송금되어 들어오는 식이다.

예를 들어 A씨가 B씨의 고장 난 수도를 수리해 주고 3만 두루를 받았다고 하자. 그러면 A씨의 통장에는 3만 두루가 들어오고, B씨의 통장에서는 3만 두루가 출금된다.

두루는 온라인 상에 가상화폐 형태로 존재하며, 거래 발생 시마다 설정해 놓은 계좌를 타고 자동이체가 진행되는 방식이다. 두루는 현금과 1대 1 가치로 거래되고 있다. 즉, 3,000 두루는 현금 3,000원과 동일한 금액으로 거래된다.

다음으로, 블록체인에 기반한 지역화폐인 '노원NW'에 적용된 디지털 기술에 대해서 살펴보도록 하자.

서울시 노원구청은 2017년 9월 '블록체인을 활용한 노원 지역화폐 추진계획'을 수립한 이후, 지역화폐 '노원NW' 인프라를 구축하여 2018년 2

---

31. 김민정(2012), 지역화폐 운동의 성과와 한계, 『기억과 전망』 여름호(통권 26호).
32. 한밭레츠는 우리나라에서 운영 중인 공동체 화폐제도 가운데 활동 회원 수가 가장 많으며 다양한 활동을 시도하고 있다. 매년 두 배 이상의 거래 회수 증가와 재활용품과 농산물, 의료, 교육 거래 등으로 거래 품목을 확대 중이다.

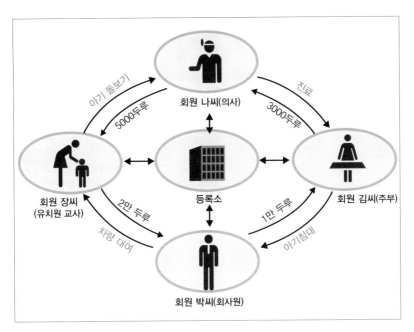

<그림 5-2> 한밭레츠 '두루' 거래 모형

월부터 전면 시행 중이다. 여기에 담긴 핵심 기술은 블록체인 기술을 활용하여 위·변조가 불가능한 블록체인 기반 가상 지역화폐 플랫폼이라는 점이다.

지역화폐 '노원NW'의 작동 원리는 다음과 같은 흐름 과정을 거쳐 진행된다. ① 자원봉사, 기부 등 사회적 가치활동에 대해 경제적 가치를 부여하여 지역화폐 지급 → ② 사회적 가치 실현을 통한 지역화폐 적립 → ③ 지역화폐 가맹점 확인 → ④ 카드, 앱으로 지역화폐 사용.

동 시스템 구축을 통해 지역주민들의 자원봉사, 기부금품, 품앗이 등 지역 공동체를 위한 사회적 가치를 가상화폐로 전환 후 사용할 수 있도록 하여 지역공동체 활성화 및 사회적 가치 확대에 기여하고 있다.

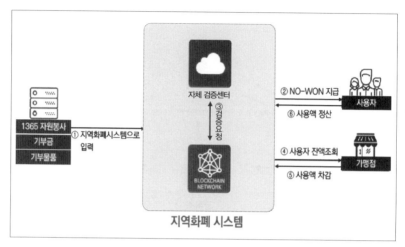

<그림 5-3> 블록체인 지역화폐 '노원NW' 서비스 구성도

요컨대, 노원구에서는 지역화폐 '노원NW'을 통해 전자거래 암호화 기술인 블록체인을 활용하여 거래 안전성 및 지역 주민들의 신뢰 확보에 나서고 있는 것이다.

지역화폐로 경험하는 '참여 민주주의'

지역화폐가 갖는 가장 커다란 의미는 개인과 지역 공동체, 그리고 세상에 이르기까지 전반에 걸쳐 이익을 초래한다는 점이다. 지역화폐가 개인생활에 미치는 영향(김민정, 2012)에 대하여 좀 더 자세히 살펴보도록 하자.

지역화폐 운동에 참여하게 되면 개인 금융생활은 여러 부분에서 달라질 수 있다. 지역화폐 운동에 참여하는 개인들은 지역화폐를 사용하면서 삶의 방식이 변화되고 사고의 전환을 가져올 수 있다. 이러한 변화된 삶의 방식과 사고 전환의 핵심은 바로 '참여 민주주의'에 대한 경험이라고 할

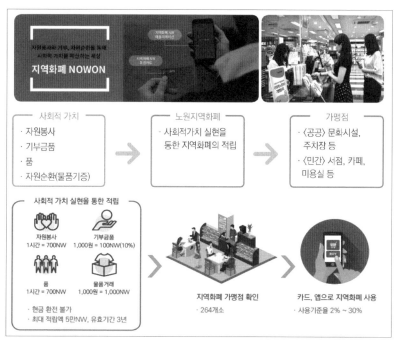

〈그림 5-4〉 블록체인 지역화폐 '노원NW'의 작동 원리

수 있다.

　지역화폐 운동은 '참여 민주주의' 경험을 확산시킨다는 점에서 긍정적
이라고 할 수 있다. 민주주의는 실질적 변화이며 탁상공론이 아닌 실천적
인 것이다. 자신의 생활공간에서 참여를 통한 민주주의에 대한 경험은 여
타의 부문에서도 민주주의 확산 가능성에 대한 확신을 심어 준다(김민정,
2012). 이는 유토피아는 먼 곳에 존재하는 것이 아니라 자신의 삶의 공간
에서 창조되고 실현시킬 수 있다는 경험의 확산인 것이다.

　결론적으로, 지역화폐 운동은 지역 공동체를 토대로 그 내부에서만
통용되는 지역화폐 사용을 통해 개인 스스로에게 결정과 운영의 기회
를 제공함으로써 '참여 민주주의' 경험의 장을 마련해 준다고 하겠다.

지역화폐가 세상을 바꾼다

'소유와 축적'에서 '관계와 나눔'으로

지역화폐 도입에 따른 지역 공동체의 변화상을 살펴보면 다음과 같다.

초기의 지역화폐는 대안 경제에 초점을 맞추었으나, 최근에 이르러 공동체가 부각되고 있다. 즉, 지역화폐는 글로벌 경제로 인해 붕괴되고 있는 지역 공동체를 구축하는 데 중요한 목적을 두고 있는 것이다. 이런 점에서 지역화폐는 사람 간의 상부상조와 상호 지탱 속에 살아가는 사회를 만드는 데 공헌할 수 있다.

또한, 지역화폐는 곧 '공동체 운동'이라는 말로 그 성격을 규정지을 수 있다. 왜냐하면 '소유와 축적' 중심의 생활방식을 '관계와 나눔' 중심의 생활방식으로 바꾸어 주기 때문이다.

이런 점에서 볼 때, 지역화폐에 의한 지역 공동체 회복은 지역 차원의 공동체에만 국한되는 것이 아니라는 것을 알 수 있다. 오히려 전 세계적 차원의 공동체 내에서 형성될 때만 현행 체제의 대안모델로서 가치를 지니게 된다고 할 수 있다. 대안적 사회모델로서의 지역화폐 공동체는 사회적 연대 형성을 통해 참여자들의 삶에 대한 주체성을 제고함은 물론 환경 친화적인 삶을 모색하도록 한다. 특히, 상품-화폐관계를 초월하여 상호부조의 공동체 형성을 주목적으로 한다고 하겠다.

지역화폐 운동이 활성화되기 위해서는 회원 수의 양적 증대는 물론이고 회원들 상호 간의 대면관계 확대를 위한 다양한 모임과 프로그램 등이 필수적이다. 이런 다양한 모임에 참여한 회원들은 지역화폐를 통해 물물거래 및 품앗이를 교환하는 한편 인간적 유대감을 형성한다. 참여자의 이러한 경험은 바로 자발적 참여를 통한 자기 결정권을 발휘할 수 있는 '참여 민주주의'의 확산으로 이어진다(김민정, 2012). 따라서 지역화폐는 민주주의 대안모델의 잠재성을 충분히 지니고 있다고 하겠다.

친환경적 지역화폐

지역화폐 도입에 따른 세상의 변화상을 살펴보면 다음과 같다.

지역화폐는 물건이나 도구 등을 직접 구매하지 않고 빌리거나 교환하는 형태로 사용할 수 있다는 점에서 친환경적eco-friendly이라고 말할 수 있다. 회원 가운데 기술을 지닌 사람 등이 제공하는 서비스로 여러 제품을 수리하여 재사용할 수도 있다. 게다가 상품을 사기 위해 굳이 다른 지역으로 이동하지 않아도 된다.

요컨대, 지역 공동체적이면서 친환경적인 지역화폐는 생활협동조합 또는 유기농 농산물 단체와 연계하여 회원들의 건강은 물론이고 지구 생태계의 보전에도 긍정적인 영향을 미치는 것으로 이해할 수 있다.

지역화폐로 신뢰를 나누다

블록체인과 지역화폐의 잠재력

4차 산업혁명은 인간을 위한 가상과 현실의 융합이라고 할 수 있다. 이런 면에서 신뢰를 다루는 블록체인 기술은 전 산업의 틀을 바꿀 수 있는 잠재력이 있는 4차 산업혁명 시대의 핵심 기술이라고 말할 수 있다. 향후 블록체인 산업은 기술뿐만 아니라 사업 생태계를 만들어가는 것이 중요하다. 사업 생태계 구축이 기술보다 더 중요한 요소이기 때문이다.

부산시는 우리나라에서 최초로 블록체인 특구로 지정되어 현재 블록체인 도시로 전환하기 위한 핵심 인프라 사업을 추진 중이다. 블록체인에 기반한 지역화폐 도입을 통해 우리는 밝은 미래 세상을 기대할 수 있다.

그러나 이를 위해서는 부산시 생태계 내에서 사용자에게 실질적인 가치를 제공하는 진정한 블록체인 성공 사례로 수용될 때에만 가능하다고 할 수 있다. 부산시는 디지털 바우처(상품이나 서비스를 구매할 수 있는 증서) 사업 및 혁신 사업 등을 중심으로 블록체인 특구 인프라 조성 방안을 준비 중이다. 부산시는 블록체인 기반의 디지털 바우처 사업으로 특구 내에서만 통용될 광의의 지역화폐를 유통할 예정이다. 해양운송, 물류, 관광, 공공안전 등 다양한 사용처를 통해 블록체인 산업 활성화를 도모하는 게 목표다.

큰 변수가 발생하지 않는 한 부산 시민들은 2020년 상반기 중에 블록체인 기술이 적용된 디지털 바우처 혜택을 받을 수 있게 된다. 이에 중장기적 관점에서 디지털 바우처 사업과 지역화폐 사업이 블록체인 사업 핵심 인프라로 발전하기 위해 점검해 봐야 할 2가지 이슈를 살펴보도록 하자.

첫째, 디지털 바우처 사업 계획에 블록체인 지역화폐가 포함되어 있다는 사실은 향후 사업 확장 시 두 사업 간 중복 우려에 대한 해결을 요구하고 있다. 디지털 바우처 사업이 부산 지역화폐 사업과 중복된다는 점에서 디지털 바우처 사업은 정부와 지자체의 지원 통로 역할에 국한되어야 효율적인 추진이 가능할 것이다.

둘째, 향후 지역화폐 사업은 시민들에게 실질적인 가치를 제공해야 할 것이다. 부산시가 특별한 목적 없이 2가지 지역화폐를 발행하게 된다면 선택과 집중 관점에서도 비판을 받을 수 있으므로 관련 부서 간 사업 범위에 대한 조율이 필수적으로 요구된다고 하겠다.

결국 블록체인에 기반한 지역화폐의 밝은 미래는 사용자가 체감할 수 있는 가치 전달이 핵심 요소라고 할 수 있다. 블록체인에 기반한 지역화폐가 사용자에게 실질적인 효용성을 제공할 수 있을 때에만 부산 블록체인 특구가 대한민국 최초의 블록체인 특구로서 글로벌 모범 사례로 인정될 수 있기 때문이다.

지역화폐 거래와 관계망

지역화폐 거래를 통해 참여자는 거래자들과 신뢰 관계를 형성하게 된다. 지역화폐 활동은 생산과 소비 및 교환이 대면관계로 이루어지기 때문에 회원들 상호간의 인간적 관계 형성에 도움이 된다. 지속적인 지역화폐 거래는 지역 내에서 교환 관계를 직접 만들 수 있는 기회를 제공해 준다. 그럼으로써 참여와 민주주의, 삶에 대한 자신의 통제력 회복을 감지할 수 있게 해준다.

대전 한밭레츠와 과천 품앗이 등의 참여자들에게 거래는 곧 '관계'를 의미한다. 참여자들은 상품과 서비스 거래를 통해서 관계를 맺고 신뢰 관계를 형성하게 된다. 즉, 이들은 거래를 통해 여러 사람들을 만나면서 관계를 형성하고 다양한 정보를 획득하면서 관계망relation network을 확보하는 것이다.

또한 거래를 통해 형성된 관계 속에서 함께 참여하고 있는 지역주민과 지역사회에 대해서 인식하게 된다. 즉, 이웃과 더불어 살아가는 공간으로서의 지역을 인식하게 되는 것이다. 다양한 관계 속에서 참여자들은 그들

	화폐이름	도입시기	운영주체
대전 한밭레츠	두루	2000년	민간인
과천 품앗이	아리	2000년	민간단체
구미 사랑고리 은행	고리	2002년	민간단체
지역품앗이 광명그루	그루	2004년	지자체
대구 지역화폐 늘품	늘품	2005년	지자체
의정부 레츠	누리	2008년	지자체
서초 품앗이	품	2009년	지자체
사람과 마을	누리	1994년	민간인
성남문화통화	넘실	2006년	지자체
부산 사하품앗이	송이	2007년	민간단체
수원 구름위의 도서관	별	2014년	법인

〈표 5-1〉 국내 주요 지역화폐 운동 현황

이 함께 활동하는 송파 품앗이와 한밭레츠 등을 통해 각각 제2의 고향을
느끼게 된다.

거래를 통한 관계 형성과 이런 공공적인 상부상조는 일차적으로 본인에
게 이익이 된다. 이에서 더 나아가 다른 모든 사람들에게도 도움이 되는
합리적 공동체 의식에 바탕을 둔 새로운 상부상조의 전통을 확립해 나갈
수 있게 된다.

요컨대, 지역화폐 운동에 참여하는 참여자들은 "신뢰사회 형성"경험을
통해 의미를 부여받게 된다고 하겠다.

지역화폐의 디지털 기술 적용 가능성

디지털 기술의 발전에 따라 그 적용 범위가 늘어날수록 지역화폐는 외형적으로나 내면적으로 빠르게 변모하고 있다. 지역화폐의 비즈니스 모델 역시 디지털 기술의 혁신성을 기본적으로 반영하고 있다. 즉, 블록체인 기술을 적용한 지역화폐가 지역경제 활성화의 해법으로 제시되고 있는 게 바로 그것이다. 통신 3사는 골목 상권 살리기의 일환으로 맞춤형 지역화폐와 멤버십 서비스의 확대를 해법으로 제시하고 있다.

통신 3사가 제시하는 해법은 소상공인 지원을 통해 지역경제를 활성화함은 물론 자사의 사업 외연을 동시에 확대해 나감으로써 동반 상승을 도모하겠다는 취지로 파악된다.

지역화폐 도입에 따른 개인생활과 지역 공동체의 변화

지역화폐 운동에 참여하게 되면 개인 금융생활은 여러 부분에서 달라질 수 있다. 지역화폐 운동에 참여하는 개인들은 지역화폐를 사용하면서 삶의 방식 변화와 함께 사고의 전환을 가져올 수 있다. 이러한 변화된 삶의 방식과 사고 전환의 핵심은 바로 '참여 민주주의'에 대한 경험이라고 할 수 있다.

지역화폐 운동은 '참여 민주주의' 경험을 확산시킨다는 점에서 긍정적이라고 할 수 있다.

대안적 사회모델로서의 지역화폐 공동체는 사회적 연대를 형성함으로써 참여자들의 삶의 주체성 제고와 함께 환경 친화적 삶의 모색을 가능케 해준다.

요컨대, 지역화폐 공동체는 상품-화폐관계를 넘어서 상호부조의 공동체 형성에 그 목적을 두고 있다고 하겠다.

신뢰에 기반한 지역화폐의 미래

4차 산업혁명은 인간을 위한 가상과 현실의 융합이라는 점에서 신뢰에 기반한 블록체인 기술은 전 산업의 틀을 바꿀 수 있는 잠재력을 지닌 4차 산업혁명 시대의 핵심 기술이라고 할 수 있다. 블록체인 산업은 기술뿐만 아니라 사업 생태계를 만들어 가는 것이 중요하므로 블록체인에 기반한 지역화폐 도입을 통해 밝은 미래를 기대할 수 있다.

신뢰에 바탕을 둔 지역화폐의 밝은 미래는 블록체인 사업 생태계 내에서 사용자에게 실질적인 가치를 주는 진정한 블록체인 성공 사례로 안착되어야만 가능하다고 할 수 있다.

혁신기술이 낳은 가상화폐 유사개념
_ 블록체인, 암호화폐

이기송

블록체인과 암호화폐의 이해

암호화폐cryptocurrency의 기반 기술인 블록체인blockchain은 거래 네트워크에 참여한 모든 구성원들이 새로운 거래가 일어날 때마다 함께 이를 기록, 보관함으로써 데이터의 신뢰성을 유지하는 일종의 '보안성 높은 데이터베이스a secure transaction database'라고 할 수 있다.

블록체인은 블록block이 체인의 형태로 연결된 구조로, 개별 블록은 일정 시간동안 발생한 모든 거래 리스트와 블록 헤더block header(이전 블록의 정보를 참조하는 해시Hash값 등 포함)로 구성된다. 새로운 블록은 신규 거래에 대한 검증 후 이를 체인에 연결하는 합의consensus 프로세스(비트코인의 경우 채굴 과정)를 거쳐 생성된다.

불록체인은 전혀 새로운 기술이 아니다. 이는 1990년대 이후 범용화된 PKI와 1999년 음악공유 서비스 냅스터Napster 이후 상용화된 P2P 네트워크, 그리고 1985년에 개발된 해시 등 기존에 널리 활용되던 기술들을 혁신적 방식으로 결합한 것이다.

PKI(Public Key Infrastructure)는 암호화 기술을 통해 저장되는 데이터와 이에 대한 접근access to the data이 암호화되어 보호encrypted되며, 이는 거래 메시지의 발송자가 데이터를 암호화할 때 사용하는 공개 키와 지정된 수신자가 이를 복호화할 때 사용하는 공개 키를 구별함으로써 데이터의 보안성을 강화하게 된다.

P2P 네트워크는 특정 공인기관이 거래의 신뢰성을 확인하는 방식이 아닌, 거래 네트워크의 모든 참여자가 합의에 따라 신뢰성을 검증하고 기록을 공유하는 분산장부distributed ledger[33]로서, 특정기관의 오류 발생 시 전체 시스템이 심각한 영향을 받는 '단일 장애점Single point of failures' 문제에 취약한 중앙집중 네트워크의 단점이 분산장부 시스템으로서의 블록체인에 대한 관심을 부각시키고 있다.

해시는 해시 기술[34]을 암호학적으로 활용함으로써, 가장 최근에 연결된 블록이 과거의 모든 거래 정보(이전에 연결된 블록들)를 포함하는 구조를 구현하게 된다. 이때 특정 블록을 변경하기 위해서는 연결된 모든 블록의 기록을 수정해야 하므로 정보의 변경 및 조작이 어려우며, 정확한 거래 히스토리 추적이 용이하게 된다.

암호화폐는 누구나 참여 가능하고Open, 분산화decentralized 및 암호화

---

33. 블록체인은 분산장부distributed ledger, 공유장부shared ledger 등과 혼용해서 사용되고 있다.
34. 원본 메시지를 고정된 길이의 요약본으로 변환하는 기술. 원본 변경 시 해시값도 변하며, 해시에서 원본을 복원하는 것은 거의 불가능하다.

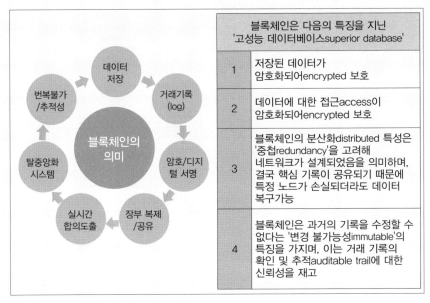

블록체인은 다음의 특징을 지닌 '고성능 데이터베이스superior database'	
1	저장된 데이터가 암호화되어encrypted 보호
2	데이터에 대한 접근access이 암호화되어encrypted 보호
3	블록체인의 분산화distributed 특성은 '중첩redundancy'을 고려해 네트워크가 설계되었음을 의미하며, 결국 핵심 기록이 공유되기 때문에 특정 노드가 손실되더라도 데이터 복구가능
4	블록체인은 과거의 기록을 수정할 수 없다는 '변경 불가능성immutable'의 특징을 가지며, 이는 거래 기록의 확인 및 추적auditable trail에 대한 신뢰성을 재고

<그림 T-1> 블록체인의 의미와 핵심 특징

cryptography된 시스템에 의해 전자적으로 생성저장/관리되는 가상화폐 virtual currency를 의미한다. 현재 1,500여 개 이상의 암호화폐가 거래되고 있으며, 시가 총액은 약 4,600억 달러 규모에 이른다. 비트코인이 전체 시가 총액의 42%를 차지하며, 유동성을 높이기 위해 비트코인과 비트코인 캐시Bitcoin Cash로 분리되어 있다.

최근에는 암호화폐를 발행하여 투자자금을 유치하는 ICO(Initial Coin Offering)를 통해 새로운 암호화폐가 다수 등장하고 있으며. 약 50억 달러의 자금이 ICO를 통해 유치되고 있다.

암호화폐, 가치와 가능성

암호화폐가 화폐로 인정되기 위해서는 ① 가치의 척도 ② 교환의 매개

순위	암호화폐	시가총액	비중	순위	암호화폐	시가총액	비중
1	Bitcoin	192,405	41.9%	6	Cardano	7,584	1.7%
2	Ethereum	82,872	19.1%	7	Neo	7,134	1.6%
3	Ripple	37,184	8.1%	8	Stellar	6,428	1.4%
4	Bitcoin Cash	21,186	4.6%	9	Monero	5,741	1.3%
5	Litecoin	11,535	2.5%	10	EOS	5,602	1.2%

〈표 T-2〉 시가총액 기준 상위 암호화폐
(2018.3.6. 기준, 시가총액 백만 달러, 비중은 전체 시가총액 대비)

③ 가치의 안정적 저장 기능을 충족해야 한다. 그러나 암호화폐는 가치의 변동성이 매우 크기 때문에 화폐로서의 기능을 수행하기 어렵다. 특히, 비트코인과 같이 공급량이 거의 고정되어 있는 암호화폐의 경우, 화폐 수요의 변화에 탄력적으로 대응할 수 없기 때문에 가치의 변동성이 클 수밖에 없다. 일부 암호화폐(Tether, MakerDAO 등)는 공급량 조정을 통해 가격 안정성을 높이도록 설계되어 있으나, 아직 그 효과가 검증되지 않았다.

암호화폐가 안정적 가치를 유지할 수 있다고 하더라도, 화폐는 일종의 '자연독점natural monopoly'의 성격을 갖기 때문에 암호화폐가 거래 수단으로 널리 활용되는 데에는 한계가 뒤따른다. 이에 비해 법정화폐는 사용자가 증가함에 따라 효용성이 높아지는 네트워크 외부성network externalities으로 인해 이미 자연독점의 지위를 확보하고 있다.

국가	주요내용
한국	• '블록체인 규제개선연구반' 운영 • 신성장 R&D 비용(40%) 세액공제 대상 기술에 블록체인 추가
미국	• 암호화폐 사업에 라이센스를 받도록 하는 건전성 감독 규정 제정 • 뉴욕주, 이더리움과 미 달러 상호 거래할 수 있는 거래소 승인
일본	• 암호화폐를 화폐로 인정하도록 자금결제법 개정 • 미쓰비시도쿄 UFJ 은행 독자 개발 MUFG코인 발행 예정
유럽연합(EU)	• 디지털통화 태스크포스 구성 결의안 제출 • 암호화폐 거래를 기존 EU 반자금세탁조치 반영·관리하는 안 검토

〈표 T-3〉 블록체인에 기반한 암호화폐 관련 국가별 법·제도 동향

자료: KT 경제경영연구소 보고서

중앙은행의 디지털 암호화폐 발행 가능성

중앙은행의 디지털 암호화폐 발행 가능성은 단기적으로 낮다고 말할 수 있다. 현재 캐나다, 스웨덴 등 일부 선진국 중앙은행들은 디지털 암호화폐의 발행을 연구 중이며, 내로우 뱅킹 시스템Narrow banking system[35]을 구현하고 있다. 중앙은행이 암호화폐를 발행함으로써 디지털 암호화폐의 편의성 및 안정적 화폐가치 유지를 동시에 만족시키려는 의도를 갖고 있다면 현금 보유 관련 비용(지폐 발행/접근비용 등) 절감, 마이너스 금리 등 통화정책 유연성 등으로 디지털 화폐의 장점을 확보할 수 있다. 그러나 디지털 암호화폐 디자인 시 합의가 쉽지 않은 2가지 이슈가 존재한다. 그 하

---

35. 지급결제 기능만을 전문적으로 담당하는 은행. 지급결제 기능과 위험자산을 취급하는 금융중개 기능을 분리함으로써 금융시스템의 불안정성을 제거할 수 있다는 장점이 있으나, 자금이 원활하게 공급되지 못할 경우 신용경색과 실물경제가 위축될 우려가 있다.

나는 만약 디지털 암호화폐에 금융회사뿐만 아니라 개인/기업 등이 직접 접근할 수 있도록 설계할 경우, 정부의 자금중개 기능은 강화되는 반면, 은행 등 금융회사의 역할은 약화될 수 있다. 다른 하나는 화폐의 익명성 anonymity을 개인의 권리로 인식할 경우 디지털 화폐가 이를 보장하는 방식으로 설계되어야 하나, 이는 지하경제 양성화 등 디지털 화폐의 도입 취지에 부합하지 않게 된다.

따라서 선진국 중앙은행의 경우 단기적으로 암호화폐를 발행할 가능성은 낮으며, 캐나다 중앙은행의 재스퍼 프로젝트Jasper Project 등 블록체인 기술을 활용한 결제/정산 시스템 고도화를 우선 추진할 것으로 예상된다. 이때 분산 네트워크를 통한 시스템이 중앙은행 중심의 기존 시스템보다 효율적이라는 것을 입증해야 한다.

소매결제 시장과 암호화폐 활성화

암호화폐의 소매결제 시장에서의 활성화 가능성은 중기적으로 어렵다고 말할 수 있다.

우선 가맹점 측면에서 살펴보면, 암호화폐가 도입되면 비용 절감 및 신속한 결제가 가능하다는 장점이 있으나 새로운 결제 플랫폼 도입 및 보안 유지를 위한 추가 비용 발생, 통화 변동성의 위험 등으로 아직 일상화 단계까지 이르지 못하고 있다.

단점 ① 모든 가맹점이 암호화폐 결제를 받아들이기에는 아직 최신 기술에 대한 이해도가 높은 일부 소비자만 암호화폐를 사용하고 있는 상황이다. 이에 전통 가맹점보다는 정보기술IT 관련 가맹점에서 주로 암호화폐 결제를 수용하고 있다.

단점 ② 통화의 높은 변동성 위험으로 인해 대금을 받은 가맹점은 최대한 빨리 암호화폐의 현금화를 원하게 된다.

단점 ③ 플랫폼 도입 및 운영 상의 복잡성을 벗어날 수 없다.

단점 ④ 정부의 암호화폐 관련 규제 변화에 대한 불확실성이 존재한다.

다음으로 소비자 측면에서 살펴보면, 결제에 앞서 현금을 암호화폐로 환전하거나 암호화폐 지갑에 보관하고 있어야 하는 등의 불편함을 겪어야 한다.

단점 ① 제한된 가맹점에서만 사용 가능하다.

단점 ② 결제 전에 소매자가 직접 현금으로 암호화폐를 구매하거나 채굴하는 등 소비자에게 불편함을 주는 마찰점Friction point이 존재한다.

단점 ③ 기존 결제 플랫폼 외에 암호화폐 전용 특수 플랫폼을 사용해야 하는 경우[36]가 존재한다.

투자자산의 가능성

현재 미국 금융회사의 암호화폐 시장 참여는 아직 초기단계에 머물고 있다. 금융권에서는 주로 헤지펀드 주도로 175개의 암호화폐 투자 펀드가 조성되어 있다. 암호화폐 펀드는 거래소 및 암호화폐 간 가격차이에서 발생하는 차익거래에도 활발하게 투자고 있다. 시카고상품거래소CME와 시카고옵션거래소CBOE에 상장한 비트코인 선물을 활용해 매도포지션에 투자하기도 한다. 미국 상품선물거래위원회에 따르면 시카고옵션거래소에

---

36. 일례로, 온라인 상점 뉴에그NewEgg의 경우 결제 플랫폼 이동까지 약 15분이 소요된다.

무역금융 Trade Finance	• 전통적으로 paper-intensive 프로세스 → 블록체인을 통해 기록을 디지털화, 검증 • 모든 거래 참여자들이 보안성 높은 디지털. 환경에서 관련 데이터에 쉽게 접근 가능
지급결제 Payments	• 관련 거래 히스토리의 추적이 용이, 거래의 전체 라이프사이클 검증 가능 • 다수의 금융기관이 연계된 해외송금/결제 분야에서 비용 절감 잠재력 높음
규제대응 Regulatory Information	• AML(자금세탁)/KYC(고객정보파악) 프로세스 등에서 비용 절감 및 효율성 향상 • 시스템 내의 모든 참여자가 합의에 도달해야만 할 때 데이터의 정확성 담보
정산/담보관리 Settlement/ Collateral	• 통상적인 T+3일의 정산 기간을 T+0(실시간)일로 단축 • 소유권onership 및 담보설정asset custody 프로세스 관련 데이터의 신뢰성 강화
펀드 관리 Fund administration	• AML(자금세탁방지)/KYC(고객정보파악) 프로세스 등에서 비용 절감 및 효율성 향상 • 펀드 가치평가 및 관리(조정/주주권 행사 등) 지원

〈표 T-4〉 금융산업에서의 블록체인 기술 활용 분야

비트코인 선물이 출시된 이후 미결제약정open account의 30%는 매도 포지션에 투자된 것으로 조사되었다.

메릴린치Merrill Lynch, 웰스파고Wells Fargo, 알비씨RBC, 모건 스탠리 Morgan Stanley 등 대형 증권사들은 ①유동성 이슈 ②높은 수수료 ③높은 가격 변동성 등을 이유로 고객에게 암호화폐와 관련된 투자 권유를 하지 않고 있는 상황이다. 이에 비해 TD Ameritrade를 포함한 일부 증권사들은 고객들에게 비트코인 선물 거래 등을 권유하고 있다. 골드만 삭스도 자사 고객들에게 시카고상품거래서의 비트코인 선물상품을 권유하고 있다.

한편 다수의 자산운용사들은 비트코인 상장지수펀드Exchange Traded

비용 절감 Cost reduced	데이터 관리/조정reconciliation/정산 등 관련 인프라 비용 절감
효율성 향상 Efficiency improved	거래를 승인해 줄 공인된 제3자가 필요 없어 프로세스 속도 증가
유동성 증가 Liquidity increased	정산settlement 기간 단축을 통해 요구자본 규모 축소 가능
보안성 향상 Security enhanced	암호화를 통해 변경/조작 가능성 감소 및 허가형 플랫폼 활용
규제 친화적 Regulation friendly	거래 기록의 정확한 추적이 용이하기 때문에 투명성 강화

〈표 T-5〉 블록체인 기술의 장점

Fund(이하 ETF)[37] 상품 출시를 위한 신청서를 SEC에 제출했으나, 미 증권거래위원회Securities Exchange Commission(SEC)의 승인을 취득하지 못했다. 승인이 거절 또는 보류된 이유는 규제 및 유동성 부족 때문이다.

현재 비트코인 관련 펀드상품은 존재하나, 주요 투자자산으로 분류하기에는 작은 규모이다. 자산운용사의 참여 확대를 위해서는 선물거래소 활성화 및 선물 거래 기반 펀드 상품 확대를 통한 신뢰성 강화가 필요한 상황이다.

---

37. ETF란 인덱스 펀드(커다란 수익을 기대하긴 어렵지만 적어도 시장 수익률 만큼은 올릴 수 있도록 설계된 상품)를 거래소에 상장시켜 주식처럼 시장에서 사고팔 수 있도록 만든 상품이다. 비트코인 ETF의 장점으로는 ①접근성Easier access ②유동성Liquid market ③ 공정성High Integrity 등을 꼽을 수 있다.

비용·효익분석 Cost-benefit analysis	단기 투자지출과 장기적 이익 사이의 trade-off 분석/관리
무임승차자 이슈 Free rider issue	산업 내 또는 산업간 협업 시 투자 부담액을 공유하는 문제
법·규제 Regal&Regulation	스마트 계약smart contact 등 적용 시 법적 이슈 해결
기술적 난관 Technical hurdles	확장성scalability/ 개인정보보호/기술표준화 등 문제 해결
보안 위협 Security breaches	블록체인 네트워크의 보안성을 훼손하는 사이버 위협 지속

<표 T-6> 블록체인 기술 적용시 장애요인

블록체인 기술과 금융업

블록체인은 비트코인과 같은 디지털 화폐의 거래를 위해 개발되었으나, TMT(Technology, Media & Telecommunications)산업 등 다양한 산업에서 활용될 높은 잠재력을 지니고 있다.

거래 특성/중개자 존재 여부/상호 신뢰 필요성/검증의 필요성 등 산업별 특성에 따라 활용도에 차이를 지니게 된다. 금융산업의 경우, 다수 이해관계자가 존재하고 대부분의 거래가 서류 기반으로 실행되는 무역금융trade finance 등 다양한 영역에서 활용될 수 있다.

현재 다양한 금융 비즈니스 영역에서 블록체인 기술 도입을 위한 테스트를 거쳐 금융회사와 IT 기업간 컨소시엄 형태로 진행하고 있다. 스위스 연방은행Union Bank of Switzerland(UBS)은 각국 중앙은행이 발행하는 화폐와 동일한 가치 수준으로 교환할 수 있는 암호화폐 USC(Utility Settlement Coin)를 개발, 현재 헤이치에스비씨HSBC, 크리디슈세CreditSuisse, 바클레이스Barclays 등 글로벌 은행들이 동 프로젝트에 참여하고 있다.

웰스파고Wells Fargo와 호주 씨비에이CBA, 바클레이스Barclays 등은 무역금융에 블록체인 기술을 도입하기 위한 테스트를 거쳐 다양한 사업 영역에서 블록체인 기술 도입을 통한 비용 절감, 거래 투명성 확대 등을 도모하고 있다.

블록체인 기술이 금융산업에 도입될 경우, 네트워크 참여자간 자원을 공유함으로써 인프라 관련 비용을 절감하고, 공인기관 없이 참여자간 거래가 가능해 효율성 및 자본 유동성을 높이는 등 긍정적 효과를 기대할 수 있다. 하지만 새로운 기술에 대한 투자는 당장 이루어져야 하는 반면, 그 효과는 장기적으로 발생한다는 점, 참여자간 협업 시 최소 투자로 최대 이익을 보고자 하는 '무임승차자free rider'가 존재할 가능성이 높다는 점 등이 블록체인 적용시 장애요소로 작용하게 된다. 또한 누구나 참여 가능한 개방형 블록체인 플랫폼의 적용 가능성 등 법적 · 제도적 측면이나 확장성/기술 표준화 등 기술적 측면에서 해결되어야 할 과제가 많은 편이다.

"

지역화폐가 지속 가능하려면 최근의 기술혁신에 따른 변화를 추구해야 하며, 지역화폐의 다양한 활동 영역을 찾고, 거시적 발전 전망을 가져야 한다. 인간을 소외시키는 자본주의적 화폐의 기능을 제한하고 교환 수단으로 한정하는 지역화폐 모델을 강구해야 할 것이다.

"

Part 3

한국의 지역화폐를 생각하다

세계의 지역화폐 살펴보기

이상훈

형태도 방식도 각양각색

해외 지역화폐 유형

지역화폐는 특정 지역에서만 통용되는 화폐로 지역화폐에 대한 다양한 명칭이 통용되고 활용되고 있다. 우선 지역화폐는 지역에서 통용되는 국가 화폐에 대한 보완적 화폐이며, 지역화폐 통용범위가 지역적으로 보다 광범위할 때, 지역범위 화폐Regional Currency로 분류될 수 있다. 보완화폐의 경우 국가화폐의 보완적 수단으로 법적인 구속력 없이 교환수단으로 활용되는 화폐를 의미하고 공동체 화폐의 경우 지역주민과 관련 단체 및 온라인 커뮤니티 등에서 통용되는 화폐를 의미한다.

명칭	의미
지역화폐 Local Currency	지역에서 통용되는 국가화폐에 대한 보완적 화폐
지역범위 화폐 Regional Currency	지역내에서 통용되는 화폐로서 보다 광범위한 범위에서 통용되는 화폐, 지역화폐Local Currency범위보다 광역화된 형태
보완화폐 Complementary Currency	국가화폐의 보완적인 화폐로서, 법적인 구속력 없이 교환수단으로 활용되는 화폐
공동체화폐 Community Currency	지역주민, 관련 모임 및 위원회, 비즈니스 또는 온라인 커뮤니티에서 통용되는 화폐

〈표 6-1〉 지역화폐의 다양한 명칭   자료 : https://en.wikipedia.org/wiki/Local_currency

유형에 따른 운영 실태

지역화폐는 전 세계적으로 35개 국가에서 300여 개의 지역화폐가 현재 운영되고 있는 것으로 파악되고 있다(www.complementarycurrency.org). 지역화폐는 그 형태와 방식도 다양하지만 몇 가지 기준에 따라 지역화폐를 구분할 수 있다. 우선 화폐의 가치평가 방식에 따라 구분할 수 있어 시간을 기준으로 하는 경우와 법정화폐를 기준으로 하는 경우로 구분될 수 있다. 시간을 기준으로 하는 경우의 대표적인 사례는 레츠와 아워즈hours, 타임뱅크Time Bank 등이다. 레츠의 경우 사용자들이 서로 합의하에 지역화폐의 형태로 표시하여 공유하고, 뉴욕 이타카의 아워즈는 한 시간의 기초노동을 1아워즈라는 화폐로 발행하고, 1아워즈는 10달러의 가치를 가진다. 타임뱅크는 물품거래 없이 서비스 제공을 하며 1시간의 시간당 노동은 동일하게 측정되며 1시간 동안 봉사를 하면 1타임달러를 얻게되는 방식이다.

다음은 법정화폐를 지역화폐로 교환하는 방식으로 독일의 킴가우어 Chiemgauer, 영국의 브리스톨 파운드Bristol Pound 사례이다. 킴가우어는 동

	레츠	아워즈	타임뱅크	비어	킴가우어	브리스톨 파운드	소낭트
가치평가 기준	시간	시간	시간	신용발행 법정화폐 (스위스프랑)	법정화폐 (유로화)	법정화폐 (영국파운드)	신용발행 법정화폐 (유로화)
실물화폐 존재여부	X	지폐발행	X	X	지폐발행	지폐발행	X
화폐형태	계좌거래	계좌거래 지폐	계좌거래	계좌거래 신용카드	계좌거래 지폐	계좌거래 신용카드	계좌거래 신용카드
법정화폐로 환전	X	X	X	가능	가능	가맹점만 가능	X
기타	적자한도 존재		적자한도 없음	대출가능			
지향점	수평적 호혜관계와 상호부조			지역경제의 자립과 활성화			

〈표 6-2〉 세계 주요 지역화폐 비교

자료 : 이수연(2014), "세계 지역화폐의 이해와 유형 분석", 「새사연 이슈진단」.

일한 금액의 유로화와 같은 가치를 가지고, 브리스톨 파운드는 동일한 금액의 영국파운드와 같은 가치를 가진다. 다음은 실물화폐의 존재 여부 및 화폐형태에 따른 분류로서 레츠와 타임뱅크의 경우 화폐형태로 발행되지 않고 회원들의 통장내 계좌 내에서 가감되는 형식이다. 반면, 이타카 아워즈, 브리스톨 파운드 등은 지폐를 발행하고, 브리스톨 파운드는 지폐 외에 인터넷을 통한 전자결제도 가능한 시스템이다. 비어의 경우 지폐발행은 하지 않지만 신용카드를 통한 전자결제만 가능하고, 소낭트도 지폐발행은 하지 않고 신용카드와 인터넷을 이용한 전자결제만 가능하게 된다.

다음은 환전, 대출, 적자 한도 여부 등에 따라 분류될 수 있고, 환전을 허용하더라도 가맹점에서만 할 수 있는 경우와 환전시 수수료를 부과하는 경우가 있다. 이타카 아워즈는 시간에 기반하여 발행된 화폐로 법정화폐로의 전환이 허용되지 않고, 브리스톨 파운드의 경우 소비자는 법정화폐로 환전을 할 수 없지만, 가맹점의 경우 가능한 형태이다. 독일의 킴가우어는 소비자가 법정화폐를 지역화폐로 교환시 동일한 가치로 환전가능하지만, 가맹점이 지역화폐를 법정화폐로 교환시 5%를 할인하여 환전을 한다.

소상공인 지원을 위한 금융으로 출발한 스위스의 비어는 지역화폐와 함께 대출이 가능하고 지역화폐로의 대출과 상환이 가능하다. 적자한도 관련해서 레츠와 타임뱅크의 경우 노동력을 제공하여 화폐를 획득하는 방식이어서 대출이 아닌 적자한도의 개념이 있고, 서비스를 제공받기만 한다면 계좌가 마이너스 상태가 된다. 끝으로 지향점을 기준으로 구분하면 수평적 호혜관계와 상호부조 촉진을 위한 것과 지역경제의 자립과 활성화 촉진을 목적으로 하는 경우로 분류될 수 있다.

각국의 자랑, 세계의 지역화폐

일본의 지역화폐

1) 주말농장에 통하는 '이와라키톤'

이와라키톤은 일본 후쿠오카 이토시마에서 공동 주말농장을 이용하는 회원들의 참여 독려를 위해 발행되는 지역화폐이다. 회원들의 자발적인 참여를 높이고 주말농장 방문 빈도를 높이기 위해서 9년 전부터 지역화폐를 발행하였고, 2013년에는 1,500매를 발행하였다. 이와라키톤의 경우 회원들이 농장을 방문하면 1회당 500엔 가치의 지역화폐를 지급, 열성적 농사 참여자에게 두 배로 지역화폐를 지급한다. 회원들이 사용한 지역화폐는 유효기간이 끝나면 엔화로 교환한 뒤 정산을 한다.

2) 대형마트에 맞선 '피너츠'

일본 지바시에서는 1999년 지역화폐 '피너츠'를 도입, '피너츠클럽'에 가입한 주민들은 물건을 5~10% 싸게 샀고, 할인된 금액은 '피너츠'라는 화폐로 적립, 정기적으로 그 가게나 지역에 봉사활동을 하면서 상환하면 되는 구조이다. 대형마트에 대응하기 위한 소상공인의 대응전략에서 시작하였으며, 물건을 싼 값에 구입하고 시간날 때 일을 거들어 주는 방식으로, 현재 회원이 2000여 명으로 증가, 60개의 상가 매출액 증가에 기여하고 있다. 땅콩 모양으로 우표형 지역화폐를 도입해, 피너츠 클럽이란 명칭을 가지고 있다.

피너츠 클럽의 특징은 최소한의 관리시스템과 쉬운 운영, 주민의 참여를 높이고 주민간의 관계성을 만드는 것을 사업목적으로 하고 있고, 피너츠를 통해 누구나 지역의 주민이 될 수 있다는 인식이 확산되고, 지역의 다양한 사업들이 만들어지면서 공동체가 함께 만들어가는 지역만들기가 이루어지고 있다(http://www.makehope.org).

3) 노인을 돌보며 신용을 얻다, '후레아이 깃푸'

1995년 일본에서 사와야카 복지재단Sawayaka Welfare Foundation이 시작한 것으로 사람들이 그들의 지역사회에서 노인을 돌봄으로서 신용을 얻을 수 있는 시스템이다. 화폐의 기본단위는 노인을 돌본 서비스 시간이며, 노인들이 상호 도움으로서 크레딧을 얻을 수 있고, 특정지역의 가족 구성원이 크레딧을 얻어 다른 지역에 사는 부모에게 크레딧을 전환할 수 있다. 예를 들어, 운전면허를 더 이상 가지고 있지 않은 여성 노인을 대상으로 서비스를 제공할 수 있고 크레딧을 얻을 수 있는 구조이다.

이들 크레딧은 당자자가 적립시킬 수 있고, 본인이 아프거나 고령화되었을 때 서비스 이용을 위해 사용가능하다. 이들 크레딧은 타인을 위해 전용될 수 있다. 또한 일본통화 엔을 위해 크레딧이 전환될 수도 있고, 일본 내 한 지역에서 다른지역으로 크레딧을 전환할 수 있도록 2개의 정산소가 운영되고 있다.

미국의 지역화폐

미국은 37개 주에서 139개 지역화폐가 발행되고 있고, 39개는 타임뱅크형 지역화폐(Hours를 명시)로 파악되고 있다.

1) 최고의 전통 자랑하는 '이타카 아워즈'

이타카 아워즈는 대공황 시기까지의 역사적 뿌리를 간직하고 있으며 본격적으로 1991년 폴 글로버Paul Glover에 의해 시작되었다. 이타카 아워즈가 시작된 이후 글로버는 1827년 조시아 와렌Josiah Warren의 타임스토어Time Store에 기초한 오웬스 아우어Owen's Hours가 있었다는 사실을 확인하였고, 19세기 영국 기업가인 로버트 오웬은 그의 노동자들이 회사 상점에서 사용할 수 있도록 지역화폐를 지급하였다.

이타가 아워즈는 미국 뉴욕주 이타카에서 통용되는 미국에서 가장 오래

<그림 6-1> 이타카 아워즈 지역화폐

자료 : www.uncouthreflections.com, www.cointelligram.com

되었고 규모가 크며, 현재에도 운영되고 있는 타임뱅크형 지역화폐이다. 이타카 아워즈는 위스콘신 메디슨, 캘리포니아 산타바바라, 오리건 코발리스 태동의 계기가 되었고 펜실베니아 리하이 밸리에 지역화폐 시스템을 제안하였다. 이타카 1 아워즈는 미국달러 10달러에 해당되며, 일반적으로 협상의 여지는 있지만 1시간 동안의 노동에 대한 지불 금액으로 권해지고 있다.

이타카 아워즈는 일부 비즈니스에서 통용되더라도 국가화폐로 바로 환전될 수는 없다. 이타카 아워즈는 지류형태로 발행되고 시리얼 넘버가 기록되어 쉽게 복제될 수 없는 형태이다. 최근 이타카 아워즈 사용이 줄어들고 있으며, 줄어드는 이유는 첫째, 창시자인 폴 글로버가 타운을 떠나 아워즈 네트워 관리자로 활동하고 있으며, 둘째, 크레딧 카드나 직불카드 사용으로 현금거래에서 전자거래로 전환하고 있는 추세이기 때문이다.

이타카 아워즈가 시작되었을 때, 사업계획과 보증 없이도 90명의 참여자들이 그들의 서비스에 대한 대가로 아워즈를 받기로 동의하였고, 글로버는 아워즈를 인쇄할 비용마련을 위해 작은 기부를 요청하기도 하였다. 1991년 1,500아워즈가 발행되었고 그해 10월에는 1,500 반액 아워즈가 인쇄되었다. 현재는 시작 시점 액수의 두배 가량 발행되고 있다. 글로버는 1991년 10월 19일 지역 파머스마켓에서 사용한 것을 시작으로 이듬해에는 수천 명의 인원이 아워즈에 가입하였고 500여 개 기업이 가입을 하게 되었다.

1996년 이후 글로버는 그의 집에서 이타카 아워즈를 운영하고 있고 자문기구이면서 집행기구인 'Barter Potluck'을 운영하고 있다. 1991년 이후 수백만 달러가 아워즈 형태로 통용되고 있고 500여 부문 비즈니스에서 활용되고 있다. 이타카 아워즈의 주요 목표는 지역경제를 활성화하는 것이며 아워즈를 수령하는 지역비즈니스는 지역에서 재화와 서비스를 구입하기 위해 아워즈를 사용해야 한다. 지역기업이 아닌 경우라도 이타카 아워즈를 사용할 수 있으나, 경제적으로 지속가능한 방식으로 지역재화와 서비스를 구입하는데 사용해야 한다.

2) 강력한 상부상조 '타임뱅킹'

미국의 타임뱅킹은 애드가 칸Edgar Cahn에 의해 1980년에 설립되었으며, 지역 공동체의 강한 상호부조를 설립목적으로 초기에는 서비스 크레딧Service credits으로 불리웠다(https://timebanks.org). 지역 공동체를 지원할 전통적인 화폐가 없다면 새로운 화폐를 만들어야한다는 것이 그의 주장이다. 미주리주의 그레이스힐 정산소The Grace Hill Settlement House가 서비스 크레딧을 사용하기 위한 첫 번째 조직이었으며 정산소는 1981년 MORE(Member Organization Resource Exchange)프로그램을 구성하였고, 서

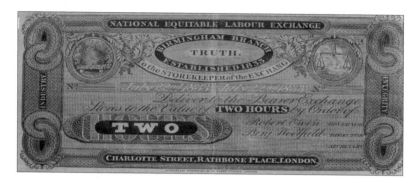

〈그림 6-2〉 Robert Owen&Benj Woolfield의 트럭운임지급 시스템(1833년 7월 22일)
자료 : https://en.wikipedia.org/wiki/Time-based_currency.

비스 크레딧은 이후 타임달러Time Dollars로 명명되었다. 이후 타임달러는
타임뱅킹으로 이름을 바꾸었다.

미국의 타임뱅크는 다양한 조직과 함께 운영되고 있으며 다음과 같은
다양한 부문에서 역할을 하고 있다.

- 초등학교의 어린이(시카고 교육청)
- 소년교정시스템의 10대(DC 대법원, Dane 카운티 타임뱅크)
- 감성장애인 가족(Blended Funding, 워싱턴주 킹 카운티)
- 재택거주 희망 노인과 희망자(어니언 강 교환소)
- 일일생활비를 분담하는 예술가 및 음악가(아로요 세코 타임뱅크)
- 호스피스 및 관련된 환자(공동체 교환, 리하이 밸리 병원(펜실베니아))
- 교도소 재소자 및 출소자(워싱턴 D.C.의 Homecomers Initiative, Phelps
  Stokes)
- 공동체 재건을 위한 피난지 및 보호시설 관련자(Holly Cross Center, 런던)
- 그들의 역할을 재정립하려는 사회활동가(유타대 사회활동대학원)

- 사람 사이의 관계에 장벽보다는 연결로를 놓으려는 일상적인 사람(수많은 타임뱅크)

3) 현대 지역화폐의 새로운 모델, 캐나다 '레츠'

레츠LETS(Local exchange trading system)는 1983년 캐나다 브리티시컬럼비아 코목스 밸리에서 마이클 린톤Michael Linton에 의해 지역환전거래시스템local exchange trading system이라는 이름으로 시작을 하였다. 초창기에 구상된 시스템은 국가화폐를 대체하기보다는 국가화폐의 보조적 활용으로 구상을 하였으며 초창기에는 녹색달러green dollars로 불리웠고 대부분 지역 치과병원을 이용하는데 활용되었다.

이후 2008년에는 커뮤니티 달러community way dollars로 명칭이 변경되었고, 2018년 빅토리아 대학 연구결과 실패한 정책으로 판단되기도 하였다. 많은 국가에서 레츠와 타임뱅크와 구분이 불분명한 가운데, 레츠는 그들의 계산수단에 시간을 많이 사용하기 때문이다. 레츠 주창자 린톤Linton의 정의에 의하면 레츠는 다음의 네 가지 기본적인 기준을 갖추어야 한다.

- 서비스 비용 : 공동체를 위한 공동체 부담
- 동의사항 : 거래의 강제성 없음
- 공표사항 : 대차대조표 상황정보는 모든 구성원에게 공표
- 국가화폐와 동등함
- 무이자

레츠는 지역에서 발행되고 민주적 방식으로 조직된 비영리 공동체 기업

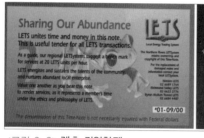

〈그림 6-3〉 레츠 지역화폐   자료 : https://pacific-edge.info.

이며, 공동체 구성원들의 지역화폐 사용에 의한 재화와 서비스 거래상황 및 정보를 제공하고 있다. 레츠는 사람들로 하여금 그들의 시간과 서비스 제공의 가치를 협상할 수 있도록 허용하며, 따라서 지역화폐가 발행된 지역 내에 부를 유지할 수 있도록 한다.

21세기 들어 인터넷을 포함한 정보통신 기술의 발달은 레츠를 국내 및 국제적으로 활용가능토록 발전시켰다. 레츠는 공동체 내의 개인과 소상공인, 지역 서비스 및 자원자 봉사자 그룹 등간에 자금과 자원을 아껴 구매력을 증진시키는 결과를 가져왔고 지역사회의 컨텍트, 헬스케어, 교육 훈련, 지역 기업지원 등 다양한 긍정적인 효과를 가져왔다. 침체된 지역경제를 활성화시키는데 기여하였고, 레츠 시스템은 다양한 나라에 현재 지속되고 있고, 국가간 화폐교환은 자동적으로 CES를 통해 이루어지고 있다. CES는 2003년 남아프리카 케이프 타운에 인터넷에 기초한 레츠로서 설립되었고, 2011년까지 99개국으로 확산되었다.

4) 고용과 지역문화 촉진하는 독일 '킴가우어'

독일의 킴가우어는 바바리아에서 2003년 시작된 지역화폐로 지역 내 고용과 지역문화를 활성화하고 지역 식품공급을 효율적으로 하기 위한 것

- 서비스 비용 : 공동체를 위한 공동체 부담
- 동의사항 : 거래의 강제성 없음
- 공표사항 : 대차대조표 상황정보는 모든 구성원에게 공표
- 국가화폐와 동등함
- 무이자

〈표 6-3〉 레츠 운영의 4가지 조건

이었다. 킴가우어는 고정환율 시스템을 고수하고 있고 1킴가우어는 1유로 가치에 해당된다. 킴가우어는 2003년 고등학교 교사 크리스찬 갤러리 Christian Gelleri와 그의 학생들에 의해 프로젝트가 시작되었고, 경제학자 실비오 게젤과 루돌프 스타이너Rudolf Steiner에 영향을 받았다. 킴가우어는 활동은 다음과 같은 내용을 목적으로 한다.

- 고용창출 : 실업자, 학생, 바자원봉사자가 일을 위해 고용되거나 수혜를 받는 활동
- 문화적, 교육적, 환경보호활동 지원 : 킴가우어는 비영리 목적으로 이러한 활동하는 사람을 지원
- 지속가능성 지원 : 유기농 식품 및 신재생에너지 관련 활동
- 친목 강화 : 지역 쇼핑객과 비즈니스간 인간적 관계 활성화
- 지역경제 활성화 : 킴가우어는 지역의 구매력을 유지시키고 지역의 소기업을 선호하며, 고객의 소비를 촉진하기 위한 화폐통용세demurrage를 부과
- 화폐사용의 신속화 : 국가적 수준에서 보완적 지역화폐 성공 사례

<그림 6-4> 킴가우어 지역 및 지역화폐   자료 : https://en.wikipedia.org/wiki/Chiemgauer

킴가우어는 지역의 40여 개소에서 유로를 킴가우어로 교환할 수 있으며, 유로를 킴가우어로 교환할 경우 3%의 보너스를 받을 수 있다. 또한, 100킴가우어를 유로로 교환할 경우 95유로를 지급하여 5%의 수수료를 부담해야 한다. 또한 화폐가치 유지를 위해, 매 3개월마다 화폐가치의 2%가 감소하는 통용세를 적용하고 있다. 즉, 매 3개월마다 가치가 2% 하락하므로 사용자는 킴가우어를 적극적으로 사용할 수밖에 없다.

5) 경제를 안정시키는 스위스 '비어'

스위스 비어Wir는 독립적으로 운영되는 보완화폐이며, 후원활동 관련 비즈니스, 건설, 제조업, 소매업, 그리고 전문적인 활동 등에 활용되고 있다. 비어는 개별화폐를 발행하고 관리하는데 비어프랑WIR Franc으로 불리우고 스위스 프랑과 함께 통용되면서 2개 화폐가 활용되고 있는 시스템이다.

비어프랑은 고객의 거래에 활용되는 전자화폐로서 종이형태의 화폐가 없다. 비어프랑의 출발은 수준 높은 참여자를 위해 판매액을 증가시키고 현금흐름과 이윤을 증가시키기 위해 시작되었다. 따라서, 비어프랑은 그 사용자들의 신용을 확보할 수 있는 신용시스템을 구축할 수 있게 하였고,

<그림 6-5> 비어뱅크 로고와 카드　　　　　　자료 : https://www.wir.ch

비어프랑은 자산이 보장된 화폐로서 신용확보에 절대적인 역할을 하였다.

　비어는 1934년 비즈니스맨 베르너 짐머만Werner Zimmermann과 폴 엔즈 Paul Enz에 의해 설립되었으며, 통화부족과 글로벌 금융불안정성의 결과로 태동하게 되었다. 1936년에 은행업 허가권이 나왔으며, 두 비즈니스맨은 독일의 사회주의 경제학자 실비오 게젤에 영향을 받았다. 협동조합 성격의 기관으로 구성원들의 구매력 증진과 판매촉진, 구성원간의 화폐통용 확대를 목적으로 하였다.

　비어가 초기에는 16명의 회원으로 시작했지만 현재는 6만 2,000명의 회원을 확보하였고 총 자산은 30억 프랑, 연간 판매액은 65억 프랑에 달한다. 비어뱅크는 당초 비영리로 시작을 하였지만 은행의 확장으로 상황이 변했다. 비어뱅크는 경제위기를 극복하고 비즈니스 사이클상 스위스 경제를 안정적으로 유지시키는데 기여하는 것을 고려하고 있다.

영국 지역화폐

1) 영국 최대규모 '브리스톨 파운드'

　영국의 브리스톨 파운드는 지역화폐로서 보완적 공동체적 성격을 띠고 2012년 9월 19일 처음 발행되었다. 영국에서 가장 큰 규모의 지역화폐이며, 지역경제의 유지와 발전을 위해 지역주민과 기업으로 하여금 지역에서 구매를 하도록 하고 지역의 고용을 창출하도록 구상되었다. 지류형태의 브리스톨 파운드를 사용할 수 있지만, 브리스톨에서 일하거나 공부를 할 경우 전화 앱으로 신청이 가능하고 디지털 브리스톨 파운드를 사용할 수 있다(https://bristolpound.org).

브리스톨 지역화폐 발행의 목적이 브리스톨 지역경제 활성화를 위한 것이며 시와 관련된 지역의 개인적인 상거래와 비즈니스를 지원하기 위한 것이었다. 최근에는 지역 기업인을 대상으로 0% 이자율의 비즈니스 대출을 실시하고 있다. 따라서 800여 개 이상의 지역내 기업이 가입되어 있고 이들 기업은 주로 청소, 물류 및 택배, 유통, 인쇄업 등으로 구성되어 있다.

브리스톨 시의회는 비즈니스 관련 수수료를 브리스톨 파운드로 받고 있고, 시장 임대료와 지방세 등도 브리스톨 파운드를 통해 납부가 가능하다. 거래에 따른 공식적인 전환 수수료는 1%이며 온라인 거래도 같은 요율을 적용받고 있다. 브리스톨의 전임시장 조지 퍼거슨George Ferguson은 그의 봉급 전부를 브리스톨 파운드로 받기도 하였다. 지역의 신재생에너지 공급기업은 전세계 처음으로 에너지 요금을 지역화폐로 낼 수 있도록 하는 등 지역내에서 브리스톨 파운드 통용을 확대하기 위한 노력을 적극적으로 하고 있다. 브리스톨 파운드 경영자에 의하면 2015년 1백만 브리스톨 파운드가 발행되었고, 70만 브리스톨 파운드가 통용되고 있다.

2) 로컬에서만 통하는 '루이스 파운드'
루이스 파운드는 공동체형 지역화폐로 영국에서 통용되고 있는 지역화폐이다. 영국 파운드와 1대1 교환이 가능하지만 영국내 루이스 지역에서

<그림 6-6> 브리스톨 파운드 지역화폐　　　　　　자료 : https://reconomy.org

만 사용될 수 있다. 루이스 파운드는 루이스시 내에서만 화폐가 통용되도
록 구상되었고, 지역경제활성화와 지역주민이 지역기업을 지원하도록 하
고 지역경제 지원의 중요함을 강조하기 위해 구상되었다. 또한, 재화의 수
송을 최소화하고 지역의 탄소배출을 감소시키기 위함이다(https://www.
thelewespound.org).

세계 지역화폐의 정책 보기

지역경제를 활성화하라

전세계 지역화폐의 태동은 지역 공동체를 활성화하고 지역경제 활성화
를 위해 지역내에서 화폐가 통용되도록 설계된 것이 특징이다. 지역적으
로 한정된 구역 내에서 보완적 기능인 지역화폐를 기존의 화폐와 환전가
능토록 운영하고, 지역의 구매력을 증진시키고 다양한 형태로 유통시킴으
로써 지역상권 유지를 위한 노력의 결과로 해석된다. 따라서 지역경제 활
성화 결과가 미진할 경우 비난의 대상이 될 수 있고, 탄소배출 감소와 같은
정책목적이 분명한 지역화폐의 경우 운영상 비난의 대상이 되기도 한다.

<그림 6-7> 루이스 파운드 지역화폐   자료 : www.astrologicalassociation.com

유통을 확대하라

지역화폐의 유통확대를 위한 노력의 예로서 마이너스 이자율 또는 통용세를 들 수 있다. 지역화폐를 사용하지 않고 지속적으로 가지고만 있을 경우 가치를 감소시켜서, 지역내에서의 사용을 촉진시키는 행위이다(킴가우어). 지역화폐 소유자들이 지역화폐를 보다 신속히 사용토록 하는 조치이다. 최근 전자화폐의 출현은 지역화폐 통용을 활성화하기 위한 수단이며, 규모의 경제에 도달하지 못할 경우 운영상 문제가 발생할 수 있다.

사용 범위를 넓혀라

일부 지역화폐의 경우 자원활용을 촉진하기 위해 지리적 사용범위를 확대하고, 거리에 의한 제약요인을 극복하고자 다양한 수단을 제공하고 있다. 일본의 후레아이 깃푸의 경우 노인돌봄 지원을 위해 크레딧을 제공하고 있다. 그들의 부모가 멀리 떨어져 있는 가족구성원은 그들이 생활하는 지역에서 노인돌봄으로 크레딧을 얻고, 먼 곳에 떨어져 있는 그들의 부모를 위해 이렇게 얻은 크레딧을 전환해서 활용할 수 있는 시스템을 운영 중이다. 항공사의 항공마일리지 운영과 유사한 형태로 지역화폐를 운영하고 있다. 또한, 인터넷 전자화폐형태의 지역화폐가 글로벌 수준에서 거래될 수 있다.

아이디어와 실천을 동시에

뉴욕 이타카 아워즈와 독일 킴가우어의 경우 지역의 운동가가 경제학자의 아이디어를 지역화폐 형태로 완성시킨 사례이다. 즉, 경제적 행위와 결과에 대한 이해 없이는 지역화폐의 운영과 확대에 어려움을 겪을 수 있다는 점을 보이고 있다. 지역화폐의 발행과 운영에는 비용이 발생하며, 이러한 비용을 처리하기 위해 지역화폐를 기존화폐와 교환시 수수료를 부담시키기도 하고, 장기간 보유시 마이너스 이자를 부과하기도 하지만, 근본적인 운영비 문제를 간과할 수 없다.

'엑스터 파운드'가 남긴 교훈

영국의 엑스터 파운드Exeter Pound는 2015년 지역의 보완화폐 또는 공동체 화폐로서 발행을 시작하였다. 엑스터 파운드의 목적은 보다 많은 돈이 지역과 독립적인 비즈니스에서 사용되도록 하는 것이었다. 영국에서 기존의 화폐에 대한 대안적 수단으로서 엑스터파운드가 통용되었으나, 발행 3년만인 2018년 9월 30일 발행을 중단하였다. 엑스터 파운드는 엑스터 파운드 공동체 회사Exeter Pound Community Interest Company에 의해 운영되었고, 유통기간을 설정하여 이윤을 추구하였으며 결국은 흥행에 실패하였다. 실패의 주요 원인은 디지털 보완화폐의 개발 부진에 의한 것이며, 펀딩부진에 따른 것이었다. 엑스터파운드는 초기 100명의 거래자에 의해 출발을 하였고, 엑스터시의회로부터 지원을 받았다.

지역화폐가 지역경제 활성화를 위해 발행되고, 운영주체가 노력함에도 불구하고 지역내에서 확산 및 통용에 실패하면 지속성을 유지하기가 어렵다. 특히 공공부문의 역할은 해당 화폐가 수수료 및 지방세 등 다양한 창구를 통해 수납가능하도록 조치를 취하는 것으로 한정되어 있다. 지역화폐 운영에 따른 발생비용과 전자화폐로 전환함에 따른 각종 비용부문을 감당할 수 없다면, 공공부문의 주도에 의한 지역화폐의 지속성에 문제가 발생할 수 있음을 보여주고 있다. 정부의 지원이 중단된 이후 지역화폐 운영이 어려워 지역화폐가 사라지는 상황이 발생한다.

요약정리

지역화폐는 특정 지역에서만 통용되는 화폐로 지역화폐에 대한 다양한 명칭이 통용되고 활용되고 있다. 지역화폐는 지역에서 통용되는 국가 화폐에 대한 보완적 화폐이며 법적인 구속력 없이 교환수단으로 활용되는 화폐를 의미한다. 공동체 화폐의 경우 지역주민과 관련 단체 및 온라인 커뮤니티 등에서 통용되는 화폐를 의미한다. 지역화폐는 전 세계적으로 35개 국가에서 300여 개의 지역화폐가 현재 운영되고 있는 것으로 파악되고 있다.

일본 이와라키톤은 일본 후쿠오카 이토시마에서 공동 주말농장을 이용하는 회원들의 참여 독려를 위해 발행되고, 지바시의 피너츠 클럽은 대형마트에 대응하기 위한 소상인들의 대응수단으로, 물건을 싼 값에 구입하고 시간날 때 일을 거들어 주는 방식으로 운영되고 있다. 후레아이 깃푸는 지역사회에서 노인을 돌봄으로써 신용을 얻을 수 있고 이를 자신뿐만 아니라 부모 등을 위해 활용할 수 있는 시스템이다.

미국은 37개 주에서 139개 지역화폐가 발행되고 있고, 39개는 타임뱅크형 지역화폐로 파악되고 있다. 대표적인 이타카 아워즈는 미국 뉴욕주 이타카에서 통용되는 미국에서 가장 오래되었고 규모가 크며, 현재에도 운영되고 있는 타임뱅크형 지역화폐이다. 이타카 1아워즈는 미국달러 10달러에 해당되며, 일반적으로 협상의 여지는 있지만 1시간 동안의 노동에 대한 지불 금액으로 권해지고 있다. 타임뱅킹은 지역 공동체의 강한 상호부조를 설립목적으로 다양한 조직과 함께 운영되고 있으며, 지역사회에서 서비스를 필요로 하는 다양한 부문에서 역할을 하고 있다.

캐나다 레츠는 지역에서 발행되고 민주적 방식으로 조직된 비영리 공동체 기업이며, 공동체 구성원들의 지역화폐 사용에 의한 재화와 서비스 거래상황 및 정보를 제공하고 있다. 레츠는 사람들로 하여금 그들의 시간과 서비스 제공의 가치를 협상할 수 있도록 허용하며, 따라서 지역화폐가 발행된 지역내에 부를 유지할 수 있도록 한다.

독일의 킴가우어는 바바리아에서 2003년 시작된 지역화폐로 지역내 고용과 지역문화를 활성화하고 지역 식품공급을 효율적으로 하기 위한 것이었다. 킴가우어는 고정환율 시스템을 고수하고 있고 1킴가우어는 1유로 가치에 해당된다. 화폐가치 유지를 위해, 매 3개월마다 화폐가치의 2%가 감소하는 통용세를 적용하고 있다.

스위스 비어는 독립적으로 운영되는 보완화폐이며, 후원활동 관련 비즈니스, 건설, 제조업, 소매업, 그리고 전문적인 활동 등에 활용되고 있다. 비어는 화폐를 발행하고 관리하는데 비어프랑으로 불리우고 스위스 프랑과 함께 통용되면서 스위스에서 2개 화폐가 활용되고 있는 시스템이다.

영국의 브리스톨 파운드는 지역화폐로서 보완적 공동체적 성격을 띠고, 영국에서 가장 큰 규모의 지역화폐이다. 지역경제의 유지와 발전을 위해 지역주민과 기업으로 하여금 지역에서 구매를 하도록 하고 지역의 고용을 창출하도록 구상되었다. 지류형태의 브리스톨 파운드를 사용할 수 있지만, 브리스톨에서 일하거나 공부를 할 경우 전화 앱으로 신청이 가능하고 디지털 브리스톨 파운드를 사용할 수 있다.

해외에서 통용되는 주요 지역화폐의 특징은 첫째, 지역 공동체를 활성화하고 지역경제 활성화를 위해 지역내에서 화폐가 통용되도록 설계된 것이 특징이다. 둘째, 마이너스 이자율, 전자 지역화폐 등 유통확대를 위한 다양한 노력을 추진하고 있다. 셋째, 지역화폐 사용범위의 지리적 확대를 위해 지역을 벗어나 지리적 사용범위를 확대하고, 거리에 의한 제약요인을 극복하고자 다양한 수단이 동원되고 있다. 넷째, 경제학자의 이상적인 아이디어를 지역 운동가가 지역화폐 형태로 완성시키는 사례를 볼 수 있다. 다섯째, 민간중심의 발행 및 운영시스템을 유지하고 있고, 공공부문은 통용을 촉진하는 역할에 한정되어 있다. 지역화폐 운영에 따른 비용과 확산에 실패할 경우 중단되는 사례를 볼 수 있다.

7

한국 지역화폐, 어디까지 와 있나

김병조

2019, 지역화폐의 전환을 맞다

2019년은 '지역화폐의 해'라고 일컬을 수 있을 정도로 한국 지역화폐 역사에 있어 가히 분기점을 이루는 획기적인 전환의 시기였다. 특히, 경기도에서 시행한 '지역화폐 연계형' 청년기본소득 정책은 그동안 소상공인 및 자영업자들만을 위한 쿠폰 수준에 불과하였던 '상품권'을 일거에 지역밀착형 '화폐'로 격상시켜 시민권을 부여받게 한 커다란 정책적 전환점이었다.

2019년 전국 226개 광역시도 및 시군구 기초지자체 중 177개 지역에서 지역화폐를 발행하고 있거나 발행을 준비 중이다. 전국 총 발행 예정액은 2조 3,000억(행정안전부, 내부 자료. 2019년 6월 기준)이며, 2020년에는 3조 ~3조 5,000억 원(추가 경정시)을 예정하고 있다. 지역화폐는 발행액 측면에서 2016년 대비 매년 지속적인 증가치를 보이고 있으며, 특히 2019년에는 발행액 대비 약 6.19배의 폭발적인 증가율을 보여주고 있다.

연도	2016년	2017년	2018년	2019년	2020년
발행액	1,087억 원	3,100억 원	3,717억 원	2조3,000억 원	3조 5,000억
증가율	–	2.85	1.20	6.19	1.52

〈표 7-1〉 상품권형 지역화폐의 연도별 발행액 추이 및 증가율

자료: 행정안전부, 2019, 내부 자료 참고하여 재작성

2019년도 지자체의 지역화폐 발행액은 폭발적으로 증가였으며(〈표 7-1〉), 주로 부산, 광주, 울산 등 광역시 단위에서 새롭게 정책을 도입하였다.

지역화폐는 정책적 취지와 목적이 분명하며, 지역의 자기완결적 성장을 위한 지역금융의 역할이 매우 중요하다는 인식에 기반하고 있다. 그동안 지역경제 정책에 있어서 지역금융의 역할은 큰 주목을 받지 못하였다. 이제 지역경제를 바라보는 시각에 의미 있는 변화가 생기고 있는 것이다. 현재 한국경제 전반에서 차지하는 지역화폐의 비중은 미미하지만, 선진국형 저성장·장기침체의 거시경제 구조하에서 내수시장 및 지역경제 활성화를 위한 새로운 선택지이자, 지자체가 주도하는 '아래로부터의 성장'을 향한 의미있는 정책이 될 것이다.

시도별 지역화폐 현황 보기

경기도, 지역화폐로 '청년기본소득'을 챙기다

경기도는 2019년 4월 1일, 31개 시군 전역에서 경기 청년기본소득이 '지역화폐와 연계'하여 전격적으로 출시되었다. 경기도는 성남시·안양시·시흥시·가평군 등 4개 지자체에서 자체적으로 지역화폐를 발행해

구분	계	광역	예산		기초	발행	발행(177) (19. 6 기준/단위: 억 원)	미발행(66)
			2018	2019(수요)		발행		
총계	177	6	3,714.0	34,560.8	226	171		
서울	–	–			25	–	–	서울특별시(25)
부산	17	1		1,055.0	16	16	부산광역시(14), 동구, 남구	
대구	–	–			8	–	–	대구광역시(8)
인천	11	1	5.0	17,000.0	10	10	인천광역시(10)	
광주	6	1	–	827.0	5	5	광주광역시(5)	
대전	1	–	–	50.0	5	1	대덕구	대전광역시(4)
울산	6	1	–	300.0	5	5	울산광역시(5)	
세종	–	–	–	–	–			세종특별자치시
경기	31	–	485.0	4,674.1	31	31	수원, 고양, 용인, 성남, 부천, 안산, 화성, 남양주, 안양, 평택, 의정부, 파주, 시흥, 김포, 광명, 광주, 군포, 이천, 오산, 하남, 양주, 구리, 안성, 포천, 의왕, 여주, 양평, 동두천, 과천, 가평, 연천	경기도
강원	13	1	525.3	752.0	18	12	강원도, 춘천시, 원주시, 강릉시, 태백시, 삼척시, 영월군, 정선군, 철원군, 화천군, 양구군, 인제군, 고성군	속초시, 홍천군, 횡성군, 평창군, 양양군, 동해시
충북	11	–	100.4	400.5	11	11	청주시, 충주시, 제천시, 보은군, 옥천군, 영동군, 증평군, 진천군, 괴산군, 음성군, 단양군	충청북도
충남	14	–	82.1	308.2	15	14	공주시, 보령시, 아산시, 서산시, 논산시, 계룡시, 당진시, 금산군, 부여군, 서천군, 청양군, 홍성군, 예산군, 태안군	충청남도, 천안시
전북	12	–	770.0	4,325.0 (군산 4,000)	14	12	군산시, 정읍시, 남원시, 김제군, 완주군, 진안군, 무주군, 장수군, 임실군, 순창군, 고창군, 부안군	전라북도, 전주시, 익산시
전남	22	–	224.0	1,175.0	22	22	목포시, 여수시, 순천시, 나주시, 광양시, 담양군, 곡성군, 구례군, 고흥군, 영암군, 보성군, 화순군, 장흥군, 강진군, 해남군, 무안군, 함평군, 영광군, 장성군, 완도군, 진도군, 신안군	전라남도

경북	16	–	1,170.5	2,349.5 (군산 1,700)	23	16	포항시, 김천시, 안동시, 구미시, 영주시, 영천군, 의성군, 청송군, 영양군, 영덕군, 청도군, 고령군, 성주군, 칠곡군, 예천군, 봉화군	경상북도, 상주시, 문경시, 울진군, 울릉군, 경산시, 경주시, 군위군
경남	17	1	351.7	1,344.0	18	16	경상남도, 창원시, 진주시, 김해시, 밀양시, 거제시, 양산시, 의령군, 함안군, 창녕군, 고성군, 남해군, 하동군, 산청군, 함양군, 거창군, 합천군	사천시, 통영시
제주	–	–	–	–	–	–	–	제주도

<표 7-2> 지역화폐(지역사랑상품권) 광역별 발행규모 및 현황(2019. 6)

자료 : 행정안전부, 2019 a, b를 참조하여 재작성

오고 있었다. 이번 경기지역화폐의 성장과 확대는 지난 13년간의 지역화폐 정책으로 다양한 정책적 효과들을 경험한 성남시 및 시군에서의 성공 사례에서 연유한 것이다. 이러한 성공기반은 경기도에서 다시 지역화폐를 전격적으로 출시하는 추진력이 될 수 있었다.

경기도는 상대적으로 지역화폐 정책에 특화된 지자체라고 할 수 있다. 경기지역화폐는 전국 지역화폐를 선도하는 표준이자 기준이라고 할 수 있다. 경기도가 제정한 운영 매뉴얼은 행정안전부 및 전국 지자체의 지역화폐 정책 구상, 기획, 운영에 많은 참고가 되었다.

경기도의 2019년 지역화폐 발행목표는 총 4,961억 원으로 일반발행 1,379억 원(전체 발행액 대비 27.8%), 정책발행 3,582억 원(72.2%)을 발행할 예정이다. 2019년 9월 기준 연 누계 3,425억 원이 발행되었으며, 회수실적(사용실적)은 2,661억 원으로 발행규모 대비 77.7%이다. 일반발행은 경기도민 및 누구나 6% 할인 혜택을 받아 구매하여 사용할 수 있으며, 정책발행의 경우 청년기본소득, 산후조리비, 아동수당 등 복지수당으로 지급

된다(경기도청, 2019).

통산 시군별 할인은 6% 기준으로 하며, 설·추석 등 명절에는 한시적으로 10%를 허용하기도 한다. 그러나 지역 내 양평군, 연천군과 같은 면적이 넓고, 인구밀도는 낮고 고령인구는 많고, 지역상권의 급속한 발전이 더욱 요구되는 지자체는 2019년에 한하여 한시적으로 10%로 증액된 할인율을 적용하고 있다.

'강원도 상품권'을 전역으로

강원도는 2017년 1월부터 '강원상품권'으로 강원도 전역을 대상으로 발행하였다. 지류(종이)상품권으로만 발행하며, 5천원, 1만원, 5만원 권을 발행한다. 개인당 월 30만원 이내에서 5%의 할인구매가 가능하며, 법인은 단체구입은 가능하나 할인은 없다. 대형마트, SSMSuper Supermarket(대기업 계열 기업형 슈퍼마켓) 등 일부 매장에서 사용이 제한되며 그 외의 가맹점에서 사용가능하다(강원도, 2019).

강원도의 특징은 지역화폐가 2개의 층위로 발행된다는 점이다. 즉 강원도가 운영하는 도 전체에서 통용되는 광역형 지역화폐가 있고, 양구, 화천, 춘천 등에서 운용되는 소역형 지역화폐가 서로 병행하여 운영되고 있다. 이러한 광역형과 소역형을 동시적으로 발행하는데 대한 장단점을 논할 수 있지만, 중요한 것은 광역형과 소역형이 병행할 경우 나타나는 문제를 어떻게 포착할 것인가의 하는 점이다.

행정안전부의 내부 자료에 의하면, 향후 "광역시에서는 광역시 단위의 지역화폐 발행을, 도 단위에서는 지역화폐 발행은 점차 폐지하고 시군단위의 발행을 장려"(소득주도성장특별위원회, 2019)하는 것으로 알려지고 있

(단위 : 백만 원)

구분	계	2016	2017	2018	2019. 9.
상품권 발행액	83,000	3,000	55,000	25,000	0
상품권 판매액	72,180	–	48,078	10,989	13,113
회수율	87.0%	–	34.1%	35.6%	87.0%

〈표 7-3〉 강원상품권 유통(발행 · 판매액) 현황

자료 : 강원도청 (2019)을 참조하여 재작성

다. 광역형은 도 전체 차원에서의 지역화폐의 통일성과 통용범위를 넓혀주고, 소비자의 접근성과 확장성을 보장해주는 장점이 있다. 도민들의 지역화폐에 대한 소속감과 도 단위 경제공동체라는 일체감을 형성할 수 있다. 도에서도 단일한 지역화폐 정책을 통해 도 단위 경제정책을 집행할 수 있다는 점에서 효과적인 정책이라고 할 수 있다.

강원도 광역형 지역화폐의 가장 긍정적인 장점은 강원도의 지리적 특성 및 한계를 극복하려는 시도라는 점이다. 즉, 강원도는 지리적 특성으로 인해 영동과 영서가 분리되어 나타나고 있는데, 강원사랑상품권은 이러한 지형적 분리점을 정책적 일체감으로 통합시켜 줄 수 있다는 점이다. 또한 강원도가 갖는 천혜의 자연적인 조건은 광역형 지역화폐를 적극적으로 활용할 수 있다. 강원도는 동서로 가르는 태백산맥을 분수령으로 동으로는 해양, 북으로는 휴전선DMZ, 서로는 산악과 분지가 교차하는 고랭지 산악지대, 남으로는 축산, 광산업 및 하천 생태계가 잘 발달하여 관광형 산업이 발전하였다.

이러한 지역적 배경을 기반하여, 외부로부터 유입된 관광객이 강원도 내 특정시군에 머무르지 않고, 시군경계를 뛰어넘어 숙박을 겸하여 영동과 영서를 주유周遊한다면 관광 활성화와 시군간 시너지 효과를 기대할 수 있을 것이다. 또한 시군단위에서는 고유의 축제문화, 관광객, 특산품 등을 시군의 지역화폐로 사용한다면 소상공인 및 자영업자, 도 및 시군이 일체화되어 각자의 역할과 장점을 특화시켜 발휘할 수 있다. 실제로 "업종별로는 숙박 및 음식점업(10,443개, 48.7%), 도매 및 소매업(6,626개, 30.9%) 등의 비중이 높"(한국은행 강원본부, 2018: 468)은 점은 이러한 역할과 기능을 잘 설명해 주고 있다. 강원상품권은 이로 인하여, 대체효과가 아닌 보완적 원원효과를 구축해 낼 수 있으며 지역경제 활성화 효과를 추구할 수 있다.

강원도의 광역형 지역화폐 정책은 2017년 시작되어 출시 역사가 비교적 짧은 편이다. 강원도는 올해 신규 상품권을 발행하지 아니하였다. 이는 "첫째, 시중에 유통된 발행액이 많기 때문이며, 둘째, 2020년 모바일로 전환을 계획하면서 발행을 잠정 중지"(강원도청 담당자 인터뷰. 2019년 11월)한 상태라고 한다.

'인천e음'의 창의적 확장

인천광역시는 '인천e음' 및 시군단위 지역화폐를 동시 발행하면서 국내에서 매우 주목할 만한 역할을 하였다. 인천시의 지역화폐 시스템은 2가지 점에서 특기할 만하다. 첫째는, 기초지자체의 구군단위에서 운영하면서 유통범위는 광역시까지 개방하여 유동성을 확보하였다. 자기 구군 지역화폐의 타 구군으로의 이동은 인센티브 조정(감액)을 통해 제한한다. 둘째는, 인센티브를 캐시백 형태로 후할인 받는다는 점이다. 위의 두 가지

	2019. 10. 22~ 10. 31.				2019. 11. ~12			
월 결제액 구간	인천시	서구	연수구	미추홀구	인천시	서구	연수구	미추홀구
30만원 이하	3%	7%	10%	3%	3%	7%	10%	3%
30~100만원 이하	3%(인천시 전역 공통)				0%(인천시 전역 공통)			
100만원 초과	0%(인천시 전역 공통)				–			

<표 7-4> 인천e음 전자상품권 캐시백 조정·시행   자료: https://incheoneum.or.kr

요소는 유통범위의 확장으로 소비자의 선택권을 보장하고, 지역화폐의 사용을 권장하기 위한 적극적이고 창의적인 조치라고 할 수 있다. 이러한 인천시 모델은 특허(인천시와 운용사가 50% : 50%)로 등록될 정도로 창의적이고 효율적인 운용방법 중의 하나라고 할 수 있다.

인천시 기초지자체는 인천e음 플랫폼을 공동 이용하면서 시군 단위로 발행하고 있다. 인천e음의 특징은 캐시백(선사용 후 후할인으로 돌려받는 서비스)으로, 인센티브(6%)는 국비 4%, 광역지자체 2%로 분담하고 인천시 전역에서 사용가능하다.

이외에 기초지자체는 조례에 의거하여 자체예산으로 추가 캐시백을 제공할 수 있다. 예를 들면, 서구의 서로e음카드 등(기초지자체 발행, 공통플랫폼)은 기본 캐시백(6%) 예산은 국비 및 광역에서 부담하며, 기초지자체에서 조례에 의거 자체 예산으로 추가 캐시백을 제공(서구: 광역시6%+기초지자체4%=총 10%)한다. 이외의 연수구, 미추홀구, 남동구도 공통플랫폼을 사용하며(동구는 제외) 할인율은 기초지자체간 다소 상이하나 할인시스템은 동일하다.

구분	'19.1월	'19.2월	'19.3월	'19.4월	'19.5월
가입자 수 (명)	3,426	1,745	4,944	40,753	196,822
발행액 (원) (충전액)	642,768,247	135,816,374	873,303,930	4,989,162,735	57,099,175,751
결제액 (원)	164,930,000	318,371,419	705,499,771	3,826,943,657	44,710,614,111

구분	'19.6월	'19.7월	'19.8월	'19.9월	계(누적)
가입자 수 (명)	238,125	231,188	98,276	29,493	85,902
발행액 (원) (충전액)	148,486,364,836	278,896,850,201	251,264,125,110	126,623,031,263	869,623,649,732
결제액 (원)	138,673,022,370	273,961,642,726	264,193,975,426	129,477,781,044	855,803,181,824

<그림 7-1> 인천e음 전자상품권 실적(2018. 6. ~ 2019. 9. 15. 현재)

자료: 인천시 내부 자료(2019)

인천시 지역화폐의 폭발적인 성장은 지역화폐에 대한 많은 관심을 불러 일으켰다. 2019년 5월 경과하며 가입자 수, 발행액, 결제액에서 급격한 증가추세를 보여주었다(〈그림 7-1〉 참조). 월 사용액의 무제한 및 페이백은 소비유발효과를 증폭시켰으며, 시군간 개방형 유통범위는 소비자의 접근성 강화, 보급 및 편의성 증진으로 소비를 촉진하는 등 관심을 불러 일으켰다. 이러한 인천e음의 추세는 행안부의 지역화폐 지원금(발행액의 4%) "1,050억 원 중 260억 원(전체의 24.8%)을 지원받"을 정도의 폭발적 성장을 하였다. 또한, 지자체 간에 할인율을 두고 경쟁함으로써 지역화폐 정책의 '정책적 진실성'에 대한 다소 의문을 제기하게 하기도 하였다. 급격한 보급과정에서 매우 일부에 한정된 사례이기는 하지만 금깡, 중고차 구입 등 소비자의 일부 폐단행위도 발생하였다. 그러나 이는 지역화폐 보급과정에서 정책의 세세한 설계 및 시뮬레이션(가상실행)이 필요하다는 긍정적 과제를 제시하였고, 정책의 실행과정에서 일시적으로 겪는 성장통으로 이해될 수 있다.

후반기로 가면서 인천e음 카드는 1인 월 사용한도의 제한, 할인율의 개선(감소)이 이루어지면서(〈표 7-4〉 참조) 정책이 안정화되고 지역에 뿌리내리고 있다고 할 수 있다.

기타 광역시도

울산시는 한때 한국의 산업수도로 불리울 정도의 전국 최고의 소득성장율을 보여주었으나, 최근 조선 및 자동차산업의 침체로 인하여 지역경제가 어려움에 봉착하였다. 이러한 사회경제적 배경 속에서 울산시는 2019년 8월 29일 '울산페이'라는 명칭으로 출시하였다. 2019년 발행목표는 300억 원이며, 2020년에는 1,000억 원 발행을 목표로 하고 있다. 10억 8,000만 원을 발행하였고, 2억 5,500만 원이 결제되었다(2019년 9월 30일 기준). 발행액 대비 회수율은 23.7%이다. 가맹점 5,387개 업소가 등록하였으며, 연 이용자는 16,648명이다.

부산시의 지역화폐 '동백전'은 2019년 300억 원을 발행하고, 2020년에

가맹점 등록 5,387개소 (자영업 63,000개소 대비 8.5%)

일반 음식점	전통시장 및 상점가	헤어/메이크업	카페	학원	병원/약국
1526	789	408	308	274	213
슈퍼/마트	부동산	스포츠/헬스	분식	숙박/캠핑	기타
260	89	88	69	13	1,350

〈표 7-5〉 울산페이 가맹점 등록 현황 (19. 9. 30. 기준)

자료: 울산시청(2019) 내부자료 참고하여 재구성

는 1조 원 발행을 목표로 하고 있다. 인센티브(4%는 국비지원)는 구매액의 6%이다. 구 단위로 동구에서는 '이바구페이'가 출시되었다.

2019년 기초지자체의 지역화폐권 발행 관련 광역 차원에서 행안부가 재정을 지원하는 경우는 경기, 인천을 제외하고 충남, 전남, 경북, 경남 등 4곳이다. 전남, 경북은 기초지자체 지역화폐권 발행(예정)액의 2%, 경남은 1%, 충남은 기초지자체 지역상품권 발행 관련 비용의 30%를 지원하고 있다. 그 외, 대전, 강원, 충북, 전북은 기초지자체의 지역상품권 발행과 관련하여 행안부의 별도 재정 지원이 없다.

눈에 띄는 전국의 지역화폐 사례

지역화폐는 각 지자체의 여건과 상황에 따라 적절한 변형을 하게 된다. 첫째, 지역화폐 정책으로 인하여 일시적 경기 침체를 겪게 된 지역의 경제적 안정성을 지탱하는 주춧돌 역할을 하기도 하고(군산시·포항시의 사례),

둘째, 지역화폐 정책으로 인해 지역 내 불균등이 완화되고 지역주민간의 교류가 활발해지면서 지역경제 공동체가 재구조화되기도 하며(성남시 사례), 셋째, 지역 회원간의 자조와 협력으로 공동체적 소비와 생활문화를 형성(한밭레츠 사례)하기도 한다.

군산·포항, 경기변동의 대안이 되다

지역화폐가 급격한 경기침체로 인해 지역경제에 활력을 불어 넣은 사례로는 군산시와 포항시를 들 수 있다. 군산은 대규모 기업이 공장폐쇄를 단행함으로써 조업중단, 대규모 전출 등 지역경제에 일대 혼란을 야기한 경우이며, 포항은 지진 등 자연재해로 인해 지역경제 환경에 불안을 야기하였다.

군산시의 경우 국내 대기업 조선업체가 계약수주 부진을 보이며 생산현장이 잠정 폐쇄되기에 이르렀다. 외국계 자동차 업체도 23년만에 폐업하였다. 외국계 자동차 업체와 조선업체는 그동안 군산 총생산액의 약 68%를 담당하며 지역내 경제를 떠받드는 받침돌이었다. 두 업체 관련 직원 및 가족은 6~7만 명에 달하였다. 급작스러운 경기침체는 지역경제에 암운을 드리웠으며, 지역 상권이 활력을 잃고 노동자, 소상공인, 자영업자들은 생업을 잃고 전업, 구직을 위해 타 지역으로 이동하는 수가 점차 증가하였다.

이러한 배경 속에서 군산사랑상품권이 발행되었다. 2019년 4월 기준 8개월간 2,408억 원이 판매되었으며 "상품권의 구매인원은 10만 8,860명(상품권 구입가능 연령 19세 이상 인구 235,294명) 대비 46%, 생산가능인구(15세~64세·18만 8,698명) 대비 57%"로 주민들 과반수 이상이 사용한 것으로 나타나 지역화폐가 정착되어 가고 있는 것으로 파악된다. 구매자별 연령대는 소비 주력층인 40~50대가 44%로 가장 많이 구매하고 있으며, 20~30대가 22%, 60~70대가 31%로, 전 연령대에 걸쳐 고르게 이용하고 있다. 특히, 판매액 중 98%가 개인구매로 나타나 지역화폐가 일상 경제생활에서 안착화된 것으로 보인다.

군산사랑상품권은 지역주민의 호응과 지역내 기업체, 소상공인 및 자영업자들의 협조로 지역경제 활성화에 효과를 거두고 있다고 할 수 있다.

성남, 지역주민 화합의 도구로

성남시는 2007년부터 지역화폐가 출시되어 12년간 국내 지역화폐의 선구적이고 모범적인 사례를 보여주고 있다. 성남시는 본시가지인 수정구, 중원구와 신시가지인 분당구로 구성되어 있다. 지역 내 총생산 22조, 인구 97만 명이 거주하고 있으며, 매우 활력있고, 기반시설이 잘 갖추어진 미래지향적인 도시라고 할 수 있다.

성남시의 본시가지인 수정구, 중원구는 "남한산성의 남쪽에 위치한 지면의 굴곡과 고도차가 심한 벽촌 농촌지역"(성남시, p. 114)에 불과하였다. 1969년 5월 서울시 청계천변을 대거 철거하면서 대규모 전입이 이루어졌고 그 후 철거민들이 집단으로 거주하게 된 이주지이다. 정부는 철거민들에게 수도, 화장실, 도로포장 등 도시 기반시설이 전혀 준비되어 있지 않은 상태에서, "토지에 금 긋고 불하한 채로 무허가 주택을 지어 생존하게 한" 매우 기형화된 지역이었다. 한마디로, 철거민을 서울에서 '강제로 이주시켜 던져 버린' 버림받은 지역이었다. 1971년 '광주 대단지 사건'은 현재까지도 성남을 설명하는 중요한 역사적 분

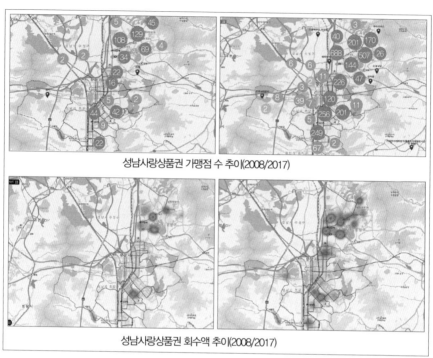

성남사랑상품권 가맹점 수 추이(2008/2017)

성남사랑상품권 회수액 추이(2008/2017)

〈그림 7-2〉 성남사랑상품권 연도별 유통 추이　　　　　　　　자료: 김병조(2018)

기점이다.

　반면, 신시가지는 경기도 광주군에서 출발하여 현재는 글로벌 대기업의 본사가 다수 입지하고, 마천루가 형성된 소위 '천당 아래 분당'이라고 불리는 곳이다. 특히, 분당구는 1990년대 이후 국가발전계획에 따라 급속한 인구유입, 건축개발, 상권 집중, 대기업 유치 등 계획도시로 발전하고 있고, 이는 '탈 성남시'를 운위하며 행정구역 개편을 주장할 정도로 매우 뚜렷한 지역적 차이를 보여주고 있다. 본시가지와 신시가지는 매우 뚜렷한 사회 · 경제 · 문화 · 지리적 경계가 나타나고 있으며, 배제와 격리, 차별과 소외가 나타나는 지역이었다.

그러나 2007년 성남사랑상품권이 지역경제 활성화 정책으로 도입되면서 성남시는 새로운 정체성을 찾기 시작하였다. 기존의 본시가지의 전통시장, 상권들에서 지역화폐가 회전되기 시작하였고, 특히 신시가지의 주민들이 지역화폐를 들고 본시가지의 전통시장 및 골목상권을 방문하여 지역의 소상공인 및 자영업자의 매출을 증대시켰다. 이로써, 지역 내 주민이 교류하고 자원이 순환되는 역동성을 확인할 수 있었다. 〈그림 7-2〉는 2008년부터 2017년까지의 성남사랑상품권으로 인한 지역 내 가맹점 수의 변화추이와 회수액의 확대과정을 보여주고 있다(김병조, 2017).

한밭 레츠, 자치공동체의 모델이 되다

1997년 경제위기와 함께 녹색평론의 지역화폐 운동이 소개되었고, 이는 대전시의 한밭레츠로 연결되었다. 다른 한편으로는, 충북 괴산군의 괴산사랑상품권이 고향상품권의 성격을 가지고 출시되었다. 한밭레츠는 지난 22년간의 역사적 실천의 성과를 보여주고 있으나, "실패하지도 성공하지도 못한" 지역 내 동호인들의 지역공동체 화폐로 운영되고 있다.

한밭레츠는 2018년 총가입 662가구, 신규회원 37명이며, 거래건수 9,792건으로 두루 1억 45,017,478, 현금 1억 24,099,270원이며, 거래액은 전년대비 2.16%가 증가하였으며, 가구당 연거래 총액은 405,908원이다(지역품앗이 한밭, 2019).

한밭레츠는 지난 10년간 꾸준하게 유지되면서 활동을 이어왔으나 지역 내에서 크게 활성화되지는 못하였다. 이는 한밭레츠가 안고 있는 한계이기도 하지만, 지속적으로 유지될 수 있는 특성이라고도 할 수 있다. 공동체형 지역화폐는 범위가 넓어지고 너무 다양화된다면, 정체성과 결속력을

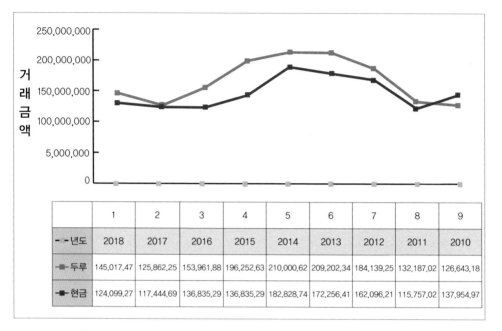

	1	2	3	4	5	6	7	8	9
--■--년도	2018	2017	2016	2015	2014	2013	2012	2011	2010
--■--두루	145,017,47	125,862,25	153,961,88	196,252,63	210,000,62	209,202,34	184,139,25	132,187,02	126,643,18
--■--현금	124,099,27	117,444,69	136,835,29	136,835,29	182,828,74	172,256,41	162,096,21	115,757,02	137,954,97

<그림 7-3> 한밭레츠 연도별 발행 추이   자료: 한밭레츠, 2019

상실하고 상호부조에서 이익중심으로 활동의 중심이 이동하게 되고, 결국 지역 내 소비자 이익집단으로 변질될 가능성이 있다.

따라서 공동체형 지역화폐의 취지와 원칙을 유지하면서 고유한 활동을 하는 것이 중요할 것이다. 그러나 "지역공동체 회복이나 지역경제 파급효과가 미비하고, 지역주민 및 소상공인의 참여가 미비하며, 회원 수 및 거래량이 정체"되어 있다는 점에서, "망하지도, 실패하지도 않은 상태"(김성훈, 2018)라고 할 수 있다. 이러한 평가는, 성공하지는 못하였으나 또한 실패는 아닌, '지속가능한 상태'라고 할 수 있다.

한밭레츠가 자기내실을 기하며 지속적인 활동이 가능한 이유는, 공동체형 지역화폐라는 시스템 이전에 회원간의 조직적인 유대감이 유지되고,

다양한 생활공간에서 다양한 형태의 친교가 이루어졌기에 가능한 것이었다. 대표적으로, 가가호호 방문하고, 초대하고, 안부 묻기, 회원이 활동하는 단체에 자원봉사를 하거나 품앗이를 한다. 품앗이 · 만찬 · 학교 · 놀이 등의 회원간 접촉면을 다양화한다. 또한 민들레의료사업, 두루학교 등을 통해 일상속에서 지역화폐를 접하고 활용할 수 있는 다양한 계기들을 만들어 낸다(지역품앗이한밭, 2019).

한밭레츠는 공동체형 지역화폐의 대표적인 모델사례이다. 향후 공동체형 지역화폐와 상품권형 지역화폐가 시민 삶의 다양한 공간에서 접목되고 엮이면서, 상호 교류하고 상생할 수 있는 방안을 찾아 나아가야 할 것이다. 다만, 이와 관련하여, 과거 성남시에서 시도되었던 성남시 지역화폐 '넘실'의 자치운동이 성남사랑상품권과 '결합-보완관계'를 갖지 못한 점 (지역화폐 성남누리 운영위원회, 2015)은 반면교사로 삼아야 한다.

한국의 지역화폐 정책 보기

정부, 광역, 기초지자체의 결합

중앙정부가 재정 지원에 나서고, 광역시도가 행정 지원하고, 기초지자체가 운용하는 '중앙정부(국가)+광역시도+기초지자체' 결합의 지역화폐는 세계적으로 유사사례를 찾아보기 힘든 매우 독특한 경우라고 할 수 있다.

그렇다면 한국에서 지역화폐와 관계된 부서인 한국은행, 행정안전부, 중소기업벤처부, 기획재정부 등 정부 각처의 입장과 주요 관심사를 검토해 본다.

1) 한국은행

한국은행은 중앙은행으로 '은행의 은행'이라고 할 수 있다. 한국은행은 국내의 모든 통화량, 이자율, 지급 준비율 등 화폐·금융·통화와 관련된 모든 업무를 관장하고 있다. 한국은행은 "지역화폐는 유통규모, 법정통화와의 환전체계, 자체구조 등에 따라 중앙은행기능(통화정책 및 금융안정 책무, 법정통화 신뢰도, 소비자 보호)에 유의한 영향을 미칠 수 있다"(한국은행 강원본부, 2019)고 파악한다.

한국은행의 실무적인 입장을 조금 더 검토해 보면, "지역화폐는 행정안전부 소관이며, 공식적인 법정통화가 아니다. 구두상품권, 백화점 상품, 문화상품권과 별반 다르지 않은 기존의 1회성 상품권의 일종으로 본다." 또한 "전체 화폐유통량에서 지역화폐의 발행 및 유통액이 차지하는 비중이 크지 않으며, 통화 질서에 혼란을 끼치지 않는 한 굳이 적극적인 개입은 불필요하다"(한국은행 담당자 인터뷰. 2019년 11월)는 입장이다.

한국은행의 지역화폐에 대한 주요한 관심사는 지역화폐가 중앙화폐·법정화폐를 대체할 가능성, 지역화폐의 발행량 증가와 영역 확대로 인한 법정화폐의 위축 및 감축에 대해 관심과 우려를 동시에 가지고 있다.

지역화폐는 정책발행(중앙정부 및 지자체의 예산을 받아 인센티브 없이 복지수당으로 지급하는 방법), 일반발행(중앙정부와 지자체의 지원금을 받아 지역민들에게 인센티브와 동반하여 판매하는 방법)의 두 가지 출시 방법이 있다. 두 경우 모두 중앙정부와 지자체의 예산이 포함된 것이며, 지자체가 신용과 환급을 보증한다. 여기서, 지역화폐는 중앙은행(한국은행)의 본원통화로부터 파생된 준법정화폐 또는 준중앙화폐이거나, 2차 파급화폐의 성격으로 파악이 가능할 것이다. 즉, 백화점 상품권, 구두상품권 등 기업에서 필요에 따라 발행한 상품권이 아니라, 한국은행의 본원통화에 연계되어 시중 은행에서 발행하고 지급을 보증하는 일종의 '수표'로 보는 것이 더 타당할 것이다.

한국은행은 화폐의 관리와 단속이라는 차원에서 접근하여 유통질서와 발행을 감독하고 관리할 책임은 있어도, 지역화폐의 일반적인 운영과 활동에 대하여 개입하거나 간섭하는 것은 적절하지 않은 것으로 판단된다.

2) 행정안전부

지역화폐를 주관하는 부서는 행정안전부 지역경제지원과이다. 지역화폐의 정식명칭은 '고향사랑상품권'(2017년 1월)으로 명명하였다가 최근 '지역사랑상품권권'(2019년)으로 개칭하였다. 행안부는 여러 법률적·정책적 요건으로 '지역화폐'라는 명칭보다 지역사랑상품권이라는 명칭을 유지하고 있다.

행안부는 2019년 전국의 지역화폐 발행예정액을 1조 5천 억원(2018년 중반기 산정)으로 잡았다가, 2019년 중반에 2조 3천억 원으로 변경하였다. 이는 지역화폐에 대한 정책수요를 예측하지 못할 정도로 지역화폐 발행에 대한 지자체의 요구가 과도하게 급증하였음을 반영하는 것이다. 2019년 지역화폐 예상 발행액 2조 억 원에 대한 4%의 인센티브에 대한 행안부의 지원액은 800억 원이다(행안부, 2019a).

일반적으로 정책은 중앙에서 결정하고 지자체가 수행하는 전통적인 상위하달식 정책흐름이었다. 그러나 지역화폐는 지역단위의 지자체에서 결정하고 집행하는 고유의 정책이기에 행안부가 적극적으로 주도하거나 관리할 수 있는 정책이 아니다. 지역화폐 정책이야 말로 중앙정부의 '지원은 하되 간섭하지 않는' 태도가 필요하다고 할 것이다. 행안부는 전국규모의 지역화폐를 관장하며, 인센티브 등을 위한 지원, 관리 등을 맡고 있다. 특히, 군산시, 포항시와 같은 지역별 사안에 따라 집중지원이 필요한 지역을 선별하고 적극적 지원책을 강구한다.

행안부는 지역화폐 정책의 당사자로서 많은 역할을 하지만, 지역화폐 정책이 지자체 단위의 능동적 독자적 판단에 의한 것이므로, 이에 대한 별도의 행정적 지원체계만 있을 뿐 여타의 선별적 지원대책을 강구하기는 적절하지 않다.

행안부는 향후 지역화폐의 발행에 있어 "도 단위에서는 시군차원에서 지역화폐를 발행하고, 광역시 단위에서는 광역단위로 발행하는 것"(소득주도성장 위원회, 2018)을 원칙으로 하기로 했다.

3) 중소기업벤처부

중소기업벤처부는 2009년부터 지역화폐와 사용형태가 유사한 온누리상품권을 운영하고 있다. 온누리상품권은 정부의 소상공인 지원책에 힘입어, 시기적으로는 설·추석 명절 즈음에, 공간적으로는 전통시장에서 주로 활용되었다. 그러나 지역화폐 정책으로 인하여 온누리상품권은 경쟁관계 또는 대체관계가 설정되는 등 위상에 많은 변화를 겪고 있다. 온누리상품권과 이를 기반으로 지역화폐와의 관계에 있어 독자적 유지, 병립(연계), 통합 등에 대한 정책적 검토(백훈, 2019)가 진행되고 있다.

중기벤처부의 현재 최대 관심사는 '온누리상품권-제로페이$_{Zero}$ $_{pay}$-지역화폐'의 관계설정이라고 할 수 있다. 제로페이는 소상공인의 결제 편의를 위한 시스템으로 보급되었으나 사용의 편의성, 보급망 및 가맹점, 유인책 등의 문제로 어려움을 겪고 있다. 특히, 제로페이 시스템이 시장에서 매출로 바로 연결되지 못하자, 다양한 방안들이 검토되고 있는 가운데 지역화폐를 연계하는(싣는) 방안이 아이디어 차원으로 제안되고 있다. 그러나 제로페이는 결제편의를 위한 시스템이며 지역화폐는 소상공인-자영업자의 지원을 통한 지역경제 활성화라는 금융정책이라는 위상의 차이가 분명하다.

지역화폐는 발행 및 보급, 소비자 및 소상공인 인지도, 정책적 다양성, 정책의 완결성에 있어 발전가능성이 크다고 할 수 있다. 따라서, 온누리상품권이 지역화폐를 기반으로 한 '광역화된 화폐로서의 온누리상품권'(또는 전국단위의 전지역화폐)라는 새로운 정체성을 가지고 보완관계를 찾아야 하며 이를 통해 시너지효과를 구축하는 방안을 모색하여야 할 것이다. 향후, 온누리상품권과 지역화폐의 관계설정은 중앙정부의 상급단위에서 종합적으로 검토하여 대안을 마련해야 할 것이다.

4) 기획재정부

기획재정부는 지역화폐와 직접적으로 연계된 부서는 아니다. 다만, 현재 지역화폐가 경제활성화와 관련하여 사회적 주목을 받고 있다는 점에서 예산과 관련된 부분에 관심을 가지고 있다. 기재부는 지역화폐 유통을 위한 인센티브가 예산으로 계속 지출되는 것에 대하여 문제의식을 가지고 있다. 중앙정부의 지자체에 대한 지역화폐 발행 예산 지원(즉, 인센티브)을 감축하거나 또는 지원없이 자체적으로 자생력을 가지며 순환할 수 있는 방안에 대하여 검토하고 있다.

인센티브에 대한 중앙정부의 예산 지원은 인센티브가 없는 지역화폐를 통한 복지수당의 규모가 더욱 확대될 것이며, 각종의 다양한 유인책들이 강구될 것이기 때문이다. 장기적으로 감소할 것으로 예상할 수 있다. 그러나 정부가 여타 산업과 지역에 지원하는 재정규모에 비한다면 현재 발행액의 4%를 지원하는 것은 결코 큰 금액은 아니라고 할 수 있다. 다른 방안으로는, 지역화폐를 운영할 수 있는 지자체 단위의 지방은행의 설립을 통해 지역의 공동사업, 환전, 대출, 예금 등을 통한 지역 내 순환 및 금융정책을 구상할 수도 있을 것이다.

기재부 일부에서는 최근 주목받고 있는 현대 화폐이론MMT(Modern Moneytary Theory)에 지역화폐를 접목하고자 하는 관점이 있다. MMT이론에 의하면, 경기부양을 위해서라면 정부가 재정적자를 감수하고서라도 확대 재정정책을 구사할 수 있으며, 정부 부채는 국채발행으로 상환자금을 마련할 수 있다. 이에 따라 제기되는 인플레이션에 대한 우려는 민간에서의 조세증가를 통해 통제할 수 있다는 주장이다.

MMT이론은 계속적인 논의가 필요하다. 현재 세대의 경제적 부富를 유지하기 위하여 출생 전의 미래세대에게까지 부담을 지우는 문제는 보다 깊은 사회적 숙고가 요구된다.

정부, 시도, 기초지자체의 역할

지역화폐 정책은 매우 복잡한 정책결정 경로를 가지고 있다. 따라서 '정부+광역시도+기초지자체'의 세밀한 정책 조율이 필요하다. 지역화폐와 관련하여, 중앙정부, 시도, 기초지자체가 수행해야 할 역할에 대하여 검토하여 보자.

	한국은행	행정안전부	중소기업벤처부	기획재정부
기본 입장	상품권의 일종	지역사랑상품권	온누리상품권과 경쟁관계	–
관계	중앙화폐와의 대체관계성	지원, 관리	경쟁, 위협	관망
태도	주시 및 관망	정책 관리자	비판, 경쟁	지원, 관망
관련 주요 현안	법정화폐와의 위상	경제적 효과, 합리적 운영	온누리상품권과 대체관계	MMT, 인센티브 재정 지원, 자발적 순환

〈표 7-6〉 지역화폐 관련 중앙부처의 입장

1) 정책 컨트럴 타워, 행정안전부

행정안전부는 전체적으로 지역화폐의 생태계를 조성·발양하는데 주력하고, 거시적인 안목과 관리의 역할을 하여야 한다. 또한 지자체(시도 및 시군구)가 수행하기 적합하지 않은 행정사안들을 해결하는 적극적인 역할이 요구된다. 행안부가 중앙부처로서 지역화폐의 정책수립 및 체계적인 추진을 위해 요구되는 5가지 측면에서의 역할을 검토해 보고자 한다.

첫째, 중앙정부 입장에서 법률적 체계화와 지원을 하여야 한다. 예를 들면, 국회 계류 중인 지역상품권 관련 법안(소병희 의원안)의 조속 통과를 위한 노력, 지역상품권 발행 관련 표준조례안 및 가이드라인 마련, 기초지자체의 요청이 있는 경우 플랫폼 공동운영대행사 선정, 관리 메뉴얼, 기타 전문성을 발휘하여 법률, 시행령, 조례 등의 제정을 지원하여야 한다. 위·변조를 방지하고, 운영질서를 해하는 행위에 대한 금지 및 처벌 법률을 강화해야 한다.

둘째, 지역화폐의 관련된 기준을 제시하여야 한다. 특히, 가맹점 기준은 대략적인 차원에서 방향이라도 제시되어야 한다. 지자체에 따라 재량권을 가지고 구체적으로 달리 정할 수 있으나, 예를 들면 '가맹점 매출 10억 원'을 기준으로 하되, 유흥접객업소, 하나로 마트, 주유소, 편의점 등에 대해 검토할 수 있는 구체적인 '기준'이 마련되어야 한다. 사례별Case by case 허용정책보다는 최소한의 기준과 제한을 가지고 다양하게 정책을 운용할 수 있도록 최소기준과 제한점을 분명하게 명시하여야 한다.

셋째, 다양한 정책 수립을 통한 정책의 취지와 원칙을 추구해 나아가며, 거시적이고 장기적인 전망을 제시하여야 한다. 지역화폐 발행 규모, 예산, 지원규모, 지원책 등 중앙단위에서 기획하고 수립가능한 정책들을 체계화하여 이를 투명하게 공개하여야 한다. 상시적으로 지자체와 논의할 수 있는 구조를 갖추어야 한다. 또한 지역화폐 부정사용에 대한 강력한 법적 제재수단을 강구하여야 한다. 지역화폐 정책은 최소한 3년 이상의 정책 시행 후 경제적 효과분석이 가능한 만큼, 중기적으로 검토·평가 가능한 규준들을 제시하여야 할 것이다.

넷째, 생태계 조성 및 발양을 적극 지원하여야 한다. 소비자(사용자)-가맹점(소상공인, 자영업자) 간의 쌍방향 접근성을 강화하기 위하여 서비스 측면을 다양화하여야 한다. 사용처 및 가맹점의 확대를 위한 업종, 업태, 품목 등의 다양화 및 활성화, 소비자의 일상생활 영역에서 공유부의 활용을 통한 서비스 접촉면을 다각화하도록 한다. 예를 들면, 국립공원 쓰레기 되가져오기 포인트, 각종 초·중·고생의 장학·격려 수상금, 자원봉사 활동지원금, 외부 관광객 주차장 사용료 납부 후 페이백, 사회적 차원의 격려자 지원상금, 각종 이벤트 및 축제, 공공부문 활동 등에 지역화폐로 지급하는 것을 고려해 볼 수 있다. 각종 사회개발 서비스 영역에서 지역화폐로 지급 가능한 부분을 발굴하여야 한다. 기존의 제4섹터인 사회적기업 부문과 연계하는 '지역-생산-기업-소비-생활 네트워크'를 강화하여야 한다.

다섯째, 중앙정부 및 지자체에의 각종 복지수당 지급시 연계를 적극적으로 검토하여야 한다. 현재 경기도에서 시행하고 있는 출산지원금, 아동수당, 청년기본소득 외 각종의 복지수당을 지역화폐로 지급할 것을 고려해 볼 수 있다.

김병조(2017)는 9개의 복지수당(출산지원금, 양육수당, 아동수당, 근로장려금, 생계급여, 장애수당, 장애인연금, 기초연금) 중 기초연금을 지역화폐로 지급할 것을 제안한 바 있다. 현재 지역화폐에 대한 인식, 보급, 홍보 등을 감안하였을 때, 기존의 복지수당 중 출산지원금, 아동수당 등은 이미 경기도에서 실행중이며, 양육수당 및 각종 생활밀착형 수당 등을 포함하여 지역화폐 지급을 검토해 볼 수 있다. 또한 이때 복지수당 중 지역화폐를 사용할 때 취약계층에게 지급되는 종목은 낙인 · 식별 · 차별에 대한 지역갈등이 발생하지 않도록 유의하여야 한다. 복지수당의 취지와 성격을 잘 헤아리고 면밀한 검토와 수급당사자의 의견을 경청하여 결정하여야 한다.

2) 광역, 자율성과 정책을 조화시키다

시도와 기초지자체는 지역화폐 정책을 추진하는 실제의 집행기관이다. 시도는 중앙정부로부터 자율적 행정력을 확보하고, 기초지자체의 자발성을 보장해 주어야 한다. 중앙정부로부터 지원금을 지급받고, 자기 예산을 투입하여 정책을 집행하는 가장 중요한 역할을 하고 있다. 시도는 중앙정부와 기초지자체를 잇고, 중앙정부의 역할과 기초지자체의 과제를 병행 · 수행하는 실행관리자의 역할도 겸하여야 한다.

법률체계화 및 지원	상품권 관련 법안(및 시행령, 조례), 운영 가이드 라인 등 제시
관련 기준 명확화	가맹점 기준 명확하게 제시
장기적인 전망 제시	발행규모, 예산, 방향 투명하게 공개, 정책평가 규준 마련
생태계 조성 지원	소비자─소상공인 쌍방향 접근성 강화, 공공영역 활용도 증대 위한 방안 다각화
복지수당과 연계	기초연금 및 각종 생활밀착형 복지수당 종목을 면밀히 검토 필요

〈표 7-7〉 지역화폐 활성화를 위한 중앙정부의 역할

지역사정에 따라 가장 체계적인 지역화폐 정책을 제정·운영하여야 한다. 기초지자체가 운영에 따르는 행정상의 부담을 덜어주고 지원하며, 시도 단위의 지역화폐의 거시적 운영 및 발행 유형(소역/중역/광역 등) 등을 결정하여야 한다. 발행 유형에 따라 판매액의 독점, 지역상권 편중 등 지역 간 이해관계가 발생할 수 있으며 이는 소지역간 분쟁으로 확대될 수 있다. 이러한 분쟁을 해소할 수 있는 갈등 중재방안을 마련하여야 한다.

지역화폐를 사용하는 온라인 출입구인 플랫폼은 소비자, 상품, 거래, 점포 정보 등이 집중되어 있는 공간이다. 플랫폼에서 생성되는 각종의 빅데이터들은 민감한 개인정보 및 영업정보 등을 담고 있을 뿐만 아니라, 그 자체로 매우 중요한 원자료이다. 빅데이터는 미래의 먹거리 자원으로 활용가치가 매우 크다. 특히 플랫폼 대행사를 선정·관리하는 시도는 정보, 자원활용, 자료를 활용한 수익구조에 대하여 관심을 가지고 주민들이 자치적으로 민주적 관리·통제가 이루어지도록 지원해야 한다.

범역	키워드	구체 내용
광역시도	독자성	중앙정부로부터 지역 자율권 확보
	광역시도자율성	기초지자체에 행정권한 하방
	광역시도법제화	지역에 맞는 조례 및 매뉴얼 제정
	광역시도정책 결정	광역단위의 거시적 정책 기획 · 운영
	광역시도갈등 해소	지역화폐로 야기되는 새로운 소지역갈등 및 소외계층 자립지원

〈표 7-8〉 지역화폐 관련 광역시도의 역할

3) 지역화폐의 요람, 기초지자체

기초지자체는 정책의 주요 실행체이다. 지역의 자치성, 지역주민의 자발성, 지역의 특성 등을 감안한 지역자치, 주민참여, 균등발전을 위한 디딤돌 역할을 하여야 한다. 이런 점에서 각 지역의 사정은 기초지자체가 제일 잘 파악하고 있다. 기초지자체가 해야 할 역할에 대하여 6가지 측면에서 검토해 본다.

첫째, 기초지자체의 지역화폐 운영은 자율적이어야 한다. 기초지자체는 지역상품권 발행 주체이며 상품권의 사용 범위, 발행 규모, 발행 형태 등을 결정하는 독자적이고 독립적인 실행주체이다. 예를 들면, 경기도의 경우 상품권의 사용 범위는 31개 기초지자체 권역 내로 국한하였다. 지역화폐의 유형(지류, 카드, 모바일)별 발행 및 운영대행사도 기초지자체가 자기 지역의 상황을 고려하여 자율적으로 선택할 수 있도록 보장하였다. 그 결과, 화폐 유형, 할인율, 가맹점 등은 각 지역의 고유한 사정에 따라 결정되었다.

〈○○시군 지자체 조례〉

제13조(협의회의 구성)

① 협의회는 위원장 1명을 포함하여 10명 이내의 위원으로 구성한다.

② 위원장은 부군수가 된다.

③ 협의회의 위원은 다음 각 호의 사람 중에서 군수가 임명 또는 위촉하되,
  위촉직 위원은 어느 한 쪽의 성(性)이 10분의 6을 넘지 아니하도록 하여야 한다.

1. ○○시군 의회 의장의 추천을 받은 군의회 의원

2. 협의회 소관 업무를 담당하는 군 소속 공무원

3. 지역화폐 발행 및 유통 활성화 분야에 관하여 학식과 경험이 풍부한 사람

〈표 7-9〉 경기도 ○○시군 지역화폐 협의회 조례

자료: ○○시군 지역화폐 발행 및 운영 조례[시행 2019. ○. ○.
[경기도 ○○ 조례 제2724호, 2019. ○. ○. 전부개정]

또한 지역화폐 운영과 관련하여 가장 중요한 지역화폐 운영 대행사 선정도 기초지자체 차원에서 결정하게 함으로써 자율성을 존중하고 행정책임을 부과하는 지역 자치제도의 취지에 합당하게 진행되었다. 일례로, 경기도 내 31개 기초지자체 중 28개는 K 공동운영대행사를 이용하고 있으며, 3개 지역(성남·시흥·김포)은 자체적으로 대행사를 선정하여 운영 중이다.

둘째, 기초지자체는 독자적으로 '지역화폐 협의회(이하, 협의회)'를 운영할 수 있다. 그러나 협의회는 기존의 행정책임자, 의회 의원, 담당 공무원, 학식 풍부한 사람으로 한정되어 있다. 지역화폐 정책의 주체이자 대상자인 소비자 및 소상공인, 자영업자의 참여가 제한되어 있다. 지역화폐는 상부하달식으로 정책을 실시한다고 실행되는 정책이 아니라, 소비자(수급자)와 소상공인의 이해와 동참 없이는 결코 성공할 수 없는 정책이다. 운영위원을 민간영역으로 개방하여 소비자(지역 주민)와 소상공인에게 문호를 개

지역 내에서 지역민이 재배한 콩을, 지역민이 운영하고 지역민이 노동하는 두부 가공공장에서 두부를 만들고, 지역 내 마트에서 지역민을 판매종업원으로 고용하여 판매하고, 지역화폐로 거래하며, 매출로 벌어들인 지역화폐는 소득으로 분배되어, 용돈을 받은 아이는 지역의 문구류와 간식을 구입하는 등의 순환체계를 이루면서, 지역 내에서 소비하는 지역 내 선순환 경제구조를 만들어야 한다.

장애인 작업장에서 장애인들은 지역에서 생산된 콩을 사서 메주를 만들어 판매하고, 어르신들은 전통 간장, 고추장, 된장을 만들고, 이를 납품받은 가공업체는 지역특산품으로 장류를 포장 판매한다.

지역 내에서 소상공인 및 자영업자의 고용-생산-가공-판매-소득순환이 발생하며, 이러한 순환과정을 통해 지역의 경제적 부가 축적되는 동시에 지역 내 신뢰가 강화된다. 이는 전체적으로 지역공동체 강화의 과정이라고 할 수 있다.

〈표 7-10〉 지역 내 지역화폐를 매개로 한 자원활용 및 선순환 경제 사례

방하여 현지 실정에 맞는 지역화폐 운영위원회를 구축해야 한다.

셋째, 지역화폐 정책의 적극적인 참여를 통해서 '아래로부터, 밑으로부터의' 풀뿌리 민주주의가 발양되고, 풀뿌리 지역경제가 활성화될 수 있도록 방향을 잡아야 한다. 최근 인천시의 사례와 같이 지역화폐 학교를 운영하고 활동가를 발굴함으로써 지역의 민주주의를 확장하고 지역자치를 강화할 수 있다.

넷째, 지역화폐를 통한 지역 내 자원의 재순환 및 효율적인 자원활용이 가능하도록 한다. 그러기 위하여, 기초 지자체는 지역의 유휴 자원을 세세히 파악하고 활용가능 및 연계가능한 자원간, 주민간, 소유자-가공자간 네트워크를 강화하여야 한다. 〈표 7-10〉는 지역 내 지역화폐를 매개로 한 자원활용 및 선순환 경제 사례를 보여주고 있다.

다섯째, 지역화폐의 사용 및 활용도를 높이기 위한 사용처(가맹점)의 확대 · 발굴이 필요하다. 가맹점의 업종, 점포 수는 소비자의 편의성과 관

기초 지자체	자율적 운영	지역화폐 유형, 발행, 대행사, 할인율 결정
	지자체지역화폐 협의회 개방	지역주민(소비자 및 소상공인)의 의견 교류 및 반영
	지자체풀뿌리 지역경제 활성화	지역활동가 발굴 및 교육, 지역 내 자원의 순환
	지자체지역 내 자원 활용을 위한 네트워크 구축	유휴자원 연계, 자원간, 주민간, 소비자-가공자간 네트워크 활성화
	지자체취약계층 지원	

〈표 7-11〉 지역화폐 관련 기초지자체의 역할

련된 중요한 문제이며 지역화폐 정책의 성공을 결정짓는 관건이 된다.

여섯째, 각 지자체는 지역화폐의 안정적인 수급유지 및 활성화를 위하여 정책발행으로 전환가능한 부분을 발굴하여야 한다.

경기도의 경우 정책발행은 지역화폐 발행액의 상당부분(2019년 기준 72.2%)을 차지하고 있으며, 향후 대다수의 지자체는 복지수당을 지역화폐와 연계하는 방안을 적극 검토중이다. 정책발행은 지역화폐의 안정적인 수급을 지원해주며, 시장에서의 지역화폐의 안정적인 보급과 운용의 기본적인 토대라고 할 수 있다.

앞으로는 각종 복지수당과 다양한 생활밀착형 수당까지 포함하여 지역화폐로 지급하는 것을 검토해 볼 수 있다. 참고로 〈표 7-12〉는 경기도 내 청소년 관련 중앙부처 복지서비스 중 지역화폐로 활용가능한 사례를 아이디어 공모로 모집한 사례이다.

경기도 내 청소년 관련 중앙부처 복지서비스 현황
- (여성가족부) 가출청소년 보호지원 외 21개 사업
- (교육부) 방과후학교 자유수강권 외 19개 사업
- (보건복지부) 청소년 산모 의료비 지원 외 2개 사업
- (농림축산식품부) 학교 우유급식 외 1개 사업
- (문화체육관광부) 스포츠강좌 이용권
- (미래창조과학부) 국가우수장학금_이공계
- (고용노동부) 산재근로자 자녀 복지지원_장학금
- (경찰청) 아동안전지킴이 / (통일부) 북한이탈 청소년 교육지원 등
▶ 위 내용을 정리하면 9개 부처, 52개의 사업은 취약(특정)계층으로 대상이
한정되어 있는 가운데 분산된 청소년 복지서비스와 경기도만의 정책사업의
창구를 지역화폐 사업의 하나로 선입견 없이 사용할 수 있도록 해야 함.

〈표 7-12〉 지역화폐와 각종 수당 연계지급 사례(청소년의 경우)

자료: 서원하·민가원·김지선(2019)

지역화폐 정책을 고민하다

1) 한국경제의 세계화

한국경제는 세계화, 신자유주의, 국제분업구조 등 세계적 차원의 축적 구조에 포섭되어 선진국형 장기 경제침체의 와중에 있다고 할 수 있다. 저출산/고령화, 저성장/장기침체는 한국의 사회경제를 특징지우고 있다.

국내 경제상황을 보여주는 다양한 경제지표들은 경제 문제가 단기간 경기의 부침浮沈이 아니라, 매우 구조적이며 자본주의 축적체제 그 자체임을 확인하게 해 준다. 국내 지역 간 경제적 격차는 더욱 심화되고 있으며 불균형 성장은 더욱 심각해지고 있다. 개인소득은 경기와 서울지역 거주자에 몰려 있으며, 가계부채는 다소 감소하는 추세이다. 그러나 DTI, LTV, DSR, IRT 등 대출을 억제하고 상환을 유도하고 있는 상태로 재정 건전성

은 상승한 반면 개인의 소비성향은 더욱 약화되고 있다. 또한 개인의 부채 상환은 가계의 후생을 악화시키고, 민간소비를 감소시키며, 이로 인해 소상공인 및 자영업자의 매출은 감소하며, 경기는 하락하고, 결국 경제선순환을 저해하게 된다.

소득 불평등을 보여주는 지니계수는 최하치에서 다소 회복세를 보이고 있으나, 중산층 비율은 증가하지 않고 있다. 시도별 연말정산 평균급여액을 검토해보면 억대연봉자가 서울 및 수도권에 집중되어 있다. 결정적으로 한국의 경제성장율은 2% 중반대에서 이제 1~2%대 사이를 가리키고 있다. 경제학 교과서에만 나오던 '디플레이션Deflation'은 한국경제의 전형적인 선진국형 저성장/장기침체의 징후와 엮이면서 현실이 되었다.

과거 경제는 대자본(재벌) 중심, 자본 중심, 성장 중심, 지역간 불균형에 기반한 성장정책이었다. 최근의 경제정책은 다소나마 중소기업, 분배, 사람, 균형 등에 대해 방점을 찍고 있다는 점에서 차이가 있다. 그렇다면, 현재의 이러한 상황에서 사람이 부대끼며 살아가고 있는 실체적 '지역'이 의미하는 바는 무엇일까.

2) '지역'이란 무엇인가

경제정책 실현의 주요 시공간으로서 '지역'에 대한 관심이 점차 고조되고 있다. "지역경제는 세계화, 신자유주의, 국제분업, 인구의 구성과 이동, 농업과 공업, 도시와 농촌, 4차산업과 산업구조의 재편, 지역균형 발전 등 다양한 중층적인 사안들이 복합적으로 결부되어 있다. 지역은 세계화 시대에 "'현실의 모순'들이 충돌하는 현장이자, 그 모순의 해소가 이루어지는 실체적 공간"(김병조, 2017)이다.

첫째, 지역은 다른 주변 지역과 관계성을 확장하면서 그 관계 속에서 자기지역의 위상을 위치지운다. 지역이 중심부적 위상인가, 주변부적 위상인가에 따라 자기지역 주민의 삶의 만족도가 결정된다고 할 수 있다. 특히 지역내, 지역간 경제적 양극화에 의한 사회·경제·문화적 격차는 매우 심각해질 것이다.

둘째, 지역은 지역간 격차를 해소하려는 균형지향성을 가진다. 지역은 정치·경제·사회·문화·역사적 맥락에 따라 각기 자기지역의 자연환경과 교호하면서 발전의 방향, 발전의 질과 속도를 달리하여 왔다. 그러나 이러한 차이들을 지역주민들이 그대로 수용하는 것은 아니며, 다른 지역과의 비교우위와 경쟁속에서 만족과 불만족의 동시성을 추구하고 있다.

셋째, 지역은 현재적인 의미를 가지고 있다. '지금 내가 발 딛고 있는 바로 이곳'이 구체적인 삶의 현장이며, 지역은 내 삶을 특정지우고 내 삶을 영위하게 하는 구체적인 시간이 투영되는 공간이라고 할 수 있다.

따라서 지역간 불균등, 지역 내 불균등은 지역 또는 지역주민만의 문제가 아니라, 지역이 속한 전체 공동체의 공동관심사라고 할 수 있다.

3) 한국의 지역화폐 정책 특징

국내 지역화폐의 역사는 1996년(또는 1997년)을 기점으로 약 23년의 역사를 가지고 있다. 그러나 상품권형 지역화폐(고향사랑상품권 또는 지역사랑상품권)는 온누리상품권과 역할에 있어 차별성을 가지지 못한 측면이 크다. 발행규모도 비교적 소규모로 명절이나 특별한 경우가 아니면 사용 빈도가 활발하지 않았다. 노동교환형 지역화폐로서 한밭레츠는 회원수 및 발행규모가 일정하여 회원간 공동체 화폐로서 역할을 하였으나, 지역경제에 미치는 영향은 크지 않았다.

지역화폐가 경제정책으로 의미를 가지게 된 것은 2007년 성남사랑상품권이 지역내에 운용됨으로써 일종의 시민권을 확보하게 되었다고 할 수 있다. 이시기 각 시군단위의 고향사랑상품권 형태의 상품권형 지역화폐가 순환되었으나, 오늘날과 같은 규모를 갖추고 명시적인 지역경제 정책으로 등장하기 시작한 것은 2017년을 기점으로 한다고 할 수 있다.

탄핵정국을 거치며 2017년 출발한 정부는 과거의 정책기조와는 다른 어젠다를 제시하였다. 이른바, 소득주도 성장, 지역균형발전, 지방분권 강화, 자영업자 강화, 지역경제 활성화라는 구호는 '지역화폐'를 수단으로 한 정책이었다. 구체적으로는, "신규도입 복지수당과 공무원 복지 포인트의 30%를 온누리상품권과 '(가칭) 고향사랑상품권(골목상권 전용화폐)'으로 지급하여 골목상권 활성화 뒷받침"(대통령 공약)이라는 명시적인 공약사항으로 제시되었다. 이러한 정책적 방향은 기존의 경제기조와는 사뭇다른 정책적 시야를 보여주는 것이었다.

국내 지역화폐의 정책적 특징을 4가지 측면에서 검토해 본다.

정부 주도형 지역발전 전략

한국 지역화폐는 한밭레츠와 같은 일부 노동교환형 지역화폐를 제외한다면 모두 상품권형 지역화폐라고 할 수 있다. 국내 지역화폐의 특성은 철저히 정부 주도로 진행되었다는 점이다. 본래 지역화폐는 소지역 단위로 주민중심 또는 주민자치적으로 추진되어야 하지만, 지역사랑상품권은 기초지자체 단위로 집행되었다.

현재 242개의 지자체 중 지역화폐를 발행하고 있는 지자체는 172개로 가히 전국차원의 지자체 주도형 지역화폐 시대라고 할 수 있다. 정부 주도형의 특징은 정책적 목표가 분명하다는 점이다. 경제정책 대상을 과거 대기업보다 중소기업, 기업보다 소상공인 및 자영업자를 중시하고 있으며, 정책적 방향은 낙수효과 대신 직접적으로 서민과 중산층에 연계되는 분수효과를 추구하고 있다.

경제와 복지의 융복합 정책

두번째 지역화폐 정책의 특징은 융복합형 경제-복지정책이라는 점이다. 기존의 사회경제복지정책은 하나의 취지와 목적만을 추구하는 단선적인 정책이라고 한다면, 지역화폐 정책은 다른 복지수당과 연계된 복지정책이자 지역경제 정책이라는 두 마리 토끼를 쫓고 있다는 점이다.

특히, 경기도는 복지수당으로 지급하는 청년기본소득을 지역화폐와 연계하여 정책발행 형태로 지급함으로써 청년에게는 활동을 지원하는 복지를 지향하면서, 그 결과적 효과로서 지역의 소상공인 및 자영업자들의 매출 증대로 연결되는 지역경제 선순환을 추구하고 있다. 이러한 '복지수당 지급-지역화폐 연계'의 정책 결합형 정책발행은 앞으로 다양한 정책결합성을 가지면서 증가하게 될 것이다.

경기도는 전국민 기본소득 도입 이전에 파일럿 기본소득으로 범주형 기본소득을 구상하고 있다. 특히, 농민 기본소득은 2020년 후반기에 도입될 예정이며, 향후 문화예술인, 장애인 범주의 기본소득을 적극 검토중에 있다. 이런 점에서 지역화폐 정책은 복지 융복합 다층형 경제정책이라고 할 수 있다. 참고로, 부산시에서는 청장년 기본소득을 지역화폐로 지급할 것을 검토중에 있으며, 타 지자체에서도 복지수당 지급을 적극 검토하고 있다.

디지털 기술의 결합

세 번째 국내 지역화폐의 특징은 디지털 기술의 발전에 기반한다는 점이다. "기존 산업분류에 해당하지 않는 모든 산업이 불러올 세계적 차원의 사회경제구조의 변화"(2016년 2월, 스위스 다보스포럼의 클라우스 슈바프의 주장)라고 할 수 있는 4차 산업혁명은 자동화 · 전산화 · 기계화, 인공지능, 빅데이터, 사물인터넷, 로봇, 무인자동차, 3D 프린트, 드론 등 혁신기술과 밀접한 관련이 있다.

한국은 세계 스마트폰 시장의 전쟁터라고 할 만큼 기술혁신에 민감한 얼리 어댑터들Early adapter(초기 사용자)이 최신기술을 감별하는 지역이다. 지역화폐는 4차산업의 와중에 핀테크, 블록체인, 전자화폐, 플랫폼 기술의 등장과 궤를 같이 하면서 급속한 발전을 이루고 있다. 이와 함께, 과거 전통적인 지류형 지역화폐의 선호도는 점차 감소하고(오프라인 공간에서 Cashless 사회 추구), 현재는 카드형을 선호하고 있으며 점차 가까운 미래에 모바일형이 보편적으로 보급될 것이다. 화폐가 모바일형으로 전이되면서, 화폐는 오프라인 공간에서 온라인 공간으로, 지갑에서 핸드폰 안으로 블랙홀 마냥 빨려들어가고 있다. 블랙홀은 모든 것이 교환되고 모든 것이 기록되는 현실의 플랫폼이다.

기술혁신이 화폐의 활용도를 발전시켰다면, 이러한 화폐기술의 발전은 플랫폼을 기반으로 하여 사회전반적인 사회경제 구조를 변화시킬 것이다. 지역화폐는 바로 이러한 급변하는 환경 속에서 한국의 사회, 지역, 공동체를 새롭게 재구축할 수 있을 것이다.

지역자치 정신을 지켜내다

한국의 지역화폐는 급격한 성장을 거듭하고 있으며 정부 주도 및 시도의 지원아래 기초 지자체에서 매우 속도감 있게 추진되고 있다. 여기서 주목할 점은 이러한 정책 추진 속도와는 다르게 지자체의 결정권이 존중된다는 점이다. 일반적으로, 과거 정책은 관주도, 상명하달, 수직계열형Top-down 추진방식이었으나, 지역화폐정책은 철저히 기초지자체의 의견이 존중되고 있다는 점에서 지역자치 정신을 충실히 지켜내고 있다고 할 수 있다.

경기도 31개 시군의 지역화폐 정책은 운용대행사, 할인율, 가맹점 기준이 각기 다르다. 지역화폐 운용사도 28개 시군은 K사이지만, 김포·시흥·성남 등 타 지역은 은행이나 카드사와 연계되어 있다. 할인율은 상권이 더 발달해야 할 군단위 지역에서는 더 높으며, 협의회에서 가맹점 기준을 설정할 수 있다. 지역주민의 자치 결정권을 완전히 보장한 것은 아니지만, 지역사정에 따라 지역이 독자적으로 결정할 수 있다는 점에서는 진일보한 측면이 있다.

앞으로 지역의 소비자 및 소상공인들이 상호 머리를 맞대고 지역화폐의 활용과 운영방안 및 지역 현안을 해결하는 방안을 찾는 지역의 대안세력으로 등장할 수 있다. 2018년 신고리 원전 5, 6호기를 두고 공론화 위원회가 숙의민주주의를 통해 새로운 대안을 찾아내 왔듯이, 지역주민들의 숙의민주주의는 지역의 풀뿌리 민주주의를 증진시키고 지역에 기반한 활동가를 발굴·성장시킬 수 있는 중요한 기제를 제공하게 될 것이다.

2019년은 가히 '지역화폐의 시대'라고 할 수 있을 만큼, 전국 177개 지
자체에서 발행액 기준 2조 3,000억 원을 발행하였다. 경기도는 13개 시군
에서 각종의 복지수당(청년기본소득, 산후조리비, 아동수당 등)으로 약 4,961
억 원이 발행되었다. 인천시의 경우 광역시와 구군을 중층화하고, 페이백
을 활용하여 보급을 활성화하였다. 광주광역시, 울산광역시, 부산광역시
등에서도 역내 소득 유출 방지 및 지역경제 활성화를 적극적인 지역화폐
정책을 도모하고 있다.

지역화폐는 각 지역의 사정에 따라 발행형태, 발행유형, 운용방법이 다
양하다. 그러나 현재까지의 '성공적인' 지역화폐 운용사례로서 3가지 형
태를 소개할 수 있다. 첫째, 급격한 지역경기 변동으로 인한 실업, 전출, 경
기침체를 완화하기 위한 군산시 사례, 지진으로 인한 경제적 불안을 완화
하고 지역경기를 부양하기 위한 포항시 사례가 있다. 둘째, 지역내 성장배
경이 달라 발생할 수 있는 사회·경제·문화적 차이를 지역화폐를 통한
지역내 경제선순환을 통한 지역사회의 융합에 기여한 성남시의 사례, 셋
째, 회원들간의 상부상조의 자치공동체를 추구하는 한밭레츠의 사례 등을
참고할 수 있다.

국내 지역화폐를 둘러싼 행정부간의 입장차이가 존재하고 있다. 한국은
행은 법정화폐와의 위상 및 역할의 상충문제가 있어 신중한 입장이며, 행
안부는 지역자치와 지역경제 활성화를 위한 지역화폐 주무부서이자 정책
관리자로서 매우 적극적인 입장이며, 중소기업벤처부는 온누리 상품권,
제로페이 정책과 경쟁 및 중첩 관계에 있다. 기획재정부는 급속하게 확대

<그림 7-4> 포틀랜드시 파이오니아 코트하우스 스퀘어에서 개최중인 이벤트 현장

되고 있는 지역화폐에 대하여 주목하고 있는 상태이며, 지원금 없는 자체 순환에 대하여 관심을 표명하고 있다.

지역화폐 정책과 연계하여 중앙부처인 행안부는 거시적인 정책 컨트럴 타워로서 법률적 지원, 운용의 최소기준, 장기적인 전망, 생태계의 발양, 복지수당과의 연계 방안 등을 적극 지원하여야 한다. 광역시도는 중앙정 부 정책적 자율권을 확보, 기초지자체에 적극적 권한 이양, 지역에 적합한 조례 및 매뉴얼 제공, 소지역갈등 해소를 위한 각종의 지원책을 강구하여 야 한다. 기초지자체는 실행주체로서 자율성을 확보하고, (가칭)지역화폐 운영위원회를 통한 주민의 참여와 의견을 보장하며, 풀뿌리 민주주의와 풀뿌리 지역경제 활성화를 위한 다양한 방안을 고안하고, 유휴자원의 효율적 활용을 위한 지역민 네트워크를 강화하고, 가맹점을 발굴 및 확대하여야 한다.

국내 지역화폐는 세계화, 신자유주의, 국제분업이라는 세계적 자본주의 질서 속에서 한국경제가 지향해야 할 지향점으로서의 위상을 갖는다. 따라서, 국내 지역화폐 정책의 특징은 지역 균형발전 전략이라는 측면, 복지-경제가 융복합된 다층형 경제정책이라는 측면, 4차 산업혁명과 디지털 기술이 결합된 새로운 생태계를 지향한다는 측면, 지역민들이 참여하는 5섹터를 통해 지역자치와 정책민주주의를 추구한다는 점을 특징으로 하고 있다. 이러한 측면은 과거 중앙정부 주도의 하향식 경제정책과는 다르게, 지역민의 참여와 자발성에 기초한다는 점에서 정책의 기조와 방향이 민주적이라고 할 수 있다.

8

경기도를 위한 지역화폐,
어떤 정책이 필요한가

유영성

'경기지역화폐'가 경제를 살린다

지역의 발전을 위해서는 지역의 경제 주체들이 지역의 자원을 활용하여 자생적으로 발전할 수 있는 생태계를 조성하는 정책이 중요하다. 지역의 자생적 성장을 위해 지역금융의 발달이 절묘하다. 그동안 지역경제 정책에 있어서 지역금융의 역할은 큰 주목을 받지 못하였다. 이제 지역경제를 바라보는 시각에 의미 있는 변화가 생기고 있다. 요즘 들어 지역화폐도 비록 지역금융에서 차지하는 비중이 미미하지만 지역금융의 일환으로서 이 분위기를 타고 있다. 오히려 더 큰 관심을 받고 있는지도 모른다. 지역화폐가 전국적으로 부쩍 확산되는 모습을 보인다. 정부가 관심을 갖고 정책적으로 뒷받침하기 때문이다. 정부가 관심을 두지 않을 수 없었던 이유는 지역 소상공인들, 자영업자들이 지역경제, 골목경제가 너무 침체되어 살기 힘들다고 아우성거리는 데다 지역화폐가 지역경제 활성화와 경제 자립에 도움을 주는 대안으로 인식되었기 때문이다.

사실 우리나라 경제구조가 대형마트 등 대기업 중심으로 짜여있는 데다 대도시에 집중되어 있기 때문에 지역자본은 원심력의 작동으로 역외로 유출이 심각한 상태이다. 이 문제는 지역화폐가 자금이 제한된 지역 안에서만 지속적으로 순환해 역내 지역경제를 활성화시킴으로써 해결될 수 있는 것이다. 더군다나 한정적 지역 안에서 주민들이 사용하는 화폐로 인해 지역화폐의 활성화를 일으킴에 따라 시민사회의 통합과 연대도 촉진할 수 있다는 기대가 표출되기도 한다.

정부는 자영업자 종합대책 8가지 핵심 과제 중에 지역화폐 발행을 포함시키고 있다. 이에 의하면 2022년까지 전통시장과 골목상권에서만 통용되는 자영업·소상공인 전용 상품권을 18조 원 발행하고, 이중 지역사랑상품권은 현재보다 5배('18년 0.37조 원 → '19년 2조 원) 많은 한해 2조 원을 통용시키겠다고 하고 있다. 4년간 8조 원 규모의 지역화폐를 통용시켜 골목경제에 온기를 불어넣겠다는 것이다. 경기도의 경우도 민선7기 서민경제정책을 추진하는 데 하나의 예산으로 복지와 경제를 서로 연결하는 중첩효과를 발생시키겠다는 기조를 가지고 있다. 그 대표적인 정책이 바로 '경기지역화폐'라고 할 수 있다. 사실 지역화폐가 자금의 역외 유출을 방지하고 경기부양 등을 일으키는 지역경제 선순환효과를 지닌다는 것은 여러 선행연구에서 밝히고 있는 바이다.

하지만 지역화폐를 얘기한다고 해서 이것이 바로 지역경제를 살리는 지역금융의 핵심이라고 단언할 수는 없다. 다만, 지역화폐 자체가 지역금융의 일환으로서 지역경제에서 지역금융이 차지하는 중요한 역할 중 하나를 수행한다고 바라보면 된다.

현재 정부는 물론 60여 지자체에서 다양한 형태의 지역화폐를 발행·통용하고 있다. 전국에 걸쳐 지역화폐가 통용되고 있고 중앙정부 및 지자체 차원의 발행 지원사업도 활성화되고 있는 중이다. 이런 흐름 속에 경기도는 31개 시·군과 함께 경기지역화폐 사업을 실시하고 있다. 아래에서 이런 경기지역화폐에 대해 보다 자세히 살펴보도록 한다.

경기도 지역화폐 정책 마련하기

지역화폐 목표를 생각하다

지역화폐는 특정 지역에서 사용되는 화폐를 말한다. 이는 법정화폐와 함께 하나의 지불결제 수단으로 사용되고, 사용처를 지역이나 집단 등에 인위적으로 제한하고 있는 거래 수단이다. 그런 만큼 지역화폐는 기존 화폐의 기능인 가치저장, 거래매개, 계량단위를 모두 갖춘 화폐를 추구하지는 않는다.

이러한 지역화폐는 그 목적하는 바를 첫째, 유통지역 내에서의 거래 활성화, 사용자들 사이에서의 생산활동의 증가 등에 두고 있다. 둘째, 공동체, 지역성, 독립성 등과 같은 지역적 가치의 복원에 두고 있다. 그런 만큼 경제적 관계뿐만 아니라 사회적 관계의 매개체로서 활용되는 점이 중요하다.

경기도 지역화폐 성격과 현황

경기도 지역화폐는 바탕색이나 배경이미지 등 별도 BI 표기 등은 시·군 자율에 맡겨 선택하도록 하고 있다. 이 브랜드 이미지는 지역화폐가 경기도에 새로운 선물이 되는 리본 형태 그리고 경기도의 화합과 발전을 위한

경기도 지역화폐(경기지역화폐)는 정책브랜드자문회의에서 90% 동의로 선정된 브랜드이미지(BI)를 사용하고 있다. 경기지역화폐 BI 응용 디자인은 최소 기준을 적용하여 필수 표기사항(BI 위치 및 크기)만을 정하고 있다.

<그림 8-1> 경기지역화폐 브랜드 이미지

상징체임을 강조하고 있다.

경기지역화폐 정책은 크게 두 가지 사업목적을 가지고 있다. 첫째, 지역화폐 도입의 확대를 통한 지역내 소상공인들의 매출증대 및 지역경제 활성의 선순환 시스템의 구축이다. 둘째, 지역화폐를 매개로 골목상권, 전통시장 등의 영세 소상공인의 소득중심 성장과 역외소비 감소, 지역 내 소비증가를 통한 지역경제 활성화에 대한 기여이다.

대체로 이러한 정책을 추진하는 데는 법적 근거를 두게 마련이다. 그 법적 근거는 「경기도 지역화폐의 보급 및 이용활성화에 관한 조례」를 들 수 있다. 시·군별로는 시·군 자체 조례를 두고 있다.

경기지역화폐는 발행주체가 31개 시·군이며 경기도는 행정적, 재정적 지원을 맡게 된다. 발행종류는 온누리상품권과 같은 종이형, IC칩이 내장된 카드형, 스마트폰으로 QR코드 인식을 통해 결제하는 모바일형 등 3종(지류, 카드, 모바일)이고, 각 시·군에서 단일 또는 2종 이상의 발행형태를 선택해 발행한다. 발행규모는 일반발행액 7,053억 원과 정책발행액 8,852억 원을 합쳐 2022년까지 4년간 1조 5,905억 원에 해당한다. 일반

발행은 자발적인 지역화폐 구매자에게 발행되는 것이고, 정책발행액은 청년기본소득, 공공산후조리비, 아동수당 등 복지지출을 목적으로 발행하는 것을 말한다.

경기지역화폐의 구매는 운영대행사를 직접 방문하거나 모바일 충전으로 가능하다. 운영대행사는 각 시·군과 업무협약이 체결된 은행 등 금융기관, 전자적 처리대행업체가 해당된다. 경기도는 ㈜코나아이가 대행업체로 관련 업무를 맡아 하고 있다. 경기지역화폐의 사용처는 원칙적으로 지역 내 백화점, 대형마트, 사행성 업소 등을 제외한 모든 가맹점이다. 이는 가맹점 업체자격 조건 중 매출규모의 제약이 있다는 것을 암시한다. 여기서 경기지역화폐의 사용 지역은 각 시·군을 말하며, 시·군 경계를 넘어서는 것을 허용하지 않고 있다. 이는 설계에서부터 각 시·군에서 발행한 지역화폐를 해당 시·군에서만 사용하도록 만들어 놓았기 때문이다. 단, A시의 거주자가 B시의 지역화폐를 구매해 B시에서 사용할 수는 있다. 다만, 시·군마다 발행형태가 다르기 때문에 현금으로 환전하는 방식이 다를 수 있다. 종이형 지역화폐의 경우 조폐공사에서 위변조 기능을 가미한다. 종이형 지역화폐를 수취하기 위해서 상인은 각 시·군과 가맹계약을 맺어야 하며, 지역화폐 수취 후 지정은행을 직접 방문하여 현금으로 전환할 수 있다. 카드형은 기존에 설치된 단말기를 사용함으로써 별도의 가맹계약이 요구되지 않는다. 결제매출금액은 상인이 보유한 은행계좌로 이체·입금된다. 구매방법은 본인 확인을 거친 후 구매할 수 있으며, 월간 또한 연간 구매한도는 각 시·군별로 다르다.

경기지역화폐는 2019년 발행목표를 4,961억 원으로 하였다. 이는 정책발행 3,582억 원과 일반발행 1,379억 원으로 구분된다. 정책발행(3,582억 원)의 경우, 청년기본소득 1,753억 원(약 175천 명), 산후조리비 423억 원(84천 명), 아동수당(성남, 연천, 화성) 1,398억 원, 기타(맞춤형 복지, 효도수당 등) 8억 원으로 구성된다. 일반발행 1,379억 원은 각 시·군별 소상공인 수에 비례해서 추정한 값이다.

2019년 운영예산은 156억 원이다. 이는 홍보비 등 직접 지원비(도비) 9억 원을 포함한다. 이중 146억 원은 도비 대 시비를 균등하게 5:5로 각각 73억 원씩 분담하여 조달한다.

경기지역화폐는 발행형태별로 구분된 다양한 지원책이 있다. 먼저 지류형의 경우, 발행료와 판매환전수수료를 지원한다. 발행료 지원금은 1,060백만 원으로 이는 상품권·봉투 등 제작비의 50%에 해당하는 금액이다. 판매환전수수료는 620백만 원을 지원한다. 이는 발행액(1.9% 이내)의 50%에 해당한다. 다음으로 모바일형의 경우 플랫폼 운영비에 대해 발행액(1.5% 이내)의 50%에 해당하는 308백만 원을 지원한다. 마지막으로 카드형의 경우, 발행료, 운영비 등을 운영대행사가 자체 부담한다.

지원에는 공통적인 내용이 있다. 즉 일반발행 할인혜택과 마케팅단 지원이 그것이다. 일반발행 할인혜택의 경우 구매할인을 2,810백만 원 해준다. 이는 구매액의 6% 할인액의 50%에 해당하는 금액이다. 단, 이는 시·군별 발행액의 50억 원을 한도로 한다. 마케팅단 지원의 경우 홍보요원 인건비로 690백만 원을 지원한다. 이는 총 2명의 인건비의 50%를 지원하는 것이다. 1인 인건비는 월 230만 원, 10개월 사역에 해당한다.

발행 시기는 2019년 4월부터 31개 시·군에서 전면 발행하기로 돼 있다. 다만, 기 준비된 시·군의 경우 이들부터 순차로 발행한다. 기 발행된 지역(4곳), 1월에 발행된 지역(2곳), 3월에 발행된 지역(5곳), 4월에 발행

구분	합계	정책발행				일반발행
		소계	청년기본소득	산후조리비	기타 (아동수당 등)	
목표	4,961	3,582	1,753	423	1,406	1,379
발행규모	3,425 (69.0)	1,359	612	260	487	2,066
		(37.9)	(34.9)	(61.5)	(34.6)	(149.8)
사용규모	2,661 (77.7)	1,079	–	–	–	1,582
		(79.4)	–	–	–	(76.6)

<표 8-1> 경기지역화폐 발행 실적(9.30일 기준)_총괄현황

* 발행목표 : '19년 상반기 국비 및 도비 교부를 위한 시·군별 발행목표 조사 바탕('18.12 설정)
* 발행규모 비중 : 9.30. 기준 충전 총액의 발행목표 대비 비율
* 사용규모 비중 : 9.30. 기준 사용 총액의 발행규모 대비 비율

지역(20곳) 등이 이에 해당한다.

경기지역화폐는 종류가 크게 지류, 카드, 모바일로 구분되며, 이들의 병행 추진을 허용하고 있다. 병행 방식은 31개 시·군이 각자 선호하는 대로 발행형태를 선택할 수 있다. 현재 카드(22곳), 지류(1곳), 카드+지류(5곳), 카드+모바일(1곳), 지류+모바일(1곳), 카드+지류+모바일(1곳)로 되어 있다. 카드 발행(22곳)이 압도적으로 많다.

여기서 모바일상품권은 중앙부처 사업과 연계해서 발행하도록 되어 있다. 중앙부처 사업은 구체적으로 행정안전부의 고향사랑상품권 모바일시스템과 중소기업벤처부의 제로페이이다.

소요예산은 2019년에 29,404백만 원으로 이중 국비가 13,328백만 원, 도비가 8,803백만 원이며, 시·군비는 7,273백만 원이다. 도비의 경우 도

시군	충전액	사용액(률)		시군	충전액	사용액(률)	
계	342,478,769	266,145,704	(77.7)	광명	4,687,429	3,688,892	(78.7)
수원	17,151,863	12,638,654	(73.7)	군포	12,392,507	9,173,433	(74.0)
고양	23,059,126	14,486,329	(62.8)	하남	9,532,306	7,297,637	(76.6)
용인	12,110,940	8,423,727	(69.6)	오산	4,082,901	3,185,417	(78.0)
성남	66,023,612	60,865,157	(92.2)	양주	6,013,104	4,819,691	(80.2)
부천	24,587,913	17,999,737	(73.2)	이천	3,710,194	2,620,961	(70.6)
화성	18,437,188	12,782,314	(69.3)	구리	2,790,186	1,974,906	(70.8)
안산	17,465,752	13,166,016	(75.4)	안성	5,993,979	4,977,779	(83.0)
남양주	8,186,188	6,203,341	(75.8)	포천	1,900,265	1,379,311	(72.6)
안양	16,742,705	13,733,133	(82.0)	의왕	4,576,595	4,367,536	(95.4)
평택	8,991,860	6,548,999	(72.8)	양평	5,473,799	4,710,914	(86.1)
시흥	20,745,414	16,209,492	(78.1)	여주	1,771,190	1,447,930	(81.7)
파주	5,334,137	3,898,823	(73.1)	동두천	1,458,197	1,172,694	(80.4)
의정부	6,572,195	4,908,906	(74.7)	가평	1,597,925	1,444,044	(90.4)
김포	20,193,961	14,290,379	(70.8)	과천	5,691,083	3,839,650	(67.5)
광주	3,776,050	2,844,203	(75.3)	연천	1,428,205	1,045,699	(73.2)

〈표 8-2〉 경기지역화폐 발행 실적(9.30일 기준)_시·군별 현황

자료 : 경기도, "경기도 지역화폐 정책 개요", 내부자료.

지역화폐 병행 형태	대상 시군	지역수
카드	수원, 부천, 화성, 광명, 광주, 군포, 이천, 오산, 하남, 안성, 여주, 양평, 고양, 남양주, 의정부, 파주, 양주, 구리, 동두천, 연천, 안산, 용인	22
카드+지류	안양, 의왕, 과천, 포천, 가평, 평택	6
카드+모바일	김포	1
카드+지류+모바일	성남	1
지류+모바일	시흥	1

〈표 8-3〉 경기도 내 31개 시군별 경기지역화폐 발행 형태
자료 : "경기지역화폐, 경제와 복지를 연계한 혁신적 포용성장",
GYEONGGI_MONEY, PPT 발표자료.

자체예산 1,530백만 원(지역화폐 홍보비 1,200백만 원 / 카드단말기 등 지원비 330백만 원)이 포함된 금액이다.

추진실적은 2019년 9월말 기준, 3,425억 원을 발행하여 목표의 69.0%를 달성하고 있다.

경기지역화폐 사업의 주요 추진경과는 표 〈8-4〉와 같다.

경기지역화폐는 정책발행 아닌 일반발행의 경우 사용에 혜택이 따른다. 이를 구입하여 사용하는 사용자에게 첫째, 구매금액의 6%(상시)~10%(특별) 인센티브가 제공된다. 둘째, 현금영수증을 발행하거나 30% 소득공제를 해준다. 따라서 가맹점에게는 ① 지역내 소비자 방문이 증가함에 따라 실질적 매출이 증대된다. ② 카드형인 경우 신용카드 대비 0.3% 카드결제 수수료가 절감된다. ③ 경기지역화폐 모바일앱 홈페이지에서 가맹점의 상호와 위치 등의 정보가 제공되어 가맹점 홍보효과를 제고시킨다.

- 도 지역화폐 사업 추진 T/F 팀 구성('18. 7. 5)
- 시·도 기조실장 회의('18. 7. 16., 행안부 주관)
- 민선7기 시장군수 간담회('18. 7. 24., 도지사 주재)
- 도 지역화폐 도입·확대 추진계획 수립('18. 8. 17., 도지사)
- 시·군 부단체장 회의 개최('18. 9. 18. 행정1부지사 주재)
- 경기도 지역화폐의 보급 및 이용 활성화에 관한 조례 제정('18. 11. 13. 공포)
- 지역화폐 의견수렴을 위한 유관기관 간담회 및 도민 설명회 개최(5회/390명,
  '18. 10~'18. 11)
- 지역화폐 발행 및 운영을 위한 국비지원(76.5억원)에 대한 시·군 재교부
  (일반예비비 29.2 + 특별교부세 47.3)
- 국회의원 42명 공동주최 경기지역화폐 활성화방안 국회 토론회('19. 1. 31.)
- 더불어민주당-경기도 예산정책협의회 시 지역화폐 관련 현안건의('19. 3. 8.)
- 지역화폐 안정적 정착을 위한 '합동설명회' 개최('19. 3. 29.)
- 도민 인식제고를 위한 집중 홍보 추진('19. 3월~)
  - 유튜브, SNS, GH스TV, 지하철 등 다양한 매체 활용, 홍보물 제작·배포 등
- 경기지역화폐 31개 시·군 본격 발행 개시('19. 4월~)
- 대한민국 기본소득 박람회 시 경기지역화폐 판매 및 홍보('19. 4. 29.~30.)
  - 「경기지역화폐 전국 자치단체 설명회」 개최 ('19. 4. 29.), 지역화폐 홍보관 등 운영
- 지역화폐 전담센터 설치 및 운영('19. 10. / 경기시장상권진흥원 내)
  - 지역화폐의 관리와 향후 정책반영을 위해 발행·유통·환전 등 전 과정 모니터
  링과 분석

〈표 8-4〉 경기지역화폐 사업의 주요 추진 경과

경기도 지역화폐 정책 특징

경기도 지역화폐 정책의 특징은 관리주체적 관점, 즉 내부고객 관점과
외부고객 관점에서 살펴볼 수 있다. 다시 말해 31개 각 시·군(내부고객)
과 구매자·사용자와 상인 등 가맹점(외부고객)으로 나눌 수 있다. 첫째,
내부고객으로서 지역화폐를 발행하고 관리·감독하는 공무원을 들 수 있

다. 주로 경제부서가 직접적 업무담당을 하나 경제와 복지가 연계되는 만큼 지역화폐의 발행취지와 목적에 따라 복지 등 유관부서는 물론 동주민센터 직원 등의 사무와도 직간접적으로 연관성을 갖게 되며, 각종 홍보 및 촉진활동과 우대가맹점 모집과 같은 역할을 병행하게 된다. 둘째, 외부고객으로서 사용자(소비자)를 들 수 있다. 이는 청년배당, 공공산후조리비 등의 복지지출 대상자와 6% 인센티브를 제공받으면서 자발적으로 구매하는 지역화폐 사용자를 말한다. 세 번째 주체는 상인이다. 이는 각 시·군에서 발행하는 지역화폐를 수취하여 현금화할 수 있는 가맹점주로서 전통시장, 골목상권의 소상공인이 주 대상이다.

경기도 지역화폐 정책의 특징 중 하나는 지역화폐가 발행유형별로 여러 가지 차이점을 지닌다는 것이다. 특히 가맹모집, 지급방법, 장단점에서 차이가 두드러진다.

첫째, 가맹점 모집의 경우 지류형은 직접 방문하여 모집을 하는데 반해, 카드형은 가맹 모집은 별도로 하지 않는다. 지역 내 제한업종을 제외한 全 점포에서 기존의 신용카드처럼 사용이 가능하기 때문이다. 모바일의 경우 직접 방문하여 가맹 모집을 한다. 단, 이 경우는 사용법에 대한 교육이 수반된다.

둘째, 지급방법의 경우 그 특징이 일반발행은 아니고 정책발행에서만 나타난다. 지류형은 신청을 하면 주민센터 주관으로 직접 수령을 하거나 배송하여 지급받게 된다. 카드형은 신청을 하면 카드가 배송되고, 카드 등록을 하면 나중에 카드에 해당 금액을 충전시켜주는 식으로 지급한다. 1차는 대면 접수를 거쳐 지급하고, 2차는 비대면 지급을 한다.

셋째, 장점의 경우 지류형은 현금처럼 사용이 가능하다는 것이다. 그래서 상인간 2차 유통이 가능하다. 특히 중장년층이 사용이 용이하고, 단말기 설치가 불필요하다. 카드형은 결제가 편리하며, 가맹점 없이 즉시 사용할 수 있다. 단, 대형마트 등 제한업종은 제외된다. 하지만 지류형 제작비나 은행수수료가 없다. 그리고 월별/분기별 복지수당 지급이 용이하다. 특히 데이터 활용이 가능하고 부정유통을 감소시킨다. 모바일형은 결제수수료를 낮출 수 있고, 지류형 제작비나 은행수수료가 없다. 카드형과 같이 월별/분기별 복지수당 지급이 용이하다는 장점이 있다. 또한 데이터 활용이 가능하고 부정유통을 감소시킨다.

넷째, 단점의 경우 지류형은 행정인력의 반복적 투입이 불가피한 점이 있다. 월별/분기별로 각종 복지수당을 직접 지급해야 하기 때문이다. 시·군 단위의 가맹점 모집과 계약이 필요하며, 지류제작비(장당 90원)나 은행수수료(1.5% 내외)도 발생한다. 가맹점 현금 환전의 불편이 따르며, 특히 소위 상품권 깡 등 부정유통에 취약하고 이에 대한 관리에 어려움이 따른다. 카드형의 경우 카드 수수료(0.5%~1.1% 내외)를 상인이 부담해야 하는 문제가 있고 단말기 미보유시 사용이 불가하다. 모바일의 경우 시·군 단위의 가맹점 모집과 계약이 필요하다. 그리고 휴대폰을 소지하지 않으면 사용이 불가하다. 플랫폼 임대와 운영에 따르는 비용이 발생한다. 특히 사용자가 이런 방식이 생소하여 결제하는데 불편이 따를 수 있고, 해킹 등 사이버 위험에 노출된다는 단점이 있다.

경기지역화폐의 주요 특징은 다음과 같다. 첫째, 가맹점 매출액에 제한 규모를 두고 있다. 구체적으로 10억 원 이하 매출 규모를 가진 업체만 가맹점이 될 수 있다. 이는 애초에 5억 원 이하로 하자는 의견도 강하게 있었으나 현장(수요자, 유관기관, 도민설명회) 의견과 중앙정부 정책 기조를 반영하여 10억 원으로 한 것이다. 전통시장상인회의 의견에 의하면 도매업을 겸하는 점포의 매출액이 5억 원을 초과하는 경우가 다수이다. 도민설명회에서 가맹점 5억 원 제한범위 확대의 필요성이 강하게 제기되기도 하였다. 뿐만 아니라 경기도 예결위에서 산후조리 관련 주요 업종 매출액이 5억 원을 초과할 것으로 예상된다며 확대를 주장하였다. 특히 중앙정부에서는 정책기조를 카드수수료 개편(우대수수료율 5억 원 이하→30억 원 이하), 제로페이 결제수수료 면제(8억 원 이하), 음식·숙박업, 교육서비스업 등에 대한 소상공인 기준의 적용 등 소상공인 지원 대상을 확대하는 쪽에 두고 있었다. 경기도는 이에 부응하여 경기지역화폐 가맹점 매출액 제한규모를 10억 원 이하로 결정한 것이다.

단, 전통시장에 한하여서는 매출액 제한을 적용하는 대상에서 제외하고 있다. 그 이유는 전통시장 내 도·소매 혼합형 업소의 경우 매출액이 10억 원 이상인 점포가 다수이기 때문이다. 중소기업기본법 시행령 제8조제1항에 의하면 도매 및 소매업의 소기업 규모 평균매출액을 50억 원 이하로 하고 있기도 하다. 또한 온누리상품권과 동일한 가맹조건이 필요하기도 했기 때문이다. 온누리상품권은 매출액 제한구간이 없다. 이밖에도 카드형 지역화폐 도입에 따른 정책소외를 우려하고 있는 전통시장을 위한 우대정책을 펼칠 필요가 있었기 때문이다. 그렇다고 하더라도 전통시장 내 대형마트, SSM, 변종SSM, 유흥·사행성 업소 등은 여전히 제외된다. 향후 지역화폐 가맹점의 매출규모 분석 결과 등 시장변동성을 고려하여 매출액 제한규모 변경을 매 반기 단위로 적용할 예정이다.

둘째, 프랜차이즈(매출액 제한규모 이하의 편의점 등) 가맹점을 지역화폐 이용대상에 포함하고 있다. 단, 프랜차이즈 본사 직영점은 제외한다. 본사

적용기준	주요내용			
10억 이하	매출규모별 우대수수료율 개정 ('18.11.26. 금융위)			
	구분	3억 이하	3억 초과 ~5억 이하	5억 초과 ~10억 이하
	체크	0.5	1.0	1.1
	신용	0.8	1.3	1.4
8억 이하 (소상공인의 91.7% 중소기업벤처부)	(가칭) 제로페이 결제수수료 면제구간 - 8억 이하 0% / 8억 초과 12억 이하 0.3% / 12억 초과 0.5%			

〈표 8-5〉 중앙정부 소상공인정책 중 지역화폐 가맹대상 매출규모 참고 기준

와 이익을 나누는 구조적 특성으로 인한 자금의 역외유출을 우려하여 당초 지역화폐 이용대상에서 편의점 등 프랜차이즈 가맹점 제외하였으나, 대다수 도민이 편의점 등 프랜차이즈 가맹점을 자영업자로 인식하고 있을 뿐만 아니라, 중앙정부에서도 소상공인 지원대상으로 포함하고 있어 이를 포함하게 된 것이다. 중앙정부 정책 차원에서 이들은 소상공인 · 자영업자 지원대책('18. 8. 22. 관계부처 합동)의 주요 지원대상으로 분류되고 있다. 그 이유로 이들은 최저임금 상승, 시장포화로 인한 과당경쟁, 본사 갑질 등으로 인한 경영부담 증가를 겪고 있어 지원해야 한다는 것이다.

뿐만 아니라 제로페이 등 편의점 매출액을 기준으로 면제구간을 설정하고 있기도 하다. 2018년 4월 서울시 실태조사에 의하면 편의점 연매출액은 679백만 원이다. 면제구간에 해당하는 제로페이 결제 수수료는 연 매

출 8억 원 이하는 0%, 8억 원에서 12억 원 사이는 0.3%, 12억 원 초과는 0.5%에 해당한다. 더 나아가 2018년 9월 8일 경기도가 실시한 도민여론조사 결과에 의하면 도민들의 71%가 편의점 등 프랜차이즈 이용을 희망하고 있었다. 여기에 더해 청년기본소득을 지급하는데 그 수혜자인 청년들이 지역화폐를 사용해야 한다는 점을 감안하여 이들의 편의성을 제고시켜 달라는 경기도 청년복지정책과 등의 요구도 있었다.

다만, 유관단체별로 프랜차이즈 가맹점 포함에 대한 의견대립이 없는 것은 아니다. 전통시장 입장에서는 편의점 등에 대한 사용제한을 요구하였고, 소상공인연합회 입장에서는 편의점 등 프랜차이즈를 포함시킬 것을 요구하였다.

셋째, 카드형 지역화폐 가맹점 수수료는 지원하지 않는다. 카드형 지역화폐 발행이 가맹점 수수료가 없는 지류형·모바일형에 비해 소상공인의 영업부담이 가중되는 점을 감안하여, 카드형 지역화폐 이용에 따른 가맹점 수수료 지원의 필요성이 제기되었다. 다수의 시·군에서 지류형, 모바일형 지역화폐에 비해 절감되는 운영비를 카드수수료로 대체 지원해 줄 것을 건의하였고, 일부 시·군(성남, 부천, 안산, 의정부, 군포)에서는 카드수수료를 자체 예산으로 지원할 계획이기도 하였다.

그런데 카드 수수료 개편과 세액공제 한도 확대로 지역화폐 가맹대상(연매출액 10억 원 이하) 소상공인의 경우 카드수수료의 실질 부담액이 없거나 미미한 수준이다(〈표 8-5〉 참조). 지역과 업종 등 사용처를 제한한 지역화폐는 골목상권 중심으로 소상공인의 실질적 매출 향상을 견인하여 카드수수료 부담을 상회하는 소득향상 효과가 있을 것으로 예상된다. 신용카드 수수료 개편 등에 따라 가맹점의 실질부담액이 없거나 미미한 수준

구분	지류형				카드형			모바일		
	계	구매	인쇄비	판매·환전	계	구매할인	플랫폼 운영 수수료	계	구매할인	플랫폼 운영 수수료
소요액 (발행액 대비)	10.9%	6%	3%	1.9%	6%	6%	없음	7.5%	6%	1.5%

〈표 8-6〉 카드 수수료의 발행형태별 소요예산 비교

자료 : 경기도 지역화폐 추진현황, 경기천년, 경기도, 2019. 1. 2.

이며, 카드 부가가치세 세액공제와 중복 지원되는 점 등을 감안할 때 카드 수수료 지원은 타당하지 않다고 할 수 있다.

넷째, 공공산후조리원에 대해서는 지역제한을 해제하고 있다. 시·군 격차에 의한 대도시 쏠림현상을 방지하고, 지역별 특성을 반영한 지역화 폐 운영을 위해 시·군으로 지역제한을 두는 것을 원칙으로 추진하고 있으 나, 출산모의 경제부담 경감과 양질의 산후조리 서비스 제공을 위해 설치 되고 있는 공공산후조리원의 경우 산후조리비 수혜대상자의 이용권 확대 와 미설치 지역에 대한 형평성 문제 해소를 위해 지역제한을 두지 않는다.

다섯째, 직거래 장터의 무점포 소상공인 협동조합에 대해서는 지역제 한을 해제한다. 영세농가 등 무점포 소상공인의 판로확보를 위해 인근 시·군을 순회하면서 운영되고 있는 직거래장터 등에 대한 지역제한 해 제로 소비자와 소상공인의 지역화폐 이용편의성을 확대하려는 취지에서 이다. 단, 시·군별 대표성을 가진 판매자 협동조합 등이 구성된 경우에 한해서 이를 적용한다.

여섯째, 무등록·무점포 상인(노점상)에 대해 이들의 제도권 편입을 지

구분	가맹점 수수료 (체크카드 기준)	年 수수료	매출세액공제대상*		가맹점 부담효과	
			1.3%**	공제 한도	年부담액	실질수수료율
영세 (3억원이하)	0.5%	150	390	500	△240	△0.8%
				1,000	△240	△0.8%
중소 (3~5억원)	1.0%	300~ 500	390~ 650	500	△90~0	△0.3%~0%
				1,000	△90~△150	△0.3%
일반 (5~10억원)	1.1%	550~ 1,100	650~ 1,300	500	50~600	0.1%~0.6%
				1,000	△100~100	△0.2%~0.1%

〈표 8-7〉 카드수수료 개편과 매출세액공제 한도 확대 효과(체크카드 기준)
* 신용, 직불, 선불카드 및 현금영수증 매출액 / ** 음식, 숙박업 간이과세자는 2.6%
※ 2019년 공제한도 확대(500만원→1,000만원),
　매출이 모두 체크카드로 발생하는 것을 가정하여 효과분석
자료 : 경기도 지역화폐 추진현황, 경기천년, 경기도, 2019.1.2.

원하는 차원에서 정책적 배려를 하고 있다. 구체적으로 비상설 시장(5일장, 축제·행사장 등)에 참여하는 무등록 상인이 지역화폐를 이용할 수 있도록 지원하고 있다. 판매자 협동조합 구성 등 무등록사업자의 사업자등록 등 제도권 편입을 유도하고자 하기 때문이다. 모바일형 지역화폐 도입, 카드단말기 배포 등 결제환경을 조성하는데 대한 지원도 있다. 이는 QR(제로페이, 모바일 지역화폐 결제수단)의 경우 사업자등록 없이 가맹·결제가 가능하지만, 무등록 상태로 지역화폐 가맹점으로 편입 시 소비자를 위한 현금영수증 발급 불가 및 세원누락의 문제가 발생하기 때문이다.

일곱째, 1일 구매한도를 설정하고 있으며 초과 구매액에 대해 환수 근

- 조사기간 : 2019. 7. 17. ~ 2019. 7. 22.
- 표본규모 : 경기도 청년기본소득 1분기 신청자 중 지역화폐를 받아 사용한 3,500명
- 조사방식 : 구조화된 설문지를 이용한 웹 설문
- 자료 처리방법 : SPSS에 의해 통계처리
- 표본오차 : 95% 신뢰수준에서 ±1.6%p

〈표 8-8〉 청년기본소득 지역화폐 수령 청년 만족도 조사 개요

거를 마련하여 부정유통을 방지하고 있다. 정책발행은 문제가 되지 않으나, 할인판매(6%)를 실시하는 일반발행분 중 한 가지 이상의 형태로 발행되는 일부 시·군(6개 시·군)의 경우 형태별 판매현황이 실시간으로 공유되지 않음으로써 할인구매 제한이 힘든 상황이 발생할 수 있다. 물론 동일한 판매대행사를 통해 일반발행을 하는 시·군, 예를 들어 성남, 시흥, 김포 등의 경우 실시간 판매현황 공유로 개인별 할인구매한도 초과 방지가 가능하다. 이러한 문제를 해결하기 위해 1일 구매한도를 설정하고 있으며, 일단위 모니터링으로 최대 할인구매액을 제한하고 있다. 예를 들어 개인의 경우 10만 원/일 및 40만 원/월로 구매한도를 설정하면 최대 50만 원(10만 원 × 2종(지류+카드) + 전일까지 구매액 최대 30만 원)까지 할인구매 할수 있다. 할인구매한도를 초과할 경우 초과액(10만 원×6%=6천 원)을 환수조치하고 이후 할인구매를 제한한다. 법인의 경우 구매할인(6%) 규모 대비 종합소득세(6%~42%), 부정유통을 위한 인건비 등 실비부담이 더 많아 실제 부정유통의 실익이 없다.

여덟째, 법인·단체를 대상으로 하는 할인판매는 실시하지 않는다. 지역화폐 이용량 확대를 위해서 지역의 법인·단체가 자발적으로 동참할 수

있도록 할인판매 등 구매유인책이 필요한 것은 사실이다. 단, 법인을 대상으로 지역화폐 등 상품권(유가증권) 할인판매 시 하청업체 대금지급, 자금세탁 등 부정유통 사례가 다수 발생하고 있는 것으로 알려지고 있어 대다수 상품권(유가증권) 판매시 부정유통 방지를 위하여 법인·단체 대상으로 한 할인판매는 미실시하고 있다. 예를 들어 온누리상품권(중소기업벤처부)의 경우도 법인 할인판매가 실시되지 않는다.

경기도 지역화폐는 어떤 효과가 있나

경기지역화폐를 사용함으로써 어떤 정책효과가 발생하였는지를 밝히는 것은 정책을 평가하는데 중요한 요소이다. 그 효과 유무 여부를 판단하는데 청년기본소득을 수령하고 쓴 청년들의 주관적 선호를 파악하는 것에서부터 청년들이 청년기본소득을 지역화폐로 받아씀에 따라 지역의 소상공인들의 판매가 늘었는지 등을 보여주는 것에 이르기까지 다양한 자료가 활용될 수 있다. 지금까지 조사결과로 나온 자료에 입각해서 볼 때 청년기본소득에 해당하는 금액의 지역화폐(정책발행)를 수령하고 쓴 청년들의 주관적 만족도와 소상공인들의 매출 변화를 보도록 한다.

청년을 살리는 지역화폐

경기도 청년기본소득의 1분기 지급이 끝난 후, 경기연구원에서 청년기본소득을 지역화폐로 수령한 후 이를 사용한 청년들을 대상으로 정책만족도 조사를 실시하였다(〈표 8-8〉 참조).

청년기본소득 수령 대상자 중 1분기 신청자 124,335명 중 3,500명을 표

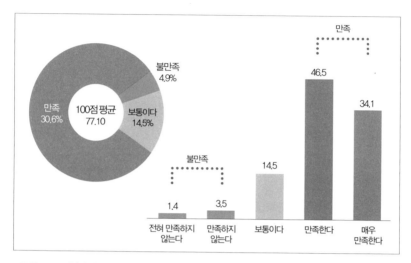

〈그림 8-2〉 청년기본소득(지역화폐) 사업의 전반적 만족도

자료 : 유영성 외(2019), 경기도 청년기본소득 만족도 조사 결과보고서, 경기연구원.

본으로 7월 17일부터 22일에 걸쳐 웹 설문을 실시하였다. 이 조사 결과에 따르면 경기도 청년기본소득을 지역화폐로 수령한 만24세 청년들의 80.6%가 이 사업에 대해 만족하는 것으로 나타났다(〈그림 8-2〉 참조). 이제 막 시작한 정책 사업에 대해 상당히 긍정적 신호를 보이고 있다 할 것이다. 특히 만족하는 주된 이유(2순위)로 '현금처럼 사용이 가능한 경기지역화폐로 지급되기 때문에'(31.6%)를 들고 있다. 경기지역화폐 정책에 대해 청년들은 긍정적 반응을 보이고 있는 것이다.

청년기본소득 만족도 조사 결과, 청년기본소득을 지역화폐로 지급받아 쓰는데 대해 청년들 대다수가 전체적으로 만족한다고 답변하고 있다(〈그림 8-3〉 참조).

이는 청년이 복지의 수혜자로서 정책을 제대로 이해하면서 적극적으로 호응하는 지역화폐 정책의 참여형 권리자임을 말하고 있음을 암시한다.

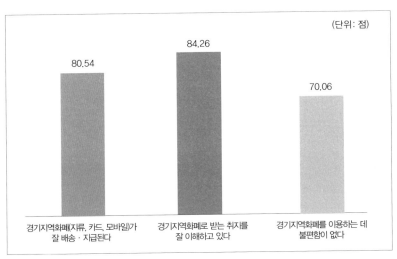

(단위: 점)

80.54 84.26 70.06

경기지역화폐(지류, 카드, 모바일)가   경기지역화폐로 받는 취지를   경기지역화폐를 이용하는 데
잘 배송·지급된다   잘 이해하고 있다   불편함이 없다

〈그림 8-3〉 청년기본소득의 경기지역화폐 지급에 대한 응답
자료 : 유영성 외(2019), 경기도 청년기본소득 만족도 조사 결과보고서, 경기연구원.

경기지역화폐 정책 홍보효과의 성공을 뒷받침하는 간접지표인 인지 응답률에서도 경기지역화폐는 비교적 높은 수치를 보이고 있다. 즉 경기지역화폐는 '시·군 내에서만 사용 가능'(95.2%), '대형마트, 백화점, 기업형 슈퍼마켓SSM, 유흥·사행성업소 등에서 사용불가'(97.5%), '현금영수증과 30% 소득공제 가능'(71.8%), '가맹점 어디서나 결제가능'(83.6%) 등의 응답결과가 나왔다.

또한 청년들 대다수가 청년기본소득을 지역화폐로 받음으로써 지역경제 활성화(73.6점)와 지역공동체 함양(69.91)에 대해서 높은 관심을 갖게 된 것으로 나타났다(〈그림 8-4〉 참조). 이는 청년기본소득의 지역화폐 정책이 수요자(소상공인/자영업자)를 만족시키는 지역화폐로 더욱 발전해 나갈 가능성이 있음을 보여주는 것이다.

청년들은 경기지역화폐에 대한 높은 만족도와 별도로 불편한 점을 개선

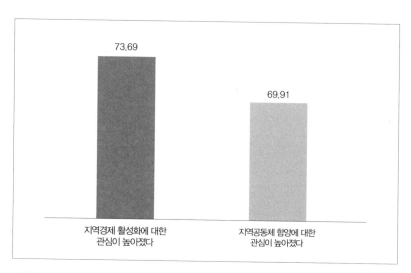

73.69

69.91

지역경제 활성화에 대한
관심이 높아졌다

지역공동체 함양에 대한
관심이 높아졌다

〈그림 8-4〉 지역화폐로 인한 지역경제 활성화 및 지역공동체 함양에 대한 관심도 변화
자료 : 유영성 외(2019), 경기도 청년기본소득 만족도 조사 결과보고서, 경기연구원.

할 필요도 있음을 피력하고 있다. 청년들의 반응은 지역화폐 사용 시 가장
불편하여 개선하길 바라는 사항으로 '사용가능한 가맹점 찾기'(54.3%)를
들고 있다. 이를 구체적으로 지역화폐 발행유형에 따라 구분해서 보면 지
류형(41.4%), 카드형(61.8%), 그리고 모바일형(45.2%)이다.

다음으로 경기지역화폐 사용에서 희망하는 사항으로 거주지 외 사용범
위 확대 등이 있었다. 이는 지역화폐를 특정한 지역에 한정하여 사용되게
함으로써 지역 밖으로의 소득유출을 방지하고, 지역 내에서 경기가 선순
환하고 경제가 활성화되도록 하는 것인 만큼 지역화폐의 고유한 특징이라
고 할 수 있다. 다만, 이는 지역화폐 정책이 일률적이기보다 좀 더 유연해
질 필요가 있음을 시사한다고 볼 수 있다.

경기도 청년기본소득은 계속 매 분기별로 경기지역화폐로 지급하는 만
큼 2, 3, 4분기 지급 후의 만족도 결과를 보고 정책의 성공 여부를 판단하

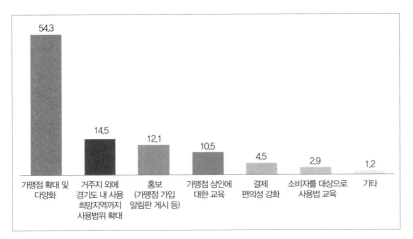

54,3

14,5

12,1

10,5

4,5

2,9

1,2

가맹점 확대 및 다양화 | 거주지 외에 경기도 내 사용 희망지역까지 사용범위 확대 | 홍보 (가맹점 가입 알림판 게시 등) | 가맹점 상인에 대한 교육 | 결제 편의성 강화 | 소비자를 대상으로 사용법 교육 | 기타

<그림 8-5> 경기지역화폐 사용 관련 희망사항

자료 : 유영성 외(2019), 경기도 청년기본소득 만족도 조사 결과보고서, 경기연구원.

는 것이 합당할 것이다. 다만, 첫 번째 지급 이후의 반응이 이 정도라면 향후 지급 회수가 누적될 때 그 결과들이 어떻게 나올지 예단하기는 어렵지 않다. 비록 주관적 반응에만 입각하여 객관적 지표에 의한 결과가 뒤따르지 않는다는 한계가 있음에도 불구하고 지역화폐 수령 청년들에 대한 만족도 결과에 입각해 판단해 볼 때 경기도 청년기본소득의 지역화폐 지급 정책은 일단 성공적인 출발을 하고 있다고 평가를 내릴 수 있다.

소상공인을 돕다

경기지역화폐가 정책발행과 일반발행을 합쳐서 2019년 4월 1일을 기점으로 경기도 내 31개 시·군에서 전면적으로 발행(충전)되었다. 2019년 9월 30일 현재 경기지역화폐 발행액(충전액)은 3,425억 원이며, 이를 실제로 사용한 규모는 2,661억 원(발행액 대비 77.7%)에 해당한다. 이와 같이 경기지역화폐가 발행되고 사용됨에 따라 31개 시·군 각각의 지역내 소

- 조사기간 : 2019.03. ~ 2019.08. (사전조사 3~4월, 사후조사 7~8월)
- 표본규모 : 경기도 31개 시군 소재 소상공인 업체 3,212개(사전 및 사후 조사)
- 조사방식 : 구조화된 설문지를 이용한 대면조사
- 자료 처리방법 : 통계패키지인 SPSS에 의해 통계처리

〈표 8-9〉 지역화폐 사용에 따른 소상공인 영향 패널조사 개요

상공인들의 매출은 그것이 크던 작던 영향을 받게 되었다. 자연스럽게 이 정책을 추진하거나 이와 관련이 있는 사람들의 관심사는 이러한 영향이 어느 정도나 될 것인지였다.

따라서 영향을 측정하기 위한 조사의 필요성에 입각하여 정책담당자와 연구자들이 모여 조사를 위한 설계를 하게 되었고, 실제 조사사업을 수행 하게 되었다. 조사하고자 하는 바를 문항으로 담은 조사 설문지를 가지고 경기도 31개 시·군 각각의 주도로 시·군의 지역 소상권(전통시장 포함) 에 있는 점포들을 100개를 기준으로 시·군 상권의 사정에 따라 49~150 개까지 샘플링하고 패널 자료를 구축하기 위한 실사작업을 시·군 소속 마케터들을 활용하여 실시하였다.

조사는 사전조사와 사후조사로 구분하여 실시하였고, 그 기준 시점은 4 월 1일 지역화폐 발행이 본격적으로 시행되는 날짜로 하였다. 사전과 사 후를 구분하여 패널 자료를 구축하려는 의도는 정책이 실행되기 전과 후 를 비교해 보기 위함이었다(〈표 8-9〉 참조).

조사결과, 사전조사(3,212개)와 사후조사(3,212개)를 합하여 총 6,424 개의 조사 샘플을 얻었다. 이들 3,212개 조사업체를 31개 시군별로 구분 한 현황은 〈표 8-10〉와 같다. 이들을 다시 상권유형별로 구분하면 상점가 1,944개소, 전통시장 1,184개소, 무응답 84개가 된다.

시군	업체수	시군	업체수	시군	업체수	시군	업체수
수원시	(99)	시흥시	(101)	의왕시	(99)	파주시	(95)
성남시	(128)	군포시	(99)	오산시	(94)	구리시	(49)
부천시	(94)	화성시	(77)	과천시	(138)	포천시	(91)
안양시	(113)	이천시	(97)	여주시	(94)	양주시	(100)
안산시	(123)	김포시	(150)	양평군	(66)	동두천시	(100)
용인시	(155)	광주시	(78)	고양시	(100)	가평군	(100)
평택시	(100)	안성시	(159)	의정부시	(68)	연천군	(103)
광명시	(100)	하남시	(142)	남양주시	(100)	총합	(3,212)

〈표 8-10〉 31개 시군 내 소상공인 영향 패널조사 업체수

패널조사를 통해, 다음과 같은 결과를 얻을 수 있었다. 첫째, 매출에 대한 질문으로 사전조사의 경우 2018년 1분기 대비 2019년 동기의 매출 증감 여부를 물었고, 사후조사는 2018년 2분기 대비 2019년 동기의 매출 증감 여부를 물었다. 그 결과, 1분기, 2분기 모두 다 매출이 '감소'했다는 응답자의 비율이 각각 56.4%, 53.6%로 '증가'했다는 응답자 비율, 각각 6.8%, 8.9% 보다 월등히 컸다(〈표 8-11〉 참조). 이는 정성적인 답변이므로 그 크기를 가늠할 수는 없다. 실제 정량적으로 월 평균(3개월) 매출액이 얼마나 됐는지를 물어본 결과, 2019년 1분기 월평균 매출액은 17,386,770원이었던데 반해 2019년 2분기 월평균 매출액은 15,415,970원으로 감소하는 것으로 나타났다. 정성과 정량 결과가 증감 방향에서 일치하고 있는 것을 알 수 있다.

여기서 중요한 점은 1분기 변화에 비해 2분기 변화에서 상대적으

로 '감소'의 비율이 줄어들었고(56.4%→53.6%) '증가'의 비율은 커졌다 (6.8%→8.9%)는 것이다. 비록 제시된 월평균 매출액 감소 변화에서 이러한 세부 변화까지 정량적으로 포착해 낼 수는 없지만 '감소' 변화 흐름 중 '증가'적 요인도 있었고, 이것이 무엇이며 정량적으로 얼마나 되는지를 파악하는 과제가 생긴 것이다.

2019년 상반기에 매출 감소가 절대적으로 큰 만큼 전체적으로 경기가 안 좋지만 그럼에도 불구하고 1분기에 비해 2분기가 조금은 덜 나빠지는 모습을 보여 무엇인가 소상공인 매출에 비록 미미하지만 변화를 일으키는 요인이 있었음을 알 수 있다.

이러한 매출 증감 여부를 31개 시·군에 적용할 경우 나타난 결과는 〈표 8-12〉와 같다. 19개 시·군에서 1분기에 비해 2분기에서 매출액 변화가 '증가'한 경우이고, 9개 시·군은 '감소'한 경우이다. '변화 없는' 시·군은 3개이다.

한편, 월평균 지역화폐 매출액이 얼마인지에 대한 물음에 경기도 31개 시·군 전체 소상공인들은 2019년 2분기 월평균 지역화폐 매출액을 388,728원으로 응답하였다. 이는 2019년 2분기 월평균 매출액으로 응답한 18,655,384원의 2.1%에 해당하는 금액이다. 2.1%인 만큼 미미하다 할 수 있는데 이것이 소상공인들의 매출액이 2019년 1분기에 비해 2분기가 미미하지만 약간 덜 나빠지는 모습을 보인데 대한 설명요인이 될 수도 있다.

다만, 소상공인들 자신은 지역화폐가 자신들의 매출 증대에 큰 영향을 줄 것으로 기대하였다가 막상 2.1%라는 미미한 수준에 머물고 마는 상황을 경험하면 지역화폐가 당장에 그다지 큰 영향을 주지 못한다고 생각하기 쉬울 것이다. 사실 소상공인들은 사전조사에서 지역화폐의 역할에 기

전년 동기 대비 올해 매출변화		사업체 응답 (%)				계
		감소	변화없음	증가	무응답	
해당기간	1분기	56.4	34.6	6.8	2.2	100.0
	2분기	53.6	35.3	8.9	2.1	100.0

〈표 8-11〉 소상공인 패널의 매출변화 응답

대를 많이 하다가 사후조사에서 그 기대를 접는 응답을 하는 것을 볼 수 있다. 사전조사 때 도움이 된다는 응답비율이 61.2%였다가 사후조사 때 46.9%로 떨어지는 것이 이를 말해준다.

그럼에도 미미한 수준이나마 소상공인들의 매출액 감소 추세를 거슬러 증가 변화를 일으키는 요인으로 작용하는 것만큼은 분명하다고 할 것이다. 이 자료는 단지 2019년 2분기(3개월) 동안 지역화폐를 사용한 결과를 가지고 1분기 전체 매출액과 비교하는데 머물고 있다. 그러다보니 지역화폐가 일으키는 매출액 차원의 변화(정책효과)를 제대로 평가하기는 아직 시기상조라 할 것이다. 최소한 1년 정도의 기간에 걸쳐 일어난 변화를 살펴보는 것이 필요하다고 판단된다. 그럼에도 불구하고 지극히 미미하나마 지역화폐는 소상공인들의 매출액에 긍정적 영향을 주지 않았나 하고 추측해 볼 수 있다.

경기도 지역화폐가 성공하려면

경기지역화폐 정책의 성공 여부는 내부고객적 관점에서의 관리주체의

'증가' 지역	'감소' 지역	'변화없음' 지역
수원시, 안산시, 용인시, 평택시, 군포시, 화성시, 김포시, 광주시, 하남시, 의왕시, 오산시, 과천시, 양평군, 고양시, 남양주시, 파주시, 양주시, 동두천시, 연천군	성남시, 부천시, 고양시, 광명시, 시흥시, 안성시, 의정부시, 구리시, 포천시	이천시, 여주시, 가평군
19개 시군	9개 시군	3개 시군

〈표 8-12〉 매출액 2019년 1분기 변화 대비 2분기 변화의 지역별 증감 분류

역량에 달려있다고 할 수 있겠지만, 결정적으로 중요한 인자는 점포와 상품·서비스 선택의 권리를 지니는 소비자(지역화폐 사용자)라고 할 수 있다. 지역화폐는 어디까지나 수단일 뿐이고 궁극에 가서는 소비자의 선택이 지역화폐의 성패를 좌우하기 때문이다. 따라서 경기지역화폐 정책을 성공시키기 위해서는 발행기관의 공무원이나 수령자인 자영업자 모두 지역화폐로 결제하는 소비자 중심의 사고로 전환하도록 유도하는 정책적 조치가 있어야 한다. 이런 기조하에 교육과 조직, 환경개선, 고객인센티브 차원에서 정책적 개선 노력이 뒤따라야 한다.

첫째, 자영업자의 역량과 공동체 의식을 높여야 한다. 개별 상인들의 역량뿐만 아니라 상권을 구성하는 주체들의 공동체 의식이 중요한 만큼 상인 개개인의 역량과 공동체 마인드를 높일 수 있는 정책적 조치가 있어야 한다. 이러한 조치의 일환으로 상인교육을 들 수 있다. 정부나 경기도에서 지원하거나 각 시·군 자체적으로 마련할 필요가 있는 것으로 상인대학, 상인대학원, 맞춤형 교육, 지역과 업종에 따라 특화한 교육지원사업 등을 거론할 수 있다.

둘째, 지역화폐 사용고객에 대한 인센티브를 정책적으로 늘려 나가야

한다. 현재 지역화폐 권면가액의 6%에 달하는 인센티브를 제공받아 구매할 수 있는데, 여기에 자영업자 자체적으로 원+원 묶음상품이나 가격할인, 포인트 적립, 경품추첨과 같은 마케팅과 결합해 혜택을 제공한다면 고객유인효과가 더 뚜렷할 것이다. 이러한 행위에 대한 정책적 지원이 마련되어야 한다. 한편 대형마트나 복합쇼핑몰과 비교해 전통시장이나 골목상점가의 경우 공간적인 제약이 많기 때문에 지역화폐 사용고객 유치를 위한 1회성이 아닌 정기적 공동마케팅이 필요하다. 상권 자체가 소비자의 선택을 받기 위해서는 경기도가 지원하는 골목상권 공동체 패키지 지원사업을 활용하면 좋을 것이다. 이러한 사업을 정책적으로 펼쳐나가는 차원에서 매년 도내 200곳을 선정해 상권분석·컨설팅을 거쳐 상인교육 및 현장연수 등을 하고 이후 공동마케팅 경비를 지원하는 사업과 매년 10곳씩 4년간 40곳을 지원하는 경기공유마켓 지원 사업을 고려해 볼 필요가 있다.

셋째, 지역화폐의 발행, 통용, 관리·감독 및 모바일마케팅 등에 활용하기 위해 운용되는 경기지역화폐 플랫폼의 편의성과 유용성을 높이기 위한 정책적 노력이 뒤따라야 한다. 구체적으로 ① 지역화폐 사용자(소비자)는 본인의 희망하는 계좌와 연결해 지역화폐를 충전하거나 구매할 수 있으며 각 지역 내 인센티브 제공 가맹점의 정보를 GPS 위치서비스를 기반으로 모바일앱에서 제공받을 수 있도록 한다. ② 경기도 및 시군에서 제공하는 지역 내 축제, 정책정보를 쉽게 확인할 수 있도록 한다. ③ 모바일에서 편리하게 가맹점 신청을 할 수 있으며, 별도의 마케팅 비용을 주고 민간플랫폼을 사용했던 가맹점은 경기도 지역화폐 플랫폼을 통해 가맹점 홍보 및 쿠폰발행 등을 비용부담 없이 이용할 수 있도록 한다. ④ 전통시장과 골목상권에 상인조직이 공동으로 각종 행사와 이벤트를 기획하고 프로모션을 진행할 수 있도록 한다. ⑤ 각 시·군에게는 효율적인 정책수당 발행 및 발행현황, 사용내역 등의 통계를 활용해 정책의 효과성을 검증함은 물론 경기도와는 독립적으로 시·군내 다른 시책과도 연계해 상품을 발전시켜 나갈 수 있도록 설계하고, 나아가서는 축적된 지역화폐의 데이터를 빅데이터 분석을 통해 향후 정책 수립에 유용하게 제공되도록 한다.

⑥ 이외에도 다양한 방식으로 정책에 활용되도록 한다. 다양한 방식은 예를 들면, 경기도 수의사 협회와 제휴하여 반려동물 예방접종 쿠폰을 제공하거나, 골목서점들의 활성화를 위해 독서의 계절을 맞아 특정 골목서점가의 할인 쿠폰을 발송할 수 있도록 하는 것이다. 또한, 지역 소상공인 연합회, 상인회와 제휴하여 직능별, 지역 상권별 지역화폐카드를 제공할 수 있으며, 교통카드를 사용하고 있는 청소년, 장년층의 편리성을 위해 지역화폐카드에 교통카드 기능을 넣어 지역화폐 앱으로 충전할 수 있도록 한다. 또한 급식카드와 같은 복지카드의 경우 수혜아동들이 티가 나는 카드 디자인에 대한 거부감으로 사용률이 저조하나, 이를 지역화폐로 전환하여 낙인효과 없이 급식 구매와 가맹점 확보로 이어져 정책의 중첩 효과를 달성할 수 있도록 한다. 관광산업 육성에 있어서도 해양레저관광 개발을 통한 지역경제 활성화나 U헬스케어 원격진료시스템의 경우처럼 지역화폐를 활용한 관광카드, IC카드형 지역화폐를 활용한 본인인증을 더한다면 각 시·군별 고민을 덜어 줄 수 있을 것이다. 자원봉사자 인센티브 확대나 중고생 무상교육지원 등은 물론 관광객 및 외국인 대상 지역화폐로 발전시킬 수도 있다. 이처럼 경기지역화폐가 균형발전과 서민경제의 든든한 파트너로 자리 잡을 수 있도록 유용성과 편의성, 범용성을 지닌 플랫폼

으로 발전하도록 정책적 노력을 기울여야 할 것이다.

향후 물품거래형 지역화폐 이외에 공동체 중심의 지역화폐를 활성화하기 위한 정책인프라 조성을 병행할 것으로 보인다. 또한 블록체인 등 기술환경의 변화발전을 활용한 지역화폐 발전방안도 모색해나가야 할 것이다.

요약정리

경기도는 31개 시·군과 함께 경기지역화폐 사업을 실시하고 있다. 경기지역화폐 정책은 크게 두 가지 사업목적을 가지고 있다. 첫째, 지역내 소상공인의 실질적 매출증대 및 지역경제 활성화 도모이다. 둘째, 지역화폐를 매개로 골목상권, 전통시장 등 영세 소상공인의 소득중심 성장과 역외소비 감소, 지역 내 소비증가를 통한 지역경제 활성화에 대한 기여이다.

경기지역화폐는 발행주체가 31개 全 시·군이며 경기도는 행정적, 재정적 지원을 맡게 된다. 발행종류는 온누리상품권과 같은 종이형, IC칩이 내장된 카드형, 스마트폰으로 결제하는 모바일형 등 3종이고, 각 시·군에서 단일 또는 2종 이상의 발행형태를 선택해 발행한다. 발행규모는 일반발행액 7,053억 원과 정책발행액 8,852억 원을 합쳐 2022년까지 4년간 1조 5,905억 원이다.

경기지역화폐의 주요 특징은 다섯 가지를 들 수 있다. 첫째, 가맹점 매출액에 제한 규모를 두고 있다. 둘째, 프랜차이즈(매출액 제한규모 이하의 편의점 등) 가맹점을 지역화폐 이용대상으로 포함하고 있다. 셋째, 카드형 지역화폐 가맹점 수수료는 지원하지 않는다. 넷째, 직거래 장터의 무점포 소상공인 협동조합에 대해서는 지역제한을 해제한다. 다섯째, 무등록·무점포 상인(노점상)에 대해 이들의 제도권 편입을 지원하는 차원에서 정책적 배려를 하고 있다. 여섯째, 1일 구매한도를 설정하고 있으며, 초과 구매액에 대해 환수 근거를 마련하여 부정유통을 방지하고 있다. 일곱째, 법인·단체를 대상으로 한 할인판매는 실시하지 않는다.

경기도 청년기본소득을 지역화폐로 수령한 경기도 만24세 청년들의 경우 전체 응답자의 80.6%가 이 정책에 만족하는 것으로 나타났다. 경기도 31개 시·군 각각의 주도로 시·군의 지역 소상권(전통시장 포함)에 있는 점포들을 대상으로 총 6,424개의 조사 샘플에 입각해 패널조사를 한 결과, 미미한 수준이나마 지역화폐가 소상공인들의 전반적 매출액 감소 추세를 거슬러 감소 저지 요인으로 작용했을 것으로 추측된다.

경기지역화폐 정책이 성공하기 위해서는 공무원과 자영업자 모두 소비자 중심의 사고로 전환하도록 유도하는 정책적 조치가 취해야 한다. 이런 기조하에 교육과 조직, 환경개선, 고객인센티브 차원에서 정책적 개선 노력이 수반되어야 한다.

9

경기도 지역화폐의 미래를 생각하다

김병조

경기도 지역화폐의 새로운 대안을 찾다

지역화폐는 어떻게 성공하나

국내 지역화폐는 지자체의 이해와 사정과 맞게 독자적으로 기획·운영되고 있다. 지역화폐 정책은 행안부가 관제하되, 시도와 조율하고, 기초지자체 시군구의 상향식 요구에 부응하면서 시행되는 상대적으로 독자적인 정책이라고 할 수 있다. 또한 행안부는 기초지자체의 세부적인 사안에 대해 개입을 자제하고 있다. 더군다나, 행안부가 세부적으로 개입할 경우, 지역화폐의 정책 취지에도 적절하지 않으며, 기초지자체의 자발성을 퇴색시켜 오히려 정책의 혼선을 초래할 수 있다.

전국 17개 시도 중 지역화폐를 적극적으로 활용하거나 시행할 예정인 지역은 경기도, 강원도, 부산시, 광주시, 울산시, 인천시 등이 있다. 이 지역들은 해당 지역 여건에 따라 지역화폐 운영 방법이 자기지역 특성에 맞게 변형되어 있다.

시도는 지역화폐 운영의 구상과 정책수립, 그리고 추진과정에서 지역화폐 우선협상대상자 및 운용대행사를 선정하게 된다. 이 과정에서 지역화폐의 운용형태, 방안, 유형, 특성들이 결정된다. 예를 들면, 운용업체의 기존 사업배경에 따라 카드형, 모바일형 등 특장점들이 다르다.

사회경제정책으로서의 지역화폐가 추구하는 경제적 효과는 여러 다양한 측면에서 검토가능할 것이다. 그러나, 지역화폐의 사회적 성공조건으로서 첫째, 화폐측면과 관련하여서는 발행량, 회수액(결제액, 매출액), 유통속도, 유통량 등. 둘째, 사회적 기반 측면에서는 결제수단 활용도, 이해와 참여, 관련 기관과의 연대, 지역활동가 등 소비자 측면에서는 지역내 총생산, 소비성향, 사용자 수. 셋째, 소비자 측면에서는 인구수, 인구구성, 유동인구. 넷째, 소상공인 측면에서는 업종·품목의 다양성, 가맹점수, 상권형성 정도 등. 다섯째, 교통지리적 측면에서는 권역면적, 교통편의성, 상권접근성 등이 중요하다고 할 수 있다.

결론적으로 '다른 모든 조건이 동일하다Ceteris paribus assumption'는 것을 전제로, 지역화폐 성공조건을 정리하면, 첫째, 발행량, 회수액(결제액, 매출액)이 클수록, 유통속도가 빠를수록 효과가 크다. 둘째, 지역내 총생산, 소비성향, 구매자의 수가 많을수록 효과가 크다. 셋째 인구수가 많을수록, 특히 경제활동 참여인구가 많을수록 효과가 클 것이며, 상권형성이 잘 구비된 곳에서 효과가 클 것이다. 넷째, 교통이 편리하고, 권역면적이 좁을수록, 유동인구, 유통량이 많을수록 효과가 크다. 특히, "범역이 좁을 경우 지역화폐는 지역 내 유휴자원(원료, 시설, 인적자원, 토지 등)을 더욱 용이하게 순환체계 속에 포괄시켜 지역경제 활성화의 성과를 더욱 확장시킬

구분	내용	관계 효과
화폐 측면	발행량	+
	회수액(결제액, 매출액)	+
	유통속도	+
	유통량	+
사회적 기반	스마트 결제수단의 소비자 및 소상공인 활용도	+
	지역주민 및 소상공인의 이해와 참여	+
	사회적 기업 등 정책 우호 기관과의 연대	+
	지역활동가의 활동	+
경제적 측면	지역내 총생산	+
	소비성향	+
	사용자 수	+
소비자 측면	인구수	+
	인구구성	+
	유동인구	+
소상공인 측면	업종 및 품목의 다양성	+
	가맹점 수	+
	상권형성 정도	+
교통지리적 측면	권역 면적	−
	교통 편의성	+
	상권 접근성	+

⟨표 9-1⟩ 지역화폐의 성공요인

광역시도	출시일	유형	구역
경기도	2019. 4.(등)	소역-자치형	31개 시·군
광주시 울산시	2019. 6. 2019. 7.	광역-개방형	4구 1군
강원도	2017. 1.	병행형	광역형+소역형 병행
인천시	2019.	중층형	소역형+역내 개방형

<표 9-2> 지역화폐의 광역시도별 유형별 분류

수 있을 것이다."(김병조, 2019) 다섯째, 지역내 주민 및 소상공인의 이해와 참여가 높을수록 효과가 크다고 할 수 있다.

광역별 지역화폐 모형 보기

지역화폐를 범역에 따라 구분하여 보고 그 특장점들을 검토하여 보자. 현재 운용되고 있는 지역화폐의 특성을 광역시도에 따라 범역별로 구분하여 보면, 경기도는 소역형, 강원도는 병행형, 광주시·울산시는 광역형, 인천시는 중역형 등 4가지 유형으로 구분할 수 있다. 이에 기준하여 4가지 유형의 특성등과 장·단점등을 확인하여 보고, 대안적인 지역화폐 유형들을 간략하게 검토해 본다.

1) 경기도 '소역형'

경기도는 시도 아래의 시군 지자체가 강력한 권한을 가지고 운영되는 방식이다. 경기도형(소역형-폐쇄형)은 기초지자체 각 시군마다 폐쇄적인

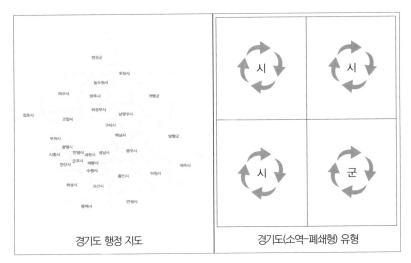

| 경기도 행정 지도 | 경기도(소역-폐쇄형) 유형 |

<그림 9-1> 경기도와 경기도(소역-폐쇄형) 유형   자료: 경기도청 누리집

※비고
1. 작은 화살표(↙)는 기초 지자체 순환 지역화폐(소역형)
2. 큰 화살표(⬅)는 광역시도 순환 지역화폐(광역형)
3. 내부 실선(-)은 지역간 완전 폐쇄형
4. 약한 점선(⋯)은 지역간 완전개방형
5. 굵은 점선(⋯)은 지역간 이동형을 의미함

형태로 뚜렷한 범역구분이 되어 있다.

   소역-폐쇄형은 지역화폐의 효과가 발생할 수 있는 가장 적합한 행정 단위 규모에 바탕하고 있다. 경기도 '소역형'은 각 31개 시군 내에서 한정하여 발행되므로 지역 내에 경제적 효과를 집중할 수 있는 장점이 있다. 그러나 지역내 총생산, 지역 상권, 거주 인구(고령자 인구, 구매력을 갖춘 20~50대, 유동인구 등) 관내면적, 교통편의성 등이 시군마다 상이하여 지역화폐 발전의 출발선이 다르다고 할 수 있다.

   소역-폐쇄형 지역화폐의 장점은 지자체가 주도적으로 자기지역의 특성

유형	– 경기도형, 소역형–폐쇄형
장점	– 소역단위의 특화 발전 – 소역단위내 가용자원 활용 – 소역단위내 지역맞춤형 정책 가능 – 지역외 소득유출 철저 방지
단점	– 소역단위에서 업종·품목의 한계로 소비자 편의성 약화 – 소역내 상권활성화 필요 – 소역내 인구 특성(고령화, 연령대, 스마트폰 접근 연령대) 중요 – 지역 면적이 클 경우(농촌) 정책으로부터 소외 발생 – 경기도내 지역 간 효과 격차 증가(예: 성남시 : 연천·가평군)

〈표 9-3〉 경기도 소역형(시군단위 폐쇄형) 모형 장단점

을 살려 지역에 적합한 적절한 운용을 할 수 있다는 점이다. 소역 지역에 한정하여 집중적으로 매출이 발생하기 때문에 가능한 한도이내에서 소역 내 전지역 및 다수의 소상공인에게 공평하게 효과가 전달될 수 있는 가능성이 크다. 또한 이로인한, 지역내 유휴자원을 고루 가동시킬 수 있다. 이점에 있어 경기도 소역형은 지역화폐의 정책적 취지에 부합한다고 할 수 있다.

단점으로는, 발행량, 회수액, 회전속도, 인구수, 상권 활성화, 면적 등이 '규모의 경제'를 실현하지 못하는 경우 지역화폐의 기능이 상당부분 약화될 수 있다. 특히 "군 단위의 경우 고령화, 낮은 소비성향, 넓은 지역, 상권 미형성 등으로 소비자들은 자신들에게 적합한 상품권 소비처를 못 찾아 불편을 초래할 수 있다."(김병조, 2019) 소상공인 입장에서도 상대적으로 지역이 넓고, 교통 편의성, 구매자 수 및 구매력이 약하여 고루 효과를 보기 어려울 수 있다. 또한, 지역화폐의 예산, 유통속도, 상권발달 정도에 따라 경기도 내 시군간 격차가 더욱 크게 벌어질수도 있다. 예를들면, 성

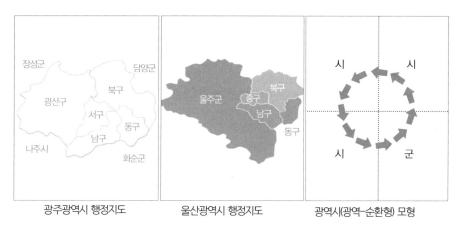

| 광주광역시 행정지도 | 울산광역시 행정지도 | 광역시(광역-순환형) 모형 |

〈그림 9-2〉 광주시·울산시와 광역시(광역-순환) 유형

남시, 수원시 등과 경기 북동지역의 군을 비교해 보면 격차를 바로 이해할
수 있다.

2) 광주시·울산시 '광역순환형'

광역순환형은 광역시를 단위로 지역화폐를 운용한다. 광주시(동구, 서구,
남구, 북구, 광산구), 울산시(동구, 북구, 남구, 서구, 울주군)는 4구 1군으로 구
성되어 있으며 구군의 경계를 개방하여 광역시 단위로 순환한다.

광역형의 장점으로는, 광역시 단위에서 지역화폐 정책을 통일적으로 진
행하면서 행정 및 관리가 용이하며, 지역 내 통합적인 정책추진이 가능하
고, 소비자 편의성 및 선택권이 존중된다. 즉 소비자들은 지역화폐를 광역
시 이내에서 사용이 가능하기에 업종·품목 등을 폭넓게 사용할 수 있는
선택권을 보장받는다. 또한 화폐의 유통속도가 빨라질 수 있어 정책효과
시현이 신속하게 이루어 질 수 있다. 지역화폐 성공요인의 여러 다양한 여
건이 고루 갖추어져 지역화폐 정책의 '규모의 경제'를 구현해 낼 수 있다.

유형	– 광주광역시 · 울산광역시, 광역-순환형
장점	– 광역단위의 행정의 통일성 · 일관성 – 소비자의 업종 · 품목의 선택 다양성 보장 – 소상공인 입장에서 광역시내 지역화폐 관련 매출 발생 – 광역시 단위 지역외 소득유출 방지 – 규모의 경제 구현 가능
단점	– 광역단위의 상권이용으로 특정상권 집중 우려 – 지역내 외곽 및 경계지의 소상공인 효과로부터 소외 (지역내 소지역의 불균등 심화) – 지역내 유휴자원의 효과적 활용도 약함

〈표 9-4〉 광주광역시 · 울산광역시 광역-순환형(광역시단위) 모형 장단점

광역-순환형의 단점으로는 기초지자체 시군의 자발성과 협력을 기대하기 어려울 수 있으며, 시군이 정책으로부터 소외될 수 있어 지역화폐 고유의 장점을 살리기 어렵다. 또한 지역 내 이미 발달한 기존의 특정상권에 매출이 집중되어 발생할 가능성이 크며, 이는 지역 내 불균등 발전을 고착 · 강화할 수 있다. 광주광역시의 경우 동구(금남로, 충장로, 구도청, 조선대, 동명동), 서구(상무지구, 유스퀘어, 풍암동, 금로동), 남구(진월동, 봉선동), 북구(전남대 후문 및 용봉동, 전남대 상대앞), 광산구(하남 우산동, 첨단 1, 2지구, 수완신도시) 등에서 상권이 집중되어 발달하였다. 울산시의 경우 동구(일산지), 북구(명촌), 남구(삼산동, 신복로터리, 공업탑), 중구(병영, 성남동) 등에서 상권이 집중되어 발달되어 있다.

그러나 광주시와 울산시는 지역내에서 비교적 지역의 특성이 단일하고 지역 내 정치, 경제, 사회, 문화, 지리, 교통 접근성에 있어 지역차가 작아 광역시 단위로 지역화폐를 운용하는 것이 오히려 규모의 경제를 구현하

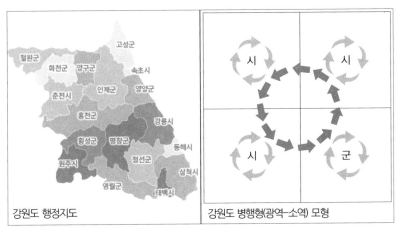

강원도 행정지도 | 강원도 병행형(광역-소역) 모형

〈그림 9-3〉 강원도와 강원도 병행형(광역-소역) 유형

는 방법이 될 수도 있다. 다만 장기적으로 지역내 지역화폐 정책의 소외지역인 농촌 및 어촌, 광역시 외곽 경계 지역을 대상으로 지역화폐로 얻어진 이익을 어떻게 분배하여 지역발전의 거시적인 균등구조를 가져오게 할 것인가는 과제로 남는다.

3) 강원도 '병행형'

강원도의 병행형은 광역화폐와 소역화폐가 동시에 지역적으로도 중첩되어 발행하는 경우이다. 강원도의 경우 도 단위에서 발행하는 광역형과 시군단위에서 발행하는 소역형이 동시에 운용되고 있어 광역과 소역의 '병행형' 모형이라고 할 수 있다.

한편 광역-소역 '병행형'은 강원도의 지역적 특성을 반영한 것이다. 영동과 영서를 태맥산맥이 분할하면서 지리적으로 명확하게 갈라진 강원도는 북으로는 휴전선, 남으로는 광산, 고랭지 농업, 목축, 동으로는 해양과

운용 특성	– 병행형(소역+광역)
장점	– 소역화폐의 지역적 한계를 도단위 광역화폐가 보완(상호보완) – 광역화폐로 인한 외부 관광객 유치 및 편의성 증대 – 영서와 영동의 관광의 단일 구역화
단점	– 정책 중복으로 혼란 초래 및 경쟁 – 광역이 소역을 대체하여 정책효과 반감 우려 – 영동//영서 간 지리적 분리로 '시군을 뛰어넘은' 광역화폐의 효용성 　감소 가능성 – 일부 지역(춘천 및 강릉·속초)에서 광역의 집중효과 발생 우려 – 교통 격오지역의 소상공인·자영업자 효과 소외

〈표 9-5〉 강원도 병행형(광역+소역 병행) 모형 장단점

어촌이 있는 매우 복합적인 관광형 지역이다. 시군단위의 소역화폐는 춘천시, 철원군, 인제군, 고성군, 양구군, 화천군 등지에서 발행하여 소역단위로 통용되며, 강원도에서 도 단위로도 동시에 발행되고 있다.

　문제는 병행형이 광역-소역 상호간에 보완효과를 가지는가, 대체효과를 가지는가를 정밀하게 계측해 보아야 한다. 보완효과는 일단 시군지역을 방문한 관광객을 도내로 순환 유치시킬수 있는가 이다. 대체효과는 소역화폐의 역할을 광역화폐가 편취(?)하는 것이다. 대체효과는 소역 지역화폐의 경쟁력을 약화시킬수 있으며, 그로인한 도와 시군간의 분쟁을 유발할 수 있다. 소역-광역의 지역화폐를 둘러싼 도와 시군간의 경쟁과 갈등은 시군의 자발성과 도에 대한 신뢰를 약화시킬수 있다. 따라서 소역과 광역은 상호의존적이고, 상호독자적인 활동방안을 마련하여, 대체효과보다 보완효과를 추구하는 방향으로 정책을 살려나아가야 할 것이다.

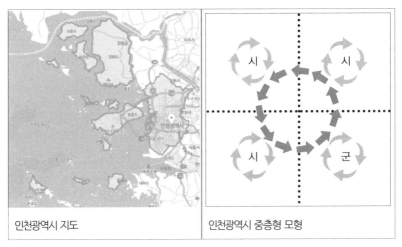

| 인천광역시 지도 | 인천광역시 중층형 모형 |

〈그림 9-4〉 인천광역시와 중층형 모형

4) 인천시 '중층형'

인천광역시는 8구 2군으로 구성되어 있으며, 40여개의 섬으로 구성되어 있다. 다른 광역시와 구분되는 점은 인천시 관내의 많은 면적이 섬으로 이루어져 있어 지역적 통일성 및 교통망을 구축하기 힘들다는 점이다. 또한 서울시, 경기도와 인접하고 있어 경제 · 사회 · 문화 · 지리적으로 원심력이 발생하고 있다고 할 수 있다. 이러한 인천시의 지역적 특성을 반영하여 지역화폐를 통해 보완하고자 한 것이 인천시의 중층형이라고 할 수 있다.

중층형은 각 구군의 소역 지자체에서 사용되는 동시에 인천시 광역단위에서도 사용이 가능하다. 인천시는 중층화 된 구조로 구군단위에서 독자적으로 발행한 화폐를 전체 인천시 차원에서 타 구군에서도 사용가능하다. 그러나 자기 구군이 아닌 인접한 타 구군에서 사용시 해당 구군에서 우대받았던 인센티브는 인정되지 않으며, 인천시에서 제공하는 기본 인센티브만 인정된다는 점이다. 다시 말하면, 자기 구군에서 제공하는 인센티

운용 특성		– 소역형 + 광역(역내) 순환형
장점		– 소역의 사용상의 지역적 한계를 개방형으로 극복 – 소역과 광역의 장점을 적절하게 배합 – 광역(인천시)으로 인한 사용자 편의성 증대
단점	효과 집중	– 광역 및 소역의 중복으로 인한 소비자 혼란 – 광역으로 인한 특징지역으로의 매출 집중(지역외 소득 유출 및 집중 발생)
	캐시백	– 소비자 입장에서는 연수구 · 서구 · 미추홀구 등 3곳의 카드 까지 총 4장을 카드 발급받아야 혜택 수혜 가능 – 캐시백 차이로 인한 혼란 – 시군별 캐시백 격차에 따른 비교불만 및 상대적 박탈감

〈표 9-6〉 인천시 중층형(소역+광역 개방형) 모형

브(6~10%)를 적용받고, 인천시가 보증하는 기본 기본인센티브(4%)만을 인접 구군에서 적용받는다.

소비자는 해당 지역안에서 자기 지역화폐를 주로 사용하는 반면에, 또한 인천시 내 인접 구군에서 인천시가 제공하는 기본 인센티브(4%)만을 적용받아 사용할 수 있다. 이때 자기구군에서 제공하는 인센티브를 포기하여야 한다.

중층형과 강원도 병행형의 차이는 다음과 같다. 병행형은 소역과 광역에서 실물 화폐가 각각 독자적으로 병행 운용된다. 중층형인 인천시의 경우 구군단위의 지역화폐를 타구군인 광역단위에서 교환을 인정해 준다는 점이다.

중층형의 장점은 소비자의 선택이 구군의 한계를 넘어서 자유로운 선택적 소비가 가능하다는 점이다. 또한, 선택 품목 및 가맹점 제한 등의 구군 지역 단위의 문제를 인천시 지역내에서 해소할 수 있다. 인천시 단위에서 지역 공동체성, 경제 단일성을 추구함과 동시에, 인천시 단위의 다양한 공동정책을 추진할 수 있을 것이다.

중층형의 단점으로는, 병행형에서 발생하는 매출집중 발생지역과 외곽 취약지역간의 지역 내 불균형, 소지역내 부의 유출이 편중될 수 있다. 이 경우에 있어, 주변 구군으로부터 역외유입 이익을 실현하는 구군과 역외 유출 하는 구군간의 위화감이 조성될 여지가 있다. 광역시 단위에서 이러한 소지역간 갈등을 조정하지 못한다면 소지역주의는 심화될 수 밖에 없다.

중층형은 광역과 광역 내 소역을 단계적으로 구분하여 행정의 단일성과 동시에 지역적 범위를 확대하였다. 이로써 '광역형'과 '소역형'의 단점을 어느 정도 보완하고 있다. 또한 중층형은 광역시 안에서 사용자의 거주지와 활동지가 서로 다른 경우 효용성 및 편의성을 강화시킬수 있다.

새로운 대안 유형 무엇인가

1) 소역보다 '중역'화폐로

소역형은 지역화폐의 핵심 취지인 '지역단위의 경제활성화'를 추구하는 데 가장 근간이 된다. 그러나, 소지역에서 소비자의 희망사항을 모두 만족시키는가 하는 점에 대하여는 의문이 제기될 수 있다.

소역형을 선택하고 있는 경기도에서 '지역화폐 연계형' 청년기본소득 수급자들에게 만족도 조사를 시행하였다. 그결과 지역화폐를 사용할 시 가장 불편한 점으로 '거주지 외 경기도 내 사용희망지역까지 사용범위를 확대'(1+2+3순위 포함)해 달라는 요청이 70.4%로 가장 높았다.

이는 소역형 지역화폐에서 발생하는 가장 일반적이고 핵심적인 문제점 이라 할 수 있다. 청년들은 생활주거지와 활동지역이 다름으로 인하여 지

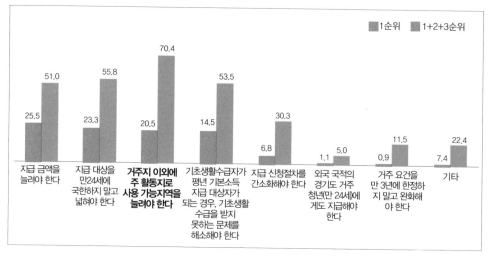

〈그림 9-5〉 지역화폐 관련 희망사항　　　　　　　　　경기연구원 기본소득 연구단(2019)

역화폐를 사용하는데 따르는 불편함을 호소한 것이다. 이러한 문제점을 완화하는 대안으로 중역형中域形 지역화폐를 검토해 볼 수 있다.

〈그림 9-6〉에서와 같이 시군 단위별 지역적 특성에 따라, 주변 시군을 2~4개 단위로 모듬으로 중역中域形 지역화폐를 구상해 볼 수 있다. 중역형은 인근지역간 경제 · 사회 · 정치 · 문화 · 지리적 특성을 감안하여 묶어야 하며, 지역화폐의 규모의 경제를 고려하여야 한다. 이때 시군의 여건에 따라 경제적 효과의 손익이 발생할 수 있다. 따라서, 손익에 따른 지역간 보상과 배려를 어떻게 할 것인가에 대한 사전 협의가 반드시 필요하다. 중역권 구획區劃을 위하여, 행정구역, 선거구 및 여러 요인들을 복합적으로 감안하여야 하며, 지역사회의 숙고와 투명한 논의가 필요하다.

중역화폐 모형은 이론상으로는 간단하지만, 실제로는 다양한 이해관계들이 얽혀 일단 구획이 정해지고 난 이후에는 조정이 쉽지 않은 모형이다.

〈그림 9-6〉 중역화폐 및 소역 2선택 모형

향후 지역화폐를 기획하는 지자체는 이러한 점을 충분히 감안하여, 기획 초기단계에서 소역, 중역, 광역유형을 충분히 검토하여야 한다.

2) 소비자가 선택할 수 있는 모형

소역 2선택 모형은 지역의 성격을 두 개로 구분하여 주로 주거, 숙식, 휴식이 이 이루어지는 공간을 '생활주거지', 취업, 취미, 교류 등 사회활동이 이루어지는 곳을 '활동지역'으로 구분한다. 〈그림 9-6〉과 같이 지역화폐 사용가능한 지역을 생활주거지 외 한 개의 활동지역을 선택하여 두 개의 사용지역으로 열어주는 것이다. 소비자는 소역화폐를 유지하되, 자신의 생활주거지 외 주 활동지역을 선택하여 사용상의 편의성과 선택지를 넓힐 수 있는 장점이 있다.

소역 2선택 모형이 중역화폐와 다른점은, 중역화폐는 선택지가 2~4개 정도로 강제적으로 묶이는 반면, 소역 2선택 모형은 소비자가 지역을 선

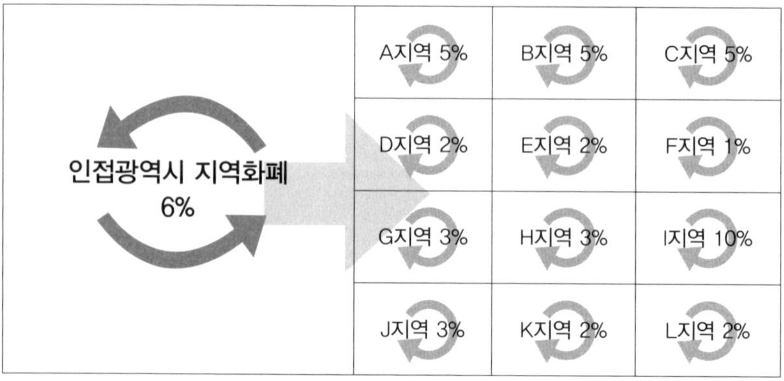

인접광역시 지역화폐 6%	A지역 5%	B지역 5%	C지역 5%
	D지역 2%	E지역 2%	F지역 1%
	G지역 3%	H지역 3%	I지역 10%
	J지역 3%	K지역 2%	L지역 2%

<그림 9-7> 편방향 지역화폐

택할 수 있다는 점이다. 중역화폐 정책은 규모의 경제를 추구하는 방향이고, 소역 2선택 모형은 소비자의 기회와 선택을 어느정도 만족시켜 준다는 점에서 긍정적이다.

소역 2선택 모형의 문제점은 활동지역으로 선택하는 지역은 필연적으로 상권·교통·취업 등이 발달한 인접 시군일 가능성이 크다. 이 경우 지역화폐의 본래 취지라 할 수 있는 지역경제 균등발전보다, 상권이 발달한 일부거점에 매출이 집중되는 경제적 효과를 독점하는 결과를 발생시킬 수 있다.

3) 편방향 모형

'편방향 지역화폐'는 인접 시도간의 소득역외유출의 일방향성이 심각할 경우 운용을 기획해 볼 수 있다. 광역시와 인접도道 사이에서 상권형성, 유동인구의 흐름, 취업·생산·소득 등의 이유로 광역시가 인접도의 소득과 소비를 흡수하는 경우가 심하다. 이는 광역시가 도심으로, 인접도가 농촌지역으로 분리되어 있는 경우에 더욱 명확하게 발생한다. 따라서, 인접도는 지속적으로 소득유출, 소비유출이 발생하게 되고, 농촌지역은 인구는 감소하고, 상권은 와해되고, 점차 공동화된다. 이를 막을 수 있는 방법 중 하나로 편방향 지역화폐를 고려해 볼 수 있다.

편방향 지역화폐는 광역시의 지역화폐가 인접도에서는 사용가능하지만, 인접도는 광역시에서 사용하는 것은 불가능한, 즉 한 개의 특정방향으로만 사용이 가능하도록 하는 것이다. 이 경우 광역시의 소비를 인접도로 유입시킬 수 있다. 대개의 경우 모든 광역시는 인접도와의 관계에서 교육, 상권, 교통, 인구이동을 흡수하는 역할을 하였다. 광역시와 인접도는 지역적 연계, 정서적 유대, 지리적 인접성을 가진 매우 친근한 지역이다. 취업, 교육, 사업, 교통등의 다양한 이유로 광역시로 이동하였으나, 인접도에 정서적 가족적 경제적 연계망을 가지고 있다. 따라서 광역시의 지역화폐 유통범역을 인접도에까지 개방하는 것은 지역민의 정서적 동의를 구하는 것이 크게 어려운 일은 아니라고 할 수 있다. 예를 들면, 대전시와 충남, 광주시와 전남, 부산시와 경남, 대구시와 경북 등 이들 지역은 지역적-정서적 연결고리가 상당히 강력하다고 할 수 있다.

편방향, 광·중·소 지역화폐의 지역적 범역화 제한은 현재의 금융기술상으로 충분히 가능하다. 광역시의 지역화폐가 인접도의 시군에서 소비되어 매출증대로 연결된다면, 장기적으로 지역균등 발전을 도모할 수 있을 것이다. 이 경우 인접도의 소득이 광역시로 유출되는 소득 외부유출효과를 방지할 수 있다. 소득유출입효과의 방향을 따져 유출이 심한 지역(충북, 충남, 전남, 경남, 경북 등)은 광역시도간 편방향 지역화폐 활용을 적극적으로 검토하여야 할 필요가 있다.

다만, 이러할 경우 우려되는 점은, 광역시의 지역화폐는 지역적 범용성이 넓어지는데 비해, 도의 시군별 소역 지역화폐는 상대적으로 범용성이 확대되지 못하는 점에 대하여 소비자입장에서 반론이 제기될 수 있다. 정책의 목표와 취지를 지역민들에게 정확히 설득 홍보하여 정책효과를 원활히 거둘 수 있는 방안을 찾아야 한다. 이 경우 광역시에서 소비자는 찬성하는데 비해 소상공인들은 반대할 것이다. 특히, 인접도에 접한 지역의 소상공인들이 반발이 더욱 심할 수 있다. 반면에 인접도의 소상공인들은 찬성하고, 소비자들은 상대적으로 불만을 제기할 수 있다. 이 경우 인천시의 사례를 적용하여 인센티브의 조정을 통하여 지역화폐의 유통방향과 유통량을 제어 · 유도할 수 있을 것이다.

경기도 지역화폐가 미래가 되려면

경기도 지역화폐 전망과 관련하여 안정적이고 지속가능한 지역화폐의 운용을 위하여 5가지 측면에서 정책전망을 제시하고자 한다.

플랫폼을 다각화·내실화하라

지역화폐와 연계된 플랫폼은 4차 산업혁명 시대에 필수적인 소통의 공간이다. "플랫폼은 다자간의 연결사회이자 생태계"(최준규, 2018)라고 할 수 있다. 그러나 딘순한 네트워크의 공간이 아닌, 공간을 집적 · 집중하고 동태화시키는 허브이자 보스(회전체의 몸체)라고 할 수 있다.

본래 플랫폼은 핀테크, 블록체인 기술을 기반으로 4차 혁명시대에 광활한 인터넷 공간을 대체하는 새로운 콘텐츠 공간으로 주목받고 있다. 현대의 서비스는 모두 On-line 및 모바일 환경이며, 특히 전자화폐가 병행적으로 발전하면서 지역화폐가 소통하는 구체적 현장은 플랫폼이다.

플랫폼은 지역화폐 사용의 출입구이자 놀이마당 역할을 해주는 공간이어야 한다. 이곳에서는 가맹점 정보, 상품전시 및 광고-교환-판매가 이루어지는 곳으로 소비자와 판매자(소상공인 및 자영업자, 기업 등)가 마주하는 곳이다. 소비자 입장에서는 상품정보 및 컨텐츠(판매업체 입점, 상품 및 기업 광고, 부가기능, 기타 서비스 등)를 소비하고, 상품 구매가 이루어지는 곳이다. 판매자는 상품정보 및 각종 편의를 제공하여 소비자를 구매에 이르게 한다. 이 과정에서 플랫폼은 빅데이터를 생성, 양산, 구축, 저장, 가공, 유통시키는 '열린 광장'이 된다(김병조 외, 2019).

그러나 대다수 지자체의 지역화폐 플랫폼은 아직까지 정보 제공 및 가맹점 안내 수준을 벗어나고 못하고 있다. 향후 지역화폐를 매개로 소상공인 및 자영업자 대 소비자(B2C), 기업 대 기업(B2B) 간의 거래가 활성화될 수 있도록 다양한 콘텐츠를 갖추어야 하며, 거래를 위한 정교한 정산시스템을 구축하여야 한다.

지자체들의 대다수는 플랫폼에 대한 인식이 부족하다. 플랫폼 구축비용, 운영에 따르는 행정비용, 전문성 부족 등을 이유로 플랫폼의 중요성을 간과하고 있다. 그러나 플랫폼은 개인 및 기업 정보가 생성되는 '팩토리'이다. 지역화폐 운영대행사는 운영수익보다 빅데이터에 더 많은 관심을 가지고 있다. 빅데이터는 개인과 사회전체의 다종다양한 정보들을 포괄하고 있는 '지식기반 사회의 미래 먹거리'이다. 따라서 지역화폐 운영사에게 지자체가 빅데이터의 관리권을 넘기는 것은 정보주체로서 소비자가 위임한 정보관리의 의무를 방기하는 것이며, 유무형의 가치를 생산할 수 있는 정보자산을 포기하는 것은 공복公僕으로서 배임에 해당한다고 할 수 있다.

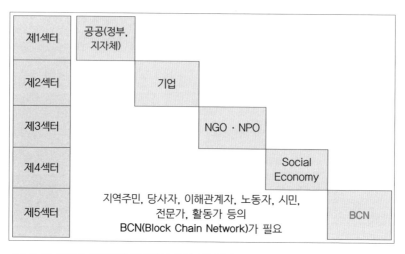

제1섹터	공공(정부, 지자체)				
제2섹터		기업			
제3섹터			NGO · NPO		
제4섹터				Social Economy	
제5섹터	지역주민, 당사자, 이해관계자, 노동자, 시민, 전문가, 활동가 등의 BCN(Block Chain Network)가 필요				BCN

<표 9-7> 풀뿌리 지역경제 활성화를 위한 제5섹터   자료: 김병조(2017)

　지역화폐가 운영되는 빅데이터와 플랫폼에 대한 민주적 통제를 위한 시민사회 차원에서의 숙의가 필요하다. 빅데이터 활용과 운영방법에 대하여 국가적 · 법률적 차원의 논의와 함께, 지역의 지자체 및 시민사회가 주도하여 사회적 합의를 이끌어 내어 공유자산으로서의 플랫폼과 빅데이터 운영의 민주집중제적 통제권을 수립하여야 한다.

지역민 참여를 확대하라

　지역화폐 정책은 지역주민이 정책적 대상자가 아니라, 주체가 되는 '지역 주도형, 지역민 참여형' 정책이다. 지역화폐는 지역단위에서 (가칭)'지역화폐 주민자치 운영위원회'를 통해 지역화폐의 시행세칙, 운영 내규, 가맹점 규칙 등 세부 준칙을 제정하여야 한다. 또한, 향후 연계 가능한 기본소득 정책(부분 기본소득으로서 농민, 문화예술인, 장애인 기본소득 등(김병조, 2019b))과 함께 민주집중제적 숙의민주주의 원칙에 기반을 둔 직접책임

민주정치를 구현할 수 있어야 한다.

기존의 국가(1섹터), 기업(2섹터), NGO · NPO(제3섹터)를 넘어 제4섹터(사회적 경제: 사회적 기업, 협동조합, 마을기업, 자활기업, 농어촌공동회사 등)는 이미 사회적 거버넌스Governance(협치) 구성에 한계를 가지고 있다. 따라서 제4섹터에 기반하여 제5섹터를 구성하여야 한다. 기존의 섹터들은 자기가 속한 단체의 입장을 반복하여 주장하며 단체의 입장으로부터 독립적이고 독자적인 역할을 하기 힘들었다. 지역에서는 "자발성, 자치의식, 민주주의를 체험하고 추구하는 시민, 노동자, 전문가가 참여하는 새로운 (가칭) '제5섹터'(김병조, 2017)가 요청된다. 5섹터는 기존의 섹터들을 해체하거나 포괄하되, 당사자 · 지역주민 · 노동자 · 전문가 · 활동가 · 일반시민 등이 대등한 조건으로 참여하는 '네트워크화 된 시민연결망'이다.

지역화폐 은행을 설립하라

지역화폐의 안정적 운영 및 유지 · 발전을 위하여는 지자체 단위의 지역금융기관 설립을 검토할 필요가 있다. 지역화폐 운영을 위한 전문은행은 "지역화폐의 발행방법, 발행액, 유통량, 가맹점, 운영방법 등을 기획 · 운영"(김병조 외, 2019)하는 역할을 해야 한다. 그러나 과거와 같은 전통적인 의미의 은행의 역할은 매우 축소되고 있다. 모바일 기반의 은행의 역할은 확대되고 있으며, 은행기능은 다양해지면서 빠른 속도로 통합되어 가고 있다. 개별 은행에서 운영하는 앱App은 이제 타사 계좌도 연동하여 사용할 수 있을 만큼 은행 간 업무적 통합을 이루어냈다.

중앙정부의 금융위원회는 기존 역할을 하는 지방은행 설립에 대하여 매우 부정적이다. 모바일 시대에 더 이상의 기존 은행은 필요치 않을 것이

	경기도 전체	최대 시군	최소 시군	지역간 격차(배)
인구(명)	13,077,153	수원시 1,201,146	연천군 44,633	26.9
면적(km²)	10,186.3	양평군 877.7	구리시 33.3	26.4
GRDP(백만원)	329,558,989	화성시 39,455,203	연천군 985,918	40.0
GNP(만원)	(평균) 2,684	화성시 7,376	남양주시 1,124	6.6
지역화폐(천원)	충전액 342,478,769	성남시 66,023,612	연천군 1,428,205	46.23
	지역화폐(천원)사용액 266,145,704	성남시 60,805,157	연천군 1,045,699	5.82

〈표 9-8〉 경기도 및 시군별 통계지표 비교   자료: 국가통계포털 (검색일: 2019. 11)

다. 따라서 "사회적 금융 등의 공공성과 ICT(정보매체기술) 기술의 융합을 통해 인터넷 은행(대표적으로는 카카오 뱅크)의 성격"(경기도, 2019)을 갖는 (가칭) '지역화폐 전문은행' 설립을 모색하여야 한다.

참고로, 경기도는 지역화폐 운영과 관련된 다양한 시도들을 전개하고 있다. 경기도 지역화폐의 보급 및 이용 활성화에 관한 조례([시행 2019. 11. 12.] [경기도조례 제6360호, 2019. 11. 12., 일부개정])를 제정하였고, "지역화폐의 보급 및 이용을 전문적이고 효율적으로 추진하기 위하여 지역화폐센터의 설치할 수" 있으며, 주요업무는 "지역화폐의 발행 및 유통, 가맹점의 모집, 분쟁의 조정, 지역화폐의 이용 활성화" 등의 사업을 추진할 수 있다고 이미 조례로 정해둔 바가 있다.

지역화폐 전문은행은 국가단위의 한국은행 역할과 유사하되 다른 차별

점을 가지고 있다. 일단 한국은행과 같이 중앙정부, 지자체, 관련세력으로부터 독립하여 독자적인 화폐·재정정책을 설계하고 추진할 수 있는 독자성이 보장되어야 한다. 지역화폐 전문은행은 지역발전을 위하여 "지역화폐를 활용한 금융정책, 소상공인 및 자영업자를 위한 금융지원, 사회취약계층을 위한 마이크로 대출, 지역발전을 위한 각종의 투자 및 지원방안, 지역의 대단위 기반 사업에 투자지원 등을 검토"(김병조 외, 2019)하여 정책수립에 반영하고 추진할 수 있어야 한다.

경기도가 설립한 시장상권진흥원(약칭: 경상원, 2019년 10월 28일 출범)이 (가칭) '지역화폐 전문은행'과 상호 역할분담 속에 업무 컨센서스를 이루어 지역경제 활성화를 위한 구체적인 방안을 모색한다면 지역경제 활성화 모델의 새로운 전형 창출을 기대할 수 있다.

유통 범위를 재구축하라

지역화폐와 관련된 지역적 범위의 재설정을 위한 논의가 새로이 필요하다. 현재 경기도는 31개 시군으로 구성되어 있으며, 인구, 면적, 지역내 총생산, 1인당 GNP, 지역화폐 발행액 및 사용액 등 여러측면에서 시군별 지역적 격차가 매우 큰 도道이다.

한 예로, GRDP기준 화성시와 연천군은 40배의 차이가 발생하고 있다. 또한, 성남시와 양평군의 지역화폐 충전액을 비교해 보더라도 46.23배, 사용액은 5.82배로 극명한 격차를 보여주고 있다. 〈그림 9-8〉의 31개 시군별 슈퍼마켓, 편의점 업종의 매출액 및 상가밀집도 지도를 검토해 보면, 성남시와 양평군간의 현격한 차이를 보이고 있다. 북동부 지역은 회색, 남서부 지역은 초록색 계열로 뚜렷한 편차를 보여주고 있음을 확인할 수 있다.

 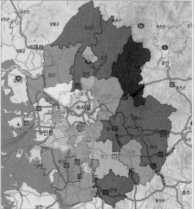

시군별 전체매출액(슈퍼마켓, 편의점)   시군별 상가밀집도(슈퍼마켓, 편의점)
※범례. 초록색 계열: 높음, 회색 계열: 낮음

자료: 경기도 시장상권 진흥원 포털사이트(검색일: 2019. 10.)

〈그림 9-8〉 경기도 31개 시군별 상권활성화 비교(편의점, 슈퍼마켓 업종)

이러한 점은 구매력 및 상권의 형성 정도를 보여주는 것으로, 지역화폐를 사용하여도 경제적 효과면에서 지역별 격차가 분명하게 나타날 수 있음을 보여주는 것이다.

지역화폐로 인한 잠재적인 경제적 효과를 단순 예측하여 보더라도 성남시의 충전액이 연천군보다 46.23배가 많아 단중기적으로 성남시와 연천군간의 지역화폐 발행효과로 인한 경제적 격차는 더욱 크게 벌어질 것으로 판단된다. 이는 동일한 지역화폐 경제정책이라 하더라도, 발행량 및 판매량, 구매력, 상권형성, 인구수, 인구구성, 유통 면적 등이 민감하게 작용한다고 할 수 있다. 이런 점에서 31개 시군을 계속 유지하면서 지역화폐 정책을 집행하는 것에 대해 다시 검토해 볼 필요가 있다.

이러한 대안으로 첫째, 경제·사회·문화·지리적으로 인접한 시군을 모둠으로 묶어 권역을 설정하는 방법을 고려해 볼 수 있다. 예를 들면, 연천군, 동두천, 양주군, 포천시 등 3~4개의 시군을 하나의 권역으로 묶을 수 있다. 이 경우 화폐의 사용범위를 확대함으로써 소비자 편의성 및 화폐의 유통량과 속도를 증가시킬 수 있으나 매출이 특정지역에 편중되어 나타날 수 있다. 또한 권역설정에 있어 여러 가지 이해관계들을 해소시켜야 하는 과제가 따른다.

둘째, 지역화폐의 편방향성偏方向性을 활용할 수 있다. 편방향성은 화폐의 유통을 한쪽 방향으로만 가능하도록 제한을 가하는 것이다. 즉 타시군의 지역화폐는 연천군에서 사용될 수 있도록 개방하되, 연천군의 지역화폐는 타시군으로 유출되지 못하도록 폐쇄하는 것이다. 이 경우 연천군의 소비자들은 상대적으로 불편할 수는 있지만 전체적으로 지역외 소득유입은 발생하고, 지역내 소득유출은 발생하지 않음으로 인하여 지역경제 활성화를 도모할 수 있다.

결론적으로, 경기도 내에서 각 시군이 처한 여건이 매우 다르며, 이로 인한 의미있는 경제적 효과를 일률적으로 도출하기 어렵다. 따라서 유통범위를 재구축하거나 편방향성을 검토할 필요가 있다. 이를 위해서는 다양한 통계 조사 및 시뮬레이션을 필요로 하며, 다양하고 창의적인 아이디어들이 다각적으로 동원되어야 할 것이다.

지속가능성을 위해 탈정치화하라

지역화폐 정책은 안정적이고 지속가능한 정착을 위하여 탈정치화를 추구하여야 한다. 사실 모든 정책들은 정치적 속성들을 내포하고 있다. 지역화폐 정책으로 인한 경제적 효과는 수혜 여부에 따라 찬반양론으로 갈리어 정치적 의견그룹으로 세력화 될 수 있다. 정책의 호불호를 둘러싸고 벌어지는 토론이 반드시 사회적으로 해악적인 것은 아니다. 그러나 정책의 본질적 내용보다 정치적 파당에 따라 찬반입장을 주장하는 것은 민주사회에서 극히 경계할 일이다.

지역화폐 정책은 지역경제 활성화를 위한 복지-경제정책이다. 이 정책이 지자체장의 일시적 과시 치적 홍보용이거나 특정 파당의 정치적 언사가 아니라 한국 사회의 보편타당한 정책으로 받아들여질 수 있도록 정책의 본질과 의미를 설득하고 대화하여야 한다. 이를 통해 지역화폐 정책을 정치영역에서 지역주민을 위한 생활과 삶의 영역으로 되돌려야 한다.

지역화폐 정책은 중앙 및 지방정부가 교체된다 하더라도 4대보험(국민연금·건강보험·고용보험·산재보험)과 같이 지역을 받치는 든든한 기본정책으로 지속가능할 수 있도록, 지지기반을 넓히고 활용도를 증폭시켜야 한다.

요약정리

지역화폐의 정책효과를 성공여부를 가늠하는데에는 다양한 지표등을 동원할 수 있을 것이다. 그러나, 12년간 누적된 성남시의 업종별, 지역별, 발행액, 회수액 등에 대한 통계자료 외에 국내에서 체계적으로 정리된 자료는 드물다고 할 것이다.

지역화폐의 성공요인으로, 발행량, 회수액(결제액, 매출액)이 클수록, 유통속도가 빠를수록, 지역내 총생산, 소비성향, 구매자의 수가 많을수록, 인구수가 많을수록, 특히 경제활동 참여인구가 많을수록 효과가 클 것이다. 상권형성이 잘 구비되어 있고, 교통이 편리하고, 권역면적이 좁을수록, 유동인구 및 유통량이 많을수록 효과가 크다. 지역내 주민 및 소상공인의 이해와 참여가 높을수록 효과가 크다고 할 수 있다.

이와 관련하여, 각 광역시도 단위에서 채택하고 있는 운용 유형을 검토하여 보자. 경기도는 '소역-폐쇄형'으로 31개 시군이 소지역 단위로 독자적으로 발행하고 있어 지역화폐 취지에 가장 부합한다. 광주 및 울산시는 광역시를 단위로 구군의 경계가 구분이 사라진 '광역-순환형'을, 강원도는 도단위, 시군단위에서 각장 발행하고 있는 '병행형'을 채택하고 있다. 인천광역시는 구군단위에서 발행하되, 광역시 단위에서도 사용가능한 중층형을 채택하고 있다. 이상의 유형은 각각 지역특성과 여건에 따라 채택된 것이지만, 또한 장단점을 같이 포괄하고 있다. 따라서, 어느 유형이 어느 지역에 가장 적합한가는 이론적 차원의 문제가 아니라, 지역의 여건에 따른 정책효과가 입증해야 할 문제라고 할 수 있다.

다만, 지역화폐 활용을 통한 정책효과를 증폭시키기 위한 3가지 유형의 대안모형을 고려해 볼 수 있다. 중역화폐 모형은 경제 · 정치 · 사회 · 문화 · 지리 · 행정측면을 모두 감안하여 지역규모가 작은 서너개의 지자체를 한 개의 모듬으로 묶어 권역화하는 것이다. 소역 2선택 모형은 생활주거지외에 활동지역 1곳을 선택하게 하여 소비자의 불편을 완화시켜 주는 것이다. 편방향 모형은 경제 발달지인 인접지역 A의 지역화폐가 경제 취약지인 주변 지역 B에 사용하게 허용하는 것이다. 이 경우 A지역의 구매력이 B지역의 매출로 연결되어 주변의 경제적 수익을 지역간에 나눌수 있다는 장점이 있다.

지역화폐가 지속가능하려면, 최근의 기술혁신에 따른 모바일 화폐로의 변화를 추구해야 하며, 지역화폐의 다양한 활동영역을 찾아야 하며, 거시적 · 시계열적 발전전망을 가져야 하며, 인간을 소외시키는 자본주의적 화폐의 기능을 제한하고 교환수단으로 한정하는 지역화폐 2.0모형을 강구하여야 한다.

향후 지역화폐는 플랫폼 기능을 다각화 하여 소비자 및 생산자의 서비스를 강화하여야 하며, 제5섹터를 활용하여 지역만의 다양한 참여와 이해를 반영하여야 할 것이며, 지역화폐 은행의 설립, 유통범위의 재구축, 탈정치화를 추구해 나아가야 할 것이다.

화폐를 넘어 관계로, 자치로, 미래로

지역화폐의 지속가능성을 생각하다

현재 지역화폐 정책은 사회적으로 주목을 받고 있다. 선진국형 저성장 장기침체기의 내수시장을 활성화하기 위한 정부의 정책기조와 맞물려 강력한 행정적 뒷받침을 받고 있다. 그러나 지역화폐 정책은 일시적인 이슈성 정책으로 치부하여서는 안 된다. 지역화폐는 단순한 지역경제 활성화뿐만 아니라, 지역 내 풀뿌리 경제, 풀뿌리 민주주의, 지역 협치를 내오기 위한 가장 유력한 정책이다. 지역화폐 정책은 정책 결정권자의 일시적 과시 · 치적 · 홍보용 정책이 아니기 때문에 탈정치성, 지속가능성을 추구하여야 한다.

지역화폐 정책이 사회적으로 지속가능하고 정책적으로 안정성을 가지려면 거시적이고 장기적인 안목이 필요하다고 할 것이다. 지역화폐 정책의 안정적이고 지속가능함을 위하여 5가지 사안을 제시하고자 한다.

| | | | | | (점) |
지급수단	편리성	안전성	수용성	비용[1]	종합만족도
현금	77.4	76.5	92.1	89.6	82.1
신용카드	83.7	66.6	78.2	54.6	78.0
체크·직불카드	79.0	68.0	74.3	65.6	74.5
계좌이체(인터넷뱅킹)	53.6	56.2	58.6	51.4	56.0
계좌이체(모바일뱅킹)	53.4	53.6	56.9	52.0	55.2
선불카드·전자화폐	48.2	46.9	46.4	50.1	47.5
모바일카드[2]	50.4	46.4	47.8	50.8	48.1

주: 1) 점수가 높을수록 저비용 지급수단으로 평가되었음을 의미
　　2) 신용카드, 체크·직불카드 등의 정보를 스마트폰의 메모리 또는 어플리케이션(앱) 등에
　　　 미리 저장하고 간편하게 상품대금을 결제하는 서비스
　　3) 지급수단별 각 특성에 대해 1~5점을 부여한 후 100점 기준으로 환산

〈그림 T-2〉 화폐의 지급수단별 특성 및 종합만족도 평가[3]　　　　자료: 한국은행(2018)

현금 없는 사회, 모바일 화폐가 온다

　미래 사회는 '현금 없는 사회'가 될 것이다. 결제수단으로서의 화폐는 그 기능이 퇴색하고 사회적 기호와 개인의 활동을 입증하는 빅데이터를 양산하는 중요한 소스로 기능할 것이다.

　덴마크 중앙은행은 2016년 12월 31일부로 화폐 생산을 공식적으로 중단하기로 했다. 실물화폐의 생산은 비용이 많이 들기 때문이다. 이미 정산 수단으로서 실물화폐의 영역은 많이 감소하고, 그 빈자리를 카드(신용, 체크, 직불), 계좌이체(인터넷, 모바일), 전자화폐의 형태로 많이 이동하고 있다. 한국은행에서 조사한 바로는 지급수단별 만족도에서 현금(82.1%), 신용카드(78.0%), 체크·직불카드(74.5%)순으로 나타났다. 상당부분 현금의 편의성을 타 지불수단이 대체한 것이다.

　경기도의 청년기본소득 수급자를 대상으로 미래 선호하는 지역화폐의

유형에 대하여 설문한 결과, 카드형이 압도적인 지지(70.0%)를 받았으나 모바일형도 25.6%에 달하였다. 이는 화폐의 유형 선호가 현금(지류형)에서 카드형을 거쳐 급격하게 모바일형으로 대체되어 가고 있음을 보여주는 것이다.

따라서, 지역화폐도 플랫폼, 핀테크, 전자화폐 등의 다양한 기술상의 혁신을 적극적이고 신속하게 수용하여, 블록체인화 된 결제 기반하에서 온라인 상의 결제수단들을 강구하여야 한다.

중앙화폐가 경직적이고 전통적인 태도를 취하는 것과는 달리, 지역화폐는 지자체 단위에서 변화기조에 발맞추어 융통성과 유연성을 발휘하고, 소비자의 편의성, 접근성을 강화해야 한다. 이러한 노력이 현실화된다면, 지역화폐는 상당부분 중앙화폐의 역할을 대체하고, 보편적인 화폐로서 새로운 위상을 부여받을 수 있을 것이다.

활용도를 다양화하라

지역화폐가 지속가능하기 위하여는 일상에서 활용도를 다방면으로 확대해야 한다. 단순히 거래나 발급수준에서의 다양화가 아니라, 완전히 새로운 영역에서 새로운 분야를 개척하여야 한다. 지역화폐의 순환과 환류를 위하여 지역 내 거래를 활성화할 수 있는 방안을 모색하여야 한다. 최근 현대화된 핀테크 기술을 이용하여 지역화폐의 B2B, P2B, P2P간의 순환과 환류를 위한 적극적인 방안이 필요하다,

이미 경기도는 건설공사 수주시 공사대금의 일부(약 10%)를 지역화폐로 지급하는 것을 검토한 바 있다. 또한 경기도내 사회적 기업의 거래결제수단, 협동조합의 공동구매시 지불수단, 기업간 거래에 있어 결제대금을 지

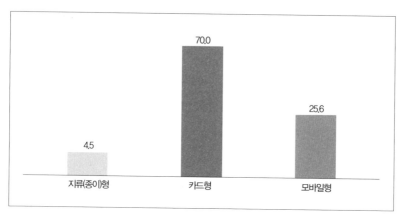

<그림 T-3> 미래 선호하는 지역화폐 유형   자료: 유영성 · 김병조 · 마주영(2019)

역화폐로 지급할 것을 고려할 필요가 있다.

울산시 대기업 노동조합은 노동자 임금 중 10만원 이하의 끝전을 모두 지역화폐로 지급하여 지역에 사용할 것을 구상중에 있다. "노사합의로 노동자 월급의 일부를 지역화폐로 지급", "현대차 등 지역의 대기업 등이 직원 월급여의 십만 원 이하 단위(일명 끝전)를 지역화폐로 지급함으로서 대기업 노조의 지역사회 기여도"(정의당 울산시당 '주간브리핑' 2019. 1. 21)를 높이는 효과를 강구하기도 한다. 이처럼 지역화폐의 다양한 활동영역을 강구해 나아가야 한다.

거시적 정책이 필요하다

지역화폐가 지속가능하게 하려면 단순히 발행량, 회수액, 회전율만 높이는 것을 목적으로 하여서는 안 된다. 지역화폐 정책의 거시적이고 장기적인 정책적 전망을 가지고 있어야 할 것이다.

그러기 위해서는 지역화폐의 발전방안에 대하여 방향을 제시하여야 할

	1단계	2단계	3단계	4단계
시기	2018 ~ 2022	2023~30	2031~2035	2036~
정책주체	협치 (행안부+광역+기초)	광역+기초+5섹터	기초+5섹터	5섹터
화폐은행		지역화폐 은행 설립	··· →	
연대	사회적 기업과 연대	지역단위의 지역화폐 협동조합	··· →	
거래확장	B2C	B2C 강화화	··· →	
지역확장	-	-	타지역 연대 (국내)	타국가 기업과의 연대

〈표 T-7〉 지역화폐의 시계열적 발전 방안

것이다. 먼저 단계적인 과정으로 시기를 구분하여 과제를 부여해 본다.

1단계는 2022년까지 현재 중앙정부(행안부), 광역, 기초가 함께 진행하는 지역화폐의 책임, 권한, 결정권을 기초지자체로 하방하여야 한다. 결정권은 업무의 적극성과 결부된다. 사회적 기업과 연대하여 지역화폐의 저변을 확장해 나아가야 한다. 지역화폐의 신뢰를 강화하기 위하여 정책을 더욱 정교하게 설계하고, 시민에게 홍보와 이해를 통해 지역화폐의 필요성을 설득해 나아간다.

2단계는 2023년부터 2030년까지로, 광역과 기초지자체로 이관하여 시민-노동자-전문가 등이 참여하는 5섹터를 강화한다. 지역은행 및 지역화폐 협동조합 설립을 추진하고, 지역화폐를 통하여 기업간 거래가 활성화될 수 있도록 각종 정책을 고안한다.

3단계는 2031년부터 2035년까지로, 지역화폐의 정책주체를 기초지자체로 가져와 5섹터가 지역내에서 실행주체가 될 수 있도록 한다. 지역화폐 은행을 가동시켜 마이크로 금융대출, 기업대출 등을 통해 지역내 경제의 사각지대를 살핀다. 타지역간의 거래에 지역화폐를 매개로 거래함으로써 환율 등으로 인한 부당한 손실이 발생하지 않도록 상호 보호한다.

4단계는 5섹터가 지역화폐의 주인공으로 등장하면서, 지역자치와 지역간 연대를 추구하고, 국제간 국가간 기업간의 지역화폐를 통한 거래가 활발히 진행될 수 있도록 대책을 강구해 나아가야 한다. 지역화폐 정책은 거시적 · 장기적으로 방향성을 갖고 추구해 나아가야 한다.

사회적 가치를 알려라

지역화폐의 취지와 목적을 적극적으로 알려 나아가야 한다. 지역화폐는 소비자에게 불편을 주는 것이 아니라. 작은 불편을 통해 나와 이웃이 혜택을 같이 나누는 것이다. 그러나 일부에서는 지역화폐가 정부 지원금(인센티브)만 소모시킨다거나, 위조 및 부정부패의 소지가 있다고 비난한다. 이러한 비난들은 부분을 과잉해석한 일방적인 주장이다.

지역화폐는 지역경제 활성화라는 취지아래 소상공인, 자영업자, 골목상권, 전통시장을 되살린다. 지역의 공동체성 강화 측면에서 사회적 신뢰, 호혜, 배려, 복지, 연대, 지속가능성, 경제적 회복 탄력성 등을 제공해 준다. 주민중심의 지역화 측면에서는 교환, 자립, 자치, 다양성, 탈중앙, 지역소비, 자본순환의 역할을 한다.

지역화폐는 단순한 화폐가 아니고, 지역을 살리고, 이웃을 살리고, 그리하여 나와 내가 살고 있는 지역을 살림으로써 나의 삶이 더욱 풍요로와질 수 있다.

	디지털 기술의 발전					
지 역 공 동 체 강 화	신뢰	핀테크	블록체인	전자화폐	교환	주 민 중 심 의 지 역 화
	호혜				자립	
	배려		지역화폐 Local Currency		자치	
	복지				다양성	
	연대				탈중앙	
	지속가능성				지역소비	
	회복탄력성	소상공인	자영업자	골목상권	전통시장	자본순환
	지역경제 활성화					

〈표 T-8〉 지역화폐의 사회적 가치

균형성장 모형을 창출하라

지역화폐는 지역경제 활성화를 취지로 출발하였다. 그러나 지역경제 활성화가 지역이기주의를 주창하거나 폐쇄경제를 의미하는 것은 아니다. 지역경제 활성화는 지역간 불균등, 이윤의 독점, 경제적 착취를 완화하고 궁극적으로는 지역간 연대, 주민간 상생, 권리의 평등을 추구한다.

따라서, 지역화폐를 통한 균형성장의 새로운 모형을 도출해 내어야 할 것이다. 그러기 위해서는 자본주의 시스템 상의 환율, 환차익 등 투기성 금융테크닉을 지양할 수 있는 경제주체들간의 신뢰와 연대가 요구된다고 할 것이다. 개인과 개인(P2P), 기업과 개인(B2P), 기업과 기업(B2B)이 자신의 가치대로 교환이 이루어지고 착취, 독점이 사라지게 하려면, 화폐가 자본으로 전화될 수 없도록 화폐의 기능으로 철저하게 제한하여야 한다.

자본주의에서 화폐는 '모든 관계의 주인'으로 등장하면서 인간을 소외시킨채 사회적 관계를 규정해 왔다. 이제 자본으로 치닫는 화폐를 화폐 자신의 자리로 되돌려 놓아야 한다. 그 자리에 인간이 주체가 되어 교환수단으로서의 지역화폐가 자기 역할을 하는 새로운 지역화폐 2.0모형을 혁신해야 한다.

지역화폐는 화폐이자 관계이며, 정책이자 미래

본래 화폐는 가치중립적인 측면에서 교환을 매개하는 결제수단이다. 그러나 자본주의의 성립과 발전을 거치며, 화폐는 노동생산물을 교환하는 주체인 '사람과 사람'의 관계를 화폐관계로 전도시켰고, 화폐는 '거래의 매개물'에서 그 자체가 '소유의 목적'이 되었다.

자본주의하에서 '화폐관계'는 사람을 소외시키고 그 자리를 자본주의적 소유양식으로 대체하였다. 이제 화폐가 사람을 대신하게 되면서, 한 개인이 소유한 화폐의 양은 사람의 가치, 인격, 품위, 지성, 학식, 상품성을 보여주는 가늠자가 되었다. 인간의 가치는 화폐로 왜곡된 채 화폐로 이미지화 되었다.

화폐는 인류의 전 역사적 과정이자, 살아 꿈틀거리는 유물이다. 그러나, 이 기간 동안 자본주의가 차지하는 연대기는 결코 길지 않았다. 모든 시대는 언제나 그 시대에 해결할 수 있는 문제만을 제기하며, 문제제기 자체에 이미 해결의 물적 조건이 갖추어져 있다. 그렇기 때문에, 지역화폐는 현존하는 화폐제도를 지양하되, 또한 새로운 공동체를 긍정하기 위한 첫 걸음이라고 할 수 있다.

광폭하게 질주하는 자본주의적 화폐로 한국의 지역경제 상황은 매우 피폐화되고 있다. 지역간 격차는 심화되고, 지역 내부는 지역 밖으로 유출되고 있다. 유출된 부는 서울과 수도권으로 집중된다. 이러한 과정에서 신자유주의정책으로 인해 주민들간의 경쟁 및 서열을 보편화시키고, 그나마 유지되고 있던 지역의 공동체적 정서는 해체의 위기에 직면해 있다. 지자체에서는 나름대로 지역경제 활성화와 지역공동체 복원을 위한 일단의 정책들을 모색하기 시작하였다. 이러한 해결책의 입구가 바로 지역화폐 정책이었다.

지역화폐는 지역 내에서 순환되면서 재화를 구매하고 소비하는 행태에서 끝나지 않고 지역의 원료, 고용, 제조, 판매에 이르기까지의 전 과정을 포괄하는 것이다. 이를 위하여, 지역민들 스스로 지역자치 활동에 참여하고 지역화폐 정책을 설계한다. 이러한 과정에서 지역공동체가 다소나마 복원되고 지역 외에서 발생하는 경제적 충격에도 영향을 덜 받는 지역자치 경제공동체를 구상할 수 있다. 더 구체적으로는 지역화폐는 전통시장과 골목상권을 지원하고, 지역내부의 재순환에 활력을 불어넣는다. 지역화폐는 화폐의 기술적 발전과도 궤를 같이 한다. 디지털 기술의 발전과 4차산업 혁명을 기반으로 블록체인 및 전자화폐로의 발전을 추구하고 있다.

지역화폐는 세계적으로 약35개 국가에서 300여개의 지역에서 운영되고 있다. 일본, 미국, 캐나다, 독일, 스위스, 영국 등지에서 주로 활성화되어 있다. 지역화폐의 운영방식은 다양하지만, 취지와 목적은 대체로 공통적이라고 할 수 있다. 다양한 사례의 공통점은, 공공부문은 통용의 활성화를 위한 지원에 한정되며, 지역민 중심의 운영이 이루어지고 있다는 점이다.

국내 지역화폐는 1997년 경제위기를 전후로 하여 한밭레츠형 공동체화폐와 괴산사랑상품권과 같은 상품권형 지역화폐가 출시되었다. 국내 지역화폐는 지역의 경제상황과 여건을 반영하는 특급소방수로서의 역할도 수행하고 있다. 군산에서는 대기업의 급작스런 쇠퇴로 인한 경기침체의 악화, 포항에서는 자연재해로 인한 불안정성이 심각해지자, 중앙정부의 전격적인 지원과 지자체의 발빠른 대응으로 경기부양 정책의 주요한 역할을 하기도 했다. 성남시에서는 2002년부터 코스모폴리탄 수준의 '천당 아래' 분당구와 본시가지 중원·수정구와의 경제적 격차 및 주민들간의 이질성을 성남사랑상품권을 매개로 전통시장 방문을 연계시킴으로써 지역주민간 화합을 일구어내고 있다. 한밭레츠는 회원간 유대 및 공동소비를 목적으로 공동체형 지역화폐의 대표적인 사례이다. 상품권형 지역화폐와 공동체형 지역화폐는 지역내에서 상호보완하며 서로 소통하고 교환할 수 있는 메커니즘을 강구한다면 보다 나은 지역경제 효과를 달성할 수 있을 것이다.

지역화폐 정책은 '중앙정부(국가)+광역시도+기초지자체'가 결합된 정책으로 중앙정부까지 지원에 나선 사례는 세계적으로 쉽게 발견하기 어렵다. 지역화폐를 둘러싼 중앙부처의 입장도 정책의 진행에 매우 중요한 사항이다. 한국은행은 지역화폐와 중앙화폐(법정화폐)와의 대체관계성에 매우 주목하고 있으며, 중소기업벤처부는 온누리상품권 및 제로페이로 인한 경쟁적 관계에 있다. 기획재정부는 지원하되 관망하는 상태이다. 행정안전부는 지역화폐 정책의 당사자로서 전국차원의 관리와 정책방향 수립을 관장하고 있다. 광역시도는 중앙으로부터 정책의 자율성을 확보하고 기초지자체를 지원하는 허브 역할을 하여야 한다. 기초지자체는 지역화폐 정책의 당사자로서 지역의 사정을 가장 잘 파악하고 있으며, 지역주민과 함께 지역경제 활성화 효과를 담지할 정책의 주체라고 할 수 있다.

경기도 지역화폐는 경기도의 정책 틀거리 안에서 31개 시군단위로 독자적으로 운용되고 있다. 특히, 경기도의 지역화폐 정책은 타 광역시도의 행정 규범이 될 정도로 매우 표준화되어 있다고 할 수 있다. 주요한 점은, 가맹점 매출액 기준 10억 이하, 본사 직영을 제외한 프랜차이즈 가맹점도 가맹이 가능하며, 대형유통점 및 유흥업소는 사용불가하며, 구매한도는 1일 10만원, 월 최대 50만원으로 한정하였으며, 구매시 선할인되는 방법을 채택하였다.

경기도는 청년기본소득을 지급하면서 지역화폐를 연계하여 지급하였다. 24세 청년 수급자의 77.10%가 만족한다고 응답하였다. 소상공인 패널조사 결과 19개 지역에서 매출이 증가하였다고 조사되었다. 지역화폐정책의 성공요인은 매우 다각적이라고 할 수 있다. 대개의 경우, 발행액 및 회수액이 크고, 유통속도가 빠르고, 지역내 총생산, 소비성향, 인구수가 많거나 높을수록 좋으며, 교통이 편리하고, 상권이 발달되어 있을수록, 지역주민과 소상공인의 참여가 높을수록 효과가 크게 나타난다고 할 수 있다.

국내 지역화폐의 특징을 4가지로 요약하면, 지자체 주도형 지역발전 전략이며, 복지 융·복합형 다층형 경제정책으로, 4차 산업혁명과 디지털 기술을 결합한 형태로, 지역자치와 정책민주주의를 추구하고 있다는 점을 지적할 수 있다. 지역화폐는 광역시도에 따라 다양한 지역적 특색을 가지고 있다. 경기도는 지역화폐의 취지와 목적에 부합하는 시군별 소역형 지역화폐 유형을 채택하고 복지수당과 결합하여 안정적으로 운영하고 있다. 강원도는 관광지역의 특성상 광역형과 소역형을 병행발행하고 있으며, 광주 및 울산광역시는 광역시 단위에서 운영되고 있다. 인천광역시는 구군 단위에서 발행하면서 이를 광역시 단위에서도 사용이 가능하도록 개방하고 있다. 그러나 이러한 유형들은 지역의 고유한 여건에 따라 설계되었지만 장단점이 분명하다. 이에 대한 대안으로서, 2~4개 시군을 묶어 운영하는 중역화폐 모형, 생활주거지와 활동지역을 2개 선택할 수 있도록 하는 소역 2선택 모형, 광역시와 인접 도와의 균형발전을 도모하기 위하여 광역시의 지역화폐를 인접 도 단위에서도 사용할 수 있도록 하는 편방향 모형을 검토해 볼 수 있다.

지역화폐가 지속가능하기 위해서는 캐쉬리스 사회로의 진입과 함께 모바일 화폐가 대세를 이룰 것이며, 사용영역이 다양화되어야 하며, 거시적·시계열적 발전전망을 가지고 있어야 하며, 균형성장과 결제수단으로서의 자기 역할을 충실히 할 수 있도록 주민참여가 보장되어야 한다. 구체적인 대안으로는, 플랫폼 운영을 다각화하고 내실화해야 하며, 지역민 자치의 제5섹터를 강화하고, 지역금융을 담당하는 지역은행의 설립을 적극 검토하여야 하며, 유통범위와 대상을 재구축 하여야 한다. 또한, 정책적 지속가능성을 위하여 탈정치화를 추구하여야 한다.

자본의 물신화를 강요하는 자본주의적 화폐는 진정한 주민자치의 지역경제 활성화를 반영하지 못한다. 지역화폐는 지역주민들의 참여와 자치에 의해 운영되고, 거래·결제 수단으로 역할을 충실히 하여야 한다. 지역화폐의 미래는 지금 이러한 각성으로부터 출발한다.

참고문헌

경기도(2019). "경기도 지역화폐 추진현황", 경기천년.

경기도. "경기도 지역화폐 정책 개요", 내부자료.

경기도청(2019), "경기지역화폐 월별 현황"(2019. 9. 30. 기준) 내부자료.

경기연구원(2018.6) 지역 활성화를 위한 지역화폐의 쟁점과 과제.

경기연구원 기본소득연구단(2019), 『경기도 청년기본소득 만족도 조사 결과보고서』.

경기지역화폐, 경제와 복지를 연계한 혁신적 포용성장", GYEONGGI-MONEY, PPT 발표자료.

곽도(2018). "'붕괴된 공동체의 복원' 시급하다", 아파트관리신문.

김민정(2012). "지역화폐 운동의 성과와 한계", 『기억과 전망』 여름호(통권 26호), 민주화운동기념사업회.

김병조(2017). "기본소득(시민배당)-지역화폐 상품권' 활용을 통한 지역경제 활성화 방안에 관한 연구", 경기도 성남시.

김성훈(2018), "지역화폐의 사례와 대전형 지역화폐 구상"

김태영 · 유영성 · 김병조(2019), "글로벌 경제의 이해", 『세계경제동향』(2019-11), 경기연구원.

남승균(2015) "사회적경제와 지역의 내발적 발전에 관한 연구", 인천대학교 대학원 경제학과 박사학위청구논문.

백훈(2019), "온누리상품권과 지역상품권의 협력방안 연구".

법제처 법령정보센터 누리집, "경기도 지역화폐의 보급 및 이용 활성화에 관한 조례[시행 2019. 11. 12.] [경기도조례 제6360호, 2019. 11. 12., 일부개정]".

서원하 · 민가원 · 김지선(2019), "지역화폐를 활용(강화)한 경기 청소년 공익(참여)활동 지원"(G-Youth Public Activities, Platform), <제1회 "도(민이 참여하는) 도(민을 위한)한 연구">.

서정희 · 박경하 · 김병조 외(2019), "부산형 기본소득 도입방안 연구", 부산복지개발원.

성남누리운영위원회(2016), "지역화폐 성남누리 활동자료집(2012~2015)".

성남시(2017), 『성남 마실』.

소득주도성장특별위원회(2019), "부산 지역상품권 발행 관련 검토의견".

신기동 외(2018), 『유통산업 기술혁신과 중소유통 발전방안 연구』, 경기연구원, 84-89쪽.

양준호(2010). '경제활성화의 대안, 지역화폐', 인천일보 칼럼(2010년 4월 13일자)

양준호 교수팀(2012), '지역화폐와 지역경제 활성화에 관한 조사연구', 인천 연수구 연
　　구용역 최종보고서.

양준호(2018), "지역회복, 협동과 연대의 경제에서 찾다-사회적경제, 사회적금융, 지역
　　화폐의 정치경제학", 인천대학교 출판부.

양준호(2019), "지역화폐의 본질과 새로운 미래", 인천일보 칼럼(2019년 3월 5일자).

양준호(2019), "지역화폐의 정치경제학(2): 지역화폐의 '진보적' 의의와 과제", 〈시각〉
　　2019년 5월호, 스페이스빔.

오카다 도모히로 저, 양준호, 김우영 역(2016), "지역만들기의 정치경제학-주민이 직접
　　만드는 순환형 지역경제", 한울아카데미.

울산시(2019), "울산페이 발행추진 보고".

유영성 외(2019), "경기도 청년기본소득 만족도 조사 결과보고서", 경기연구원.

유영성 · 김병조 · 마주영(2019), "경기도 청년기본소득, 청년의 반응과 시사점", 『이슈&
　　진단』(No. 384), 경기연구원.

이수연(2014), "세계 지역화폐의 이해와 유형 분석", 「새사연 이슈진단」.

이한주 · 김병조(2017), 지역경제 활성화를 위한 지역화폐도입에 관한 연구 - 기초연금
　　을 중심으로 -, 국회예산결산특별위원회 연구보고서.

임병인 외(2015), "온누리상품권의 전통시장 활성화 효과 분석", 한국중소기업학회,
　　『중소기업연구』 제37권 제4호, 105~121쪽.

임성빈(2019), "지역과 교회 그리고 이 시대의 문화목회(1)", 문화선교연구원.

인천e음 누리집(2019) https://incheoneum.or.kr/(검색일: 2019. 11.).

정의당 울산시당(2019), "지역경제 침체로 어려움을 겪고 있는 자영업자와 중소상공인
　　을 위해 지역화폐 발행을 제안한다.", 『주간 브리핑』(2019년 1월21일).

조세형 · 이한나 · 유현주(2018), "통화정책체계 변화와 통화공급의 내생성 점검", 한국
　　은행.

지역품앗이한밭(2019), "제18차 한밭레츠 정기총회".

"지역화폐가 우리 동네를 바꿨어요", 지역화폐 활성화방안 토론회, 2019. 1. 31. 국회 의
  원회관.

지역화폐성남누리 운영위원회(2015), "지역화폐 성남누리 활동자료집(2012~2015)".

최정은(2015), "인천지역 소비의 역외유출입 현황 및 시사점", 한국은행 인천본부.

최준규 외(2016), "경기도 지역화폐 활용방안 연구". 경기연구원 정책연구 2016-102.

최준규(2018), "지역 활성화를 위한 지역화폐의 쟁점과 과제", 경기연구원, 이슈&진단,
  2018-06.

최준규·윤소은(2018), "지역 활성화를 위한 지역화폐 쟁점과 과제", 『이슈 & 진단』,
  No.325, 2018.06.14., 경기연구원.

"통인시장 '도시락 뷔페 카페' 아시나요", 한국일보(2012. 3. 15.)

한국은행(금융결제국 결제연구팀, 2018), "2017년 지급수단 이용행태 조사결과".

한국은행 강원본부(2019), "국내외 지역화폐 도입사례 및 시사점".

한국지방행정연구원(2017) "고향사랑 상품권의 경제적 효과 분석 및 제도화 방안" 연
   구보고서.

행정안전부(2019a), "지역사랑상품권 광역별 발행규모"(2019년 6월 기준).

행정안전부(2019b), "지역사랑상품권 발행 지자체 현황"(2019년 6월 기준).

행정자치부(2017), "고향사랑 상품권의 경제적 효과 분석 및 제도화 방안 검토" 연구
  보고서.

홍의동(2016), "공동체 회복과 도시재생", 청주시 도시재생지원센터.

희망제작소(2012), "지역상권을 살린 '땅콩'의 힘".

Bode, Siglinde(2004), *Potentiale regionale Komplementäwährungen zur
  Förderung einer endogenen Regionalentwicklung*, Diplomarbeit Universität
  Osnabrück.

Gelleri Christian/Thomas Mayer(2003), Regiogeld – "So regional wie
  möglich, so global wie nötig". Expose zum Forschungs- und Förderprojekt
  "Regiogeld" der gemeinnüzigen GmbH Omnibus für direkte Demokratie.

Gelleri, Christian(2006a), "Theorie und Praxis des Regiogeldes", Working
  Paper als Beitrag zur Oikos-Konferenz Universität St. Gallen 2006 "Die

Zukunft des Geldes".

Gelleri, Christian(2006b), Regionalentwicklung mit Regiogeld. Vorlesung am 23. Mai 2006 an der Technischen Universität München im Rahmen des Kolloquiums "Technik und Ethik" der Carl-von-Linde-Akademie für geistes-, kultur- und sozialwissenschaftliche Studien an der TU München.

Huber, Joseph(2017), Das heutige Geldsystem mit gesplittetem Kreislauf von Reserven und Giralgeld. Funktionsweise, Disfunktionen und Ausblick. (www.vollgeld.de/das-heutige-geldsystem)

Krugman, Paul R.(2010), "How much of the world is in a liquidity trap?", in: *The New York Times*, 3.17.

Lagos, Ricardo(2006), *Inside and Outside Money*, Federal Reserve Bank of Minneapolis Research Department Staff Report 374.

London Assembly (2010). 『*Cornered Shops: London's Small Shops and the Planning System*』.

Rochon, Louis-Philippe(1999), "The Creation and Circulation of Endogenous Money", in: *Journal of Economic Issues*, vol.33, no.1, pp.1-21.

Rossi, Sergio(2007), *Money and Payments in Theory and Practice*, London: Routledge.

온라인 자료

ECOS 한국은행 경제통계시스템.

인천e음 홈페이지(https://incheoneum.or.kr/)

Bristol Pound 홈페이지(http://www.bristolpound.org)

Exter Pound 홈페이지(http://www.exterpound.org.uk)

Means of Exchange 블로그, "Local Currencies tools & resources" (http://www.meansofexchange.com/blog)

Reconomy, "Complementary currencies, LETS and Timebanks",

(http://reconomy.org)

TimeBanks 홈페이지(https://timebanks.org/)

https://en.wikipedia.org/wiki/Bristol_Pound

https://en.wikipedia.org/wiki/Chiemgauer

https://en.wikipedia.org/wiki/Exper_pound

https://en.wikipedia.org/wiki/Local_currency

https://en.wikipedia.org/wiki/Local_exchange_trading_system

https://en.wikipedia.org/wiki/Time-based_currency

https://en.wikipedia.org/wiki/Time-based_currency

https://en.wikipedia.org/wiki/WIR_Bank

https://timebanks.org/timebanksusa/

https://pacific-edge.info

https://www.astrologicalassociation.com

표 차례

그림 차례

저자 소개

이한주 | 경기연구원장. 가천대학교 경영대학원장, 부총장을 역임했으며, 새로운경기위원회 공동위원장으로서 경기도정의 새로운 비전을 제시하고 있다. 2017년 국정기획자문위원회 경제1분과 위원장을 맡아 지역사랑상품권의 사회·경제·복지적 거버넌스로서의 역할에 착안하여 상품권형 지역화폐를 지역자치, 균등성장, 주민참여를 위한 새로운 정책 어젠다로 기획했다. 주요 연구로는「지역경제 활성화를 위한 지역화폐 도입에 관한 연구」(공저)가 있으며,『기본소득이란 무엇인가』(역서)를 펴냈다.

김병조 | 경기연구원 선임연구위원. 지역화폐, 기본소득 및 이주노동자를 주제로 연구하고 있으며 중앙정부·지자체·학회에서 자문·발표·연구에 참여했다. 울산과학대 겸임교수, 인재개발원 자문위원으로 활동 중이다. 주요 연구로는「코로나19 위기극복을 위한 제언」(공동),「지역경제 활성화를 위한 지역화폐 도입에 관한 연구」(공저),「'기본소득-지역화폐 상품권' 활용을 통한 지역경제 활성화 방안 연구」등이 있다.

양준호 | 인천대학교 경제학과 교수이자 지역공공경제연구소 소장. 동 대학 사회적경제연구센터장과 한국사회경제학회 연구위원장을 역임했다. 지역경제론, 사회적경제론을 주요 연구 분야로 활동하고 있다. 대표 저서로『지역회복, 협동과 연대의 경제에서 찾다: 사회적경제, 사회적금융, 지역화폐의 정치경제학』과『인천의 도시공간과 커먼즈, 도시에 대한 권리』(공저)가 있다.

유영성 | 경기연구원 기본소득연구단장. 연구기획실장, 상생경제연구실장을 지냈으며, 한국환경경제학회 이사로 활동하고 있다. 서울대학교 보건환경연구소 특별연구원 및 미국 위스콘신 대학교 경제학과 객원연구원, 서울디지털대 초빙교수를 역임했다. 공저로『초연결사회의 도래와 우리의 미래』,『저성장 시대의 지역정책』,『미래사회의 산업과 직업변화』등이 있다.

이기송 | KB금융지주 경영연구소 및 KB국민은행 사회협력부 선임연구위원으로 경제·금융 교육업무 포함 사회공헌 업무를 기획 추진했다. 신기술의 금융업 접목을 위한 다양한 연구와 함께 주요 언론매체에 기고 및 강연 활동을 해왔다. 2017년 금융위원장상을 수상한 바 있다. 현재 중앙대학교 대학원 비전임교수 및 신용카드학회 상임이사를 맡고 있다. 저서로『어린이를 위한 맛있는 금융이야기』등이 있다.

이상훈 | 경기연구원 선임연구위원으로, 경제사회연구실장, 기획조정실장, 부원장을 지냈다. (사)한국지역경제학회 상임이사, (사)한국파생상품시장연구회 회장을 역임했다. 주요 연구(공저)로「파생상품시장의 발전과 모색」,「선물시장 거래자의 행동패턴과 시장효율성(2017)」,「경기도 지역화폐의 지역경제 파급효과(2018)」,「지역화폐 도입·확대에 따른 성과분석 및 발전방안(2019)」등이 있다.

김호균 | 명지대학교 경영정보학과 교수. 한독경상학회 회장, 경제인문사회연구회 기획평가위원, 대통령자문 정책기획위원을 역임하고, 경실련 경제정의연구소 이사장을 맡고 있다. 저서로『신정치경제학개론』,『한국 신자유주의의 꼼수경제학 비판』,『독일의 사회적 시장경제』등이 있으며, 역서로『칼 맑스, 정치경제학비판요강』이 있다.

김재영 | 소설가. '내일을 여는 작가' 신인상으로 등단했으며 작품집으로는『코끼리』,『폭식』,『사과파이 나누는 시간』이 있다. 소설「코끼리」는 '해외에 알리고 싶은 한국소설'로 선정돼 영문으로 소개됐으며,「꽃가마 배」,「코끼리」는 고등학교 문학 교과서에 수록됐다. 문화예술교육연구소 바라 대표, 남북겨레말큰사전 편찬위원, 제주외국인평화공동체 이사로 활동하고 있다.